● 第四辑

云南社科成果集萃

—— 云南省哲学社会科学"十五"、"十一五"规划课题选介

云南省哲学社会科学规划办公室　编

云南大学出版社

前　言

　　《云南社科成果集萃》第四辑和第三辑一样，仍是云南省哲学社会科学"十五"规划和"十一五"规划部分项目研究成果选介的合集。

　　"十五"时期，是我省哲学社会科学规划项目申报、立项数最多的一个时期，也是研究成果质量显著提升的一个时期。2001—2005年，省哲学社会科学规划办公室在中共云南省委宣传部的领导下，坚持以马列主义、毛泽东思想、邓小平理论和"三个代表"重要思想为指导，全面贯彻科学发展观和党的十六大，十六届三中、四中全会精神，认真落实中央和省委关于进一步繁荣和发展哲学社会科学的意见，制定和实施了《云南省哲学社会科学"十五"（2001—2005年）规划》和年度计划，并编制、下发了"十五"规划课题指南和年度滚动课题，加强了项目申报的组织、指导工作，健全了立项、评审、鉴定、结项等各项管理制度，密切了与项目负责人及其所在单位科研部门的联系，强化了项目计划执行情况的督促检查，取得了丰硕的研究成果。这些项目成果，从一个侧面反映了我省哲学社会科学健康向上、全面繁荣发展的势头，体现了我省哲学社会科学规划项目研究思路越来越清晰、研究方法越来越科学、研究方向越来越深入、研究成绩越来越显著的发展状况。通过"十五"期间的省社科规划项目立项，全省社科基础理论研究得到加强，应用对策研究明显提升，学科建设得到拓展和深化。

　　在研究思路方面，"十五"规划项目坚持党的基本理论、基本路线、基本纲领、基本经验，坚持解放思想、实事求是、与时俱进，坚持理论与实际相结合，立足当代同时又继承传统，立足云南又面向全国，立足本国又面向东南亚、南亚和整个世界；注重社会科学理论创新、学术观点创新、学科体系创新和科研方法创新，努力为建设富裕、民主、文明、开放、和谐的云南服务。

在基础理论研究方面，"十五"规划项目一是突出了马克思主义中国化三大理论成果，特别是"三个代表"重要思想和科学发展观的研究，在研究学术观点上都有一定的创新；二是突出了云南特色学科和优势学科的研究，特别是民族学和民族地区的政治、经济、文化、社会发展等问题的研究，形成了一些具有重要学术价值和社会影响的研究成果；三是把基础理论研究与应用对策研究结合起来，产出了具有区域特点和优势的理论研究成果，这些成果都具有重要的学术价值和现实意义，引起了有关党委、政府部门的高度重视。

在应用对策研究方面，"十五"规划项目以我国特别是云南改革开放和现代化建设的重大理论问题和实际问题为关注重点，紧紧围绕构建社会主义和谐社会、云南小康社会建设和"三农"问题、云南生态环境建设与可持续发展问题、西部大开发与发展云南特色经济问题、云南文化产业与市场化建设以及旅游、金融、社会保障、知识产权、城乡差距、城镇建设和农民工等问题，开展了深入的调查研究，形成了一批有实际价值的研究成果，为党委和政府科学决策提供了理论依据。

2006年10月，在"十五"规划的基础上，云南省哲学社会科学规划办公室又制定、实施了《云南省哲学社会科学"十一五"（2006—2010年）研究和发展规划》和年度计划，并编制、下发了规划课题指南。制定、实施云南省哲学社会科学"十一五"研究和发展规划，对于全面贯彻落实科学发展观，贯彻中央关于经济社会发展的重大战略部署，促进云南经济社会持续、快速、协调、健康发展以及落实中央和省委关于繁荣、发展哲学社会科学的意见，推动云南哲学社会科学的全面进步，具有十分重要的意义。

　　"十一五"规划项目在"十五"规划项目的基础上，根据十七大的精神和中央关于深入学习科学发展观的部署要求，进一步加强对重大理论与现实问题的重点研究主要是：（1）马克思主义基础理论研究；（2）党的执政能力建设研究；（3）云南经济社会持续、快速、协调、健康发展综合研究；（4）西南边疆建设问题研究；（5）云南贯彻落实科学发展观与构建社会主义和谐社会研究；（6）云南全面建设小康社会和社会主义新农村建设研究；（7）云南生态环境保护和建设与可持续发展研究；（8）云南文化产业建设研究；（9）东南亚、南亚问题研究；（10）云南民族问题和宗教问题研究；（11）禁毒和防治艾滋病问题研究。通过五年的努力，使我省哲学社会科学在理论学术研究、回答重大现实问题、重点学科培养、研究基地建设、对外学术交流、人才及科研团队培养、制度创新、事业发展和管理水平等方面再上一个新台阶，为云南哲学社会科学进步繁荣和发展创造更好的环境和条件。

　　为了充分发挥哲学社会科学"认识世界、传承文明、创新理论、咨政育人、服务社会"的重要作用，拓宽哲学社会科学研究成果的转化、交流和推广渠道，我们将"十五"和"十一五"期间省社科规划项目研究成果的主要内容和重要观点选编成书分批（辑）出版，供党委、政府、党校、高校、科研单位及广大社科工作者参考。

　　本《集萃》由省社科规划办的全体同志参与编辑。云南大学出版社对本书的编辑出版给予了大力支持，特表示衷心的感谢。由于编辑时间仓促，疏漏和不妥之处在所难免，恳请读者批评指正。

云南省哲学社会科学规划办公室

2009 年 8 月

目　录

民族问题研究

政 治 学

社 会 学

法 学

中国文学

"十五"规划课题

科 社

社会科学研究成果的评价研究

一、社会科学成果评价的重要作用

社会科学是整个科学体系的重要组成部分，是人类探索社会现象本质及其规律的活动，同时也是反映社会现象本质及其规律的知识体系。社会科学研究及其应用对于提高一个国家的综合国力和一个民族的总体素质具有至关重要的作用。

哲学社会科学成果评价对社会科学的发展起特有的评估、激励和导向作用，它是社会科学研究成果管理的重要环节，也是长期困扰科学管理部门的一个难题。近年来，哲学社会科学取得迅猛发展，随着学科之间相互渗透、交叉与融合的不断加强，对哲学社会科学研究成果的评价越来越要求从重数量到重质量、从重过程到重结果、从重静态评估到重动态评估的转变。由于社会科学研究成果本身具有预测性和超前性、社会效益的滞后性、实践检验的不普遍性和间接性，它与自然科学研究成果在评价的客观性方面存在着较大的差异。本课题组成员长期从事科研管理工作，深知对哲学社会科学研究成果评价的不易，努力探求科学的评价方法，建立完善的评估体系，以便对研究者和应用者提供有益的参考。

二、社会科学研究成果评价理论与实践的差距

目前，国内有许多对社会科学整体状况进行研究的学者，其研究内容也涉及社会科学的评价问题，但这类研究一般较为零散，不够系统，与我国社会科学评价的实际和需要解决的问题或多或少地存在一定差距，这些差距集中表现在以下几方面：

（1）系统深入地对社会科学成果评价的理论与方法进行综合研究尚不多见。一般从理论角度探讨评价研究的较多，对评估系统进行全面的、可操作性的研究不足；从哲学视角阐述社会科学研究成果的评价理论和实践中存在的问题较多，对社会科学研究成果评价问题进行多学科和跨学科多种理论的综合研究的较少。

（2）缺乏从社会科学成果评价的实践出发，特别是从科研管理实践中产生的具体问题出发，通过准确梳理与总结社会科学研究成果评价活动中遇到的问题与难点，以实证研究和理论分析相结合，对有关社会科学研究成果评价问题进行的专题研究。

（3）缺乏对社会科学研究成果的评价体系包括评价动机、评价主体、评价对象、评价指标、评价方法、评价程序、评价效果检验、评价结果利用等内容的全面认识。

三、建立科学的社会科学研究评价体系

科学的社会科学评价应该是一把规范的、具有共识性意义的尺子，可以用来衡量和判断社会科学研究中不同的评估对象，并得出相对公正和客观的结论；可以协调解决科研管理中非学术评价因素与纯学术因素的冲突。同时，以科研管理实践中产生的具体问题为基础，准确把握与探讨社会科学评价中遇到的关键性难

点，为社会科学评价体系的建立提供可行的评价原则和启发性思路。

（1）从社会科学研究本身的特点出发，准确定位社会科学评价体系的目标与本质问题，明确社会科学研究的评价原则。这是对社会科学评价体系最基础的认识，也是建立社会科学评价体系及评价指标的关键所在。

（2）确立科学的社会科学研究成果评价指标，是建立客观、公正的社会科学评价体系的保证。

课题组对构建科学的社会科学评价体系提出以下思路：第一，将社会科学研究成果按其表现形式分类，分别设计各类一级指标，再根据需要细分为二级指标，同时研究各二级指标间的相互关系。第二，根据不同的成果类别，确定不同的指标价值或权重，以学术创新性和社会价值为核心指标，提出确定不同的指标间相互关系的分值和计算方法。第三，根据影响不同类别成果的其他相关因素，如出版社级别、课题来源级别、报刊级别、奖励级别、引用水平等具体指标的分值或权重，作为学术创新性和社会价值性评价的补充。第四，提出专家评价的科学方法。第五，本指标体系在实践中的具体应用。

（一）评价体系

1. 著作类一级评价指标

著作类研究成果的评价核心指标是新颖性和创造性，选取与之关联的创新程度、成果价值、难易程度、成熟和完备程度、出版层次、获奖级别、社会反响作为一级评价指标；二级指标分设新理论、新方法、社会价值等。

一般说来，高级别出版社出版的成果质量和水平，比一般层次出版社的要高一些，作者和读者面更广泛一些，专业性也更强一些。不同层次的出版社本身也就具备了不同的评价职能。把出版社按层次划分，从高到低对应不同的分值来评价社会科学研究成果。

2. 学术论文类一级评价指标

学术论文类的评价主要针对在公开刊物上正式发表的学术论文进行评价。学术论文的创新要求比学术著作的要高，但理论的体系性或完整性较之学术著作要求低一些。在设计学术论文类评价指标时，学术论文理论创新或学术创新的权重值应略高于著作类。选取创新程度、成果价值、难易程度、成熟程度、发表层次、获奖级别、转载或引用七项指标作为学术论文类一级评价指标。其中，发表层次是评价学术论文的硬指标，它和"转载或引用"指标共同构成评价学术论文的一个重要因素。

在此要特别说明"发表层次"指标的设计思路。说到学术论文，不可避免地要提及它的载体——学术期刊，如何评价学术期刊是我们要关心的一个重要问题。学术界有不少质疑所谓"核心期刊"的声音，我们也不提倡学术论文的评价完全依赖"核心期刊"，该如何看待学术期刊的层次问题呢？

（1）学术期刊的评价对论文评价的影响。

目前，国内有现刊八千余种，其中学术性及半学术性的期刊约六千余种。期刊众多，良莠不齐，即使是 SCI 收录的期刊，其质量差别依然很大。近几年国家多次组织评选重点期刊、优秀期刊，这表明期刊的评估分级工作正在展开。学术期刊的评价对论文评价的影响有以下几方面：

①对期刊评优分级有利于规范期刊的管理，保护论文作者的合法权益。国家对期刊的分级管理应尽快规范，这有利于论文作者选择最恰当的期刊投稿，可以获得有效的传播力和影响力，同时，期刊也便于获得与之最匹配的稿源，节约出版成本，提高工作效率。在质量高的期刊上发表的论文比一般期刊可得到更多的关注，进而产生更大的影响，可以更好地鼓励和引导作者注重论

文质量，不单纯追求发表论文的数量，尽量减少低水平重复的论文。

②有利于期刊间的公平竞争。对学术期刊的评优分级可以自然地产生优胜劣汰效应，进一步提高学术质量和出版水平，多出精品，提高在国际市场上的竞争力，提高为社会服务的能力。

③有利于提高对学术论文的评价能力。一般而言，优秀的期刊必然有着更为严格的、高水平的审稿制度。在论文发表时，由学科专家组对文稿的学术性、创造性作出权威、公正的评判，同时拒绝伪劣、拒绝抄袭，逐步打造具有良好公信度、学术地位高的优秀期刊，可以为论文的学术质量评价提供有力的参考指标。

（2）正确对待期刊评价与论文评价。

从理论上说，审稿制度越严格的期刊，对其发表的论文的评价性越强。相应地，某种期刊刊载的好论文比例越大，这种期刊越能建立起较强的可信度和权威性。例如在《Science》、《Nature》、《中国科学》、《中国社会科学》等期刊上发表的论文，其质量往往高于一般期刊上发表的论文。如此说来，论文质量与期刊优劣是有关系的。完全否认二者的联系，把它们对立起来是不恰当的。当然，也不能把二者的联系绝对化。

（3）权威期刊、优秀期刊和重要期刊不等同于核心期刊。

核心期刊原是文献计量学上的概念，确定核心期刊的本意并不是对期刊质量的评价，而是对学科领域论文分布规律的揭示。因此，核心期刊与权威期刊、优秀期刊和重要期刊是有区别的。走出"核心期刊"的误区，客观地利用期刊本身具有的评价功能，处理好重要期刊、权威期刊、优秀期刊与核心期刊之间的关系，有利于我们有效地建立学术论文评价体系，使学术论文的评价科学、合理、公正。

（4）期刊的分级。

课题组试图对社会科学类刊物的级别进行以下分类：①权威

期刊，如中国科学、中国社会科学、经济研究等学术刊物。②A
类重要期刊，如财政研究、金融研究、会计研究等。③B 类重要
期刊：其他核心刊物。④C 类重要期刊：除上述分类以外的公开
发行刊物。

（二） 应用性研究成果评价指标体系

应用性成果是指研究报告、调研报告、咨询报告、对策建议
等。对此类成果评价最重要的是考察该成果对使用部门所产生的
影响和效应。我们选取选题来源、难易程度、成果价值、成熟程
度、采纳范围、社会效益、出版层次、获奖级别八项指标，通过
确定它们的权重和相关性进行评估。

四、社会科学研究成果评价体系在实际中的应用

课题组构建的社会科学研究成果评价体系具有以下功能：
（1）评价功能。指标体系能为专家评价时提供统一的评估标准，
控制评估的可信度，保证评估的绩效和公正性，以反映成果的真
实价值。（2）分析功能。通过比较各成果在创新程度、成果价
值、社会反响等方面的情况，分析成果间的差异，以促进研究人
员在学术方面的进步。（3）规范功能。在评价体系中，低水平
重复的成果在创新程度方面必然得低分；感想类成果不仅在创新
程度方面得低分，在出版层次或发表层次方面也会得低分。由此
可以鼓励研究人员重视创新理论、提出新见解，重质量、轻数
量，促进社会科学研究规范化的进程。

1. 在学科建设评价中的应用

在设计评价体系时，课题组综合考虑了重点学科建设考核指
标、全国新增博士、硕士单位建设规划中对学科建设的整体要
求，应用评价体系对各类研究成果进行评估，可以看出各学科的

排序情况，从而对学科建设目标有清醒的认识，提高学科建设整体水平。

2. 考核科研工作量

社会科学研究成果评价体系，同时具备定性评价和定量评价的功能。在未请评审专家进行定性评价时，出版层次、获奖级别、社会反响、发表层次、转载或引用、选题来源等硬性指标都可以作为单独的系统对社会科学研究成果进行评估。这些定量指标与评价体系中的定性指标都有着关联性，因此，科研管理部门可以单独使用定量指标对各类研究成果进行比较性评估。

3. 标志性成果评价

从学术发展的规律出发，成果评价并不需要作者列出所有的成果，只需列出最能代表作者学术水平和学术地位的成果，即标志性成果或代表性成果，便可成就其一生的学术声誉。这一评价理念一方面符合社会科学研究创新性的特点，有助于鼓励原创性的成果和精品成果；另一方面，也有利于形成质、量并重的成果评价机制。

课题名称：社会科学成果的评价研究
课题负责人：李　蒙
所在单位：云南财经大学
主要参加人：张仁福　陈宇红　李　蔚
结项时间：2008 年 9 月 11 日

科学发展观对马克思主义
中国化的新贡献研究

一、课题研究的目的和意义

马克思主义作为科学的世界观和方法论，它要在中国得以运用和发展，就必须实现中国化。科学发展观是马克思主义中国化的两大理论成果之———中国特色社会主义理论体系的最新理论成果，它在一系列问题上对马克思主义中国化作出了新贡献。研究科学发展观对马克思主义中国化的新贡献十分重要，也非常必要。

通过对科学发展观对马克思主义中国化的新贡献进行较为全面的系统考察，有利于从一个视角深化对马克思主义中国化问题的研究；有利于人们更深入地理解科学发展观的理论基础和思想渊源；有利于人们更好地了解马克思主义中国化的基本规律和未来趋势；有利于人们能够更好地了解、信任、树立并贯彻落实科学发展观。

二、研究成果的主要内容和重要观点

（一）研究成果的主要内容

研究成果的主要内容包括：马克思主义中国化的含义、依据、途径及成果；科学发展观的形成、重大意义、基本内涵、精神实质、理论基础；从马克思的群众史观和人的全面自由发展理论到毛泽东、邓小平、江泽民关于人的全面发展思想，再到科学发展观"以人为本"的核心以及它们之间的继承和发展关系，"以人为本"的科学发展观与中国传统民本思想的继承和弘扬关系；从马克思的生产力发展观到我们党的三代中央领导集体的核心的生产力发展思想，再到科学发展观的第一要义以及它们之间的坚持和发展关系；马克思、恩格斯的经济社会发展观，毛泽东、邓小平、江泽民的经济社会发展观，全面、协调、可持续的科学发展观及其相互关系；马克思的城乡发展观，毛泽东、邓小平、江泽民关于城乡发展的基本观点，科学发展观关于统筹城乡发展的思想及其相互关系；马克思的区域发展观，毛泽东、邓小平、江泽民关于区域发展的基本观点，科学发展观关于统筹区域发展的思想及其相互间的坚持和发展关系；从马克思的世界历史理论到毛泽东、邓小平、江泽民关于对外开放的思想，再到科学发展观关于统筹国内发展和对外开放、统筹国际国内两个大局的思想及其相互关系；从马克思主义天人观，到毛泽东、邓小平、江泽民关于人与自然的关系的基本观点，再到统筹人与自然和谐发展的科学发展观及其相互间的坚持与发展关系；贯彻落实科学发展观的重要途径；贯彻落实科学发展观的重要保证。

（二）研究成果的重要观点

该研究成果主要提出了以下重要观点：

（1）在马克思主义中国化的含义、依据、途径及成果问题上提出了我们的观点。马克思主义中国化，就是把马克思主义基本原理同中国革命建设和改革的具体实际及中华民族的优秀思想相结合，使其具有中国的作风、中国的气派和中华民族的风格，以中国老百姓喜闻乐见的形式表现出来并不断获得发展的过程；

马克思主义中国化有其客观必然性即客观依据，主要表现在：马克思主义本质特征的必然要求、中国革命的需要、中国共产党自身建设的需要以及马克思主义同中华民族优秀思想之间有某些相通之处等几个方面；马克思主义中国化有两条基本途径：其一是马克思主义基本原理同中国具体实际相结合。其二是马克思主义基本原理同中华民族的优秀思想相结合。马克思主义中国化实现了两次历史性飞跃，产生了两大理论成果——毛泽东思想和中国特色社会主义理论体系。中国特色社会主义理论体系包括邓小平理论、"三个代表"重要思想和科学发展观等重大战略思想，其中，科学发展观是马克思主义中国化的第二大理论成果——中国特色社会主义理论体系的最新理论成果，它对马克思主义中国化作出了新贡献。

（2）以"以人为本"为核心的科学发展观是马克思群众史观和人的全面自由发展理论的中国化，也是对中国传统民本思想的继承和弘扬。"以人为本"是科学发展观的核心，是马克思关于人的全面自由发展理论的中国化。人的全面自由发展是马克思学说追求的最高目标，但马克思在他所处的时代条件下还不能实践自己的学说；毛泽东把马克思的人的全面自由发展理论中国化、具体化为人的德智体全面发展思想，并化为党和国家的教育方针，化为实践；邓小平同志在毛泽东同志的基础上，进一步把马克思关于人的全面自由发展学说具体化为"四有新人"观，同样写入党和国家的教育方针，指导教育和精神文明建设的实践；江泽民同志把马克思关于人的全面自由发展学说具体化为阶段性目标，提出了现阶段人的全面发展目标；科学发展观则把"以人为本"确定为发展中国特色社会主义必须坚持和贯彻的重大战略思想的核心，进一步实现了马克思的人的全面自由发展理论的中国化，更加符合新世纪、新阶段中国经济社会和人的发展的实际和要求，也是对中国传统民本思想的批判继承和创造性发展。

（3）科学发展观是对马克思主义生产力发展观的坚持和发展。唯物史观认为，生产力是社会发展的最终决定力量。毛泽东同志看到了社会主义社会的根本任务是在新的生产关系下保护和发展生产力，但后来他陷入了"以阶级斗争为纲"的错误；邓小平同志强调，马克思主义最注重发展生产力，并提出了"发展才是硬道理"、"以经济建设为中心"、"社会主义的根本任务是解放生产力，发展生产力"、"效率优先，兼顾公平"等一系列论断，但在实践中也出现了不够兼顾其他方面发展的倾向；江泽民同志进一步强调，"发展是党执政兴国的第一要务"，"始终代表中国先进生产力发展的要求"，并提出了"可持续发展的理念"；科学发展观的第一要义是发展，而且强调全面、协调、可持续的发展，又好又快的发展，是更加重视社会公平与和谐问题的发展。这是对马克思主义生产力发展观的坚持和发展。

（4）科学发展观是对马克思主义整体发展观的坚持和发展。人类社会是一个系统整体，社会发展观只有正确地反映这一系统整体，才能正确地指导社会发展，马克思主义社会发展观正是一种系统整体发展观，科学发展观是对马克思主义整体发展观的坚持和发展。马克思、恩格斯把社会当做一个有机体、当做系统整体加以研究；毛泽东的新民主主义论也把社会当做一个系统整体，分析了新民主主义的经济、政治、文化及其辩证关系，但后来陷入了"以阶级斗争为纲"的片面发展观；邓小平同志强调物质文明建设和精神文明建设"两手抓，两手都要硬"，同时要加强民主法制建设，但在实践中也因片面追求经济指标而积累了不少矛盾和问题；江泽民同志提出了物质文明、政治文明、精神文明三个文明协调发展观；科学发展观则是针对新世纪、新阶段的中国实际对三个文明协调发展观的进一步展开和发展，科学发展观提出全面、协调、可持续发展，提出要统筹经济社会发展，强调既要按照经济社会发展规律全面推进经济建设、政治建设、文化建设和社会建设，又要遵循自然规律推动人与自然和谐发展，实现经济社会发展与人口、资源、环境相协调，注重对城乡发展、区域发展、经济社会发展、人与自然和谐发展、国内发展和对外开放的统筹协调；强调发展是相互促进、系统协调的过程，要正确处理中心与全面、重点与非重点、平衡与不平衡的关系，实现经济社会又好又快发展，充分体现了唯物辩证法关于事物之间普遍联系、辩证统一的基本原理。这更正确地反映了社会系统的本来面目，是对马克思、恩格斯关于经济社会发展观在当今中国条件下的坚持和发展。

（5）统筹城乡发展的科学发展观是对马克思主义城乡观的实践和发展。消灭城乡差别是马克思追求的共产主义的目标之一。马克思通过分析城乡差别的成因，提出了一系列缩小城乡差别的措施，说明城乡发展必须是一个统一体，才能实现社会的进步和发展。中央三代领导集体都非常重视城乡之间的协调发展，从毛泽东"以农业为基础"方针的确立，到邓小平"农业是根本"思想的反复强调，再到江泽民的"统筹城乡发展"战略的提出，体现了几代领导核心关于城乡发展的思想是一脉相承的。统筹城乡发展是科学发展观的根本方法之一，是对马克思主义城乡观的实践和发展。统筹城乡发展观把更加注重解决好"三农"问题，坚决贯彻工业反哺农业、城市支持农村、以城带乡、以工促农、城乡互动、协调发展的方针，着力改变城乡二元结构，缩小城乡发展差距。这是对马克思提出的消灭城乡差别、工农差别、体力脑力差别观点的实践和发展。

（6）统筹区域发展是对马克思主义区域发展观的继承和发展。在马克思看来，区域差别是由分工造成的，而区域分工最初又是由自然条件的差别造成的，后来才增加了社会经济条件的作用。各地区自然条件和社会经济条件千差万别，形成了各具特色的区域经济，也形成了城乡对立等区域差别。区域差别是分工和生产力发展到一定阶段的必然产物，随着分工由自然形成的分工发展到自觉自愿的分工以及生产力的高度发展，在消除了城乡差别、工农差别等条件下，区域发展差别也将消除；毛泽东强调要处理好沿海工业和内地工业的关系，提出了经济建设布局一、二、三线的设想，实施的是"均衡发展战略"，为探索中国社会主义工业化发展道路指明了方向，为"西部大开发"积累了宝贵的经验。然而，毛泽东的"均衡发展战略"的本质是区域经济发展的平均主义；邓小平总结了新中国成立以来区域经济均衡发展的经验教训，提出了具有时代特征的区域经济"非均衡发展"协调发展的战略构想。这一构想主要表现在他的"两个大局"思想和让一部分地区、一部分人先富起来的发展观中。这一独具特色的区域经济发展观打破了平均主义的误区，创立了马克思主义发展史上的以局部带动全局的理论范式。但在实施的一定阶段上，不可避免地要造成区域之间发展水平的差异；江泽民继承、丰富和发展了毛泽东、邓小平区域经济发展思想，在实践上为我国缩小地区发展差距，促进区域经济协调发展提出了实施西部大开发战略一系列设想，进一步丰富和发展了邓小平"共同富裕"的思想、"两个大局"的思想，形成了一种非均衡的"区域协调发展"观；科学发展观强调要统筹区域发展，就是要积极推进西部大开发，振兴东北地区等老工业基地，促进中部地区崛起，鼓励东部地区率先发展，继续发挥各个地区的优势和积极性。通过健全市场机制、合作机制、互助机制、扶持机制，逐步扭转区域发展差距拉大的趋势，形成东中西部地区相互促进、优势互补、共同发展的新格局。这是一种更加科学的区域协调发展观，是对马克思主义区域发展观的继承和发展。

　　(7) 统筹国内发展与对外开放是对马克思世界历史理论的运用和发展。世界历史理论是马克思主义理论的重要组成部分。

马克思用科学的眼光观察世界历史的总进程，从全球的视野敏锐地阐发了"世界历史"理论，深刻地揭示了民族历史、地域历史日益转变为世界历史的历史必然性，揭示了资本主义世界历史时代向共产主义世界历史时代转变的必然性，认为，资本主义开辟了世界历史，而共产主义则是世界历史的必然归宿。晚年，他还以世界历史的眼光提出了东方社会理论，强调在世界市场和世界历史条件下，东方落后国家可以不经过资本主义的痛苦的波折而又能吸收资本主义的一切"肯定成果"，跨越资本主义"卡夫丁峡谷"；毛泽东早在延安时期就认为，对外开放是实现中国工业化的必要条件。在《论十大关系》中，他不仅首次肯定了"向外国学习的口号"，"我们的方针是，一切民族、一切国家的长处都要学"，对外开放的基本原则是以自力更生为主，争取外援为辅。但由于国内外多种因素的影响，毛泽东的对外开放思想未能转变成广泛的治国实践；邓小平在新的时代条件下，在马克思的世界历史理论指导下，深刻认识到：今天的世界是开放的世界，中国的发展离不开世界。社会主义要赢得与资本主义相比较的优势，就必须大胆吸收和借鉴人类社会创造的一切文明成果，吸收和借鉴当今世界各国包括资本主义发达国家的一切反映现代社会化生产规律的先进经营方式、管理方法。他创造性地确立和推行了中国的对外开放政策，使中国特色的社会主义正在自觉地成为"世界历史性存在"；江泽民创造性地继承和发展了毛泽东、邓小平的对外开放观。他对经济全球化作出了正确认识和判断，继续推进全方位、多层次、宽领域的对外开放国策，全面提高对外开放水平，发展开放型经济。他强调要坚持"引进来"和"走出去"相结合的原则，积极加入世界贸易组织，利用国内外两个市场和资源，更加深入、更加全面地参与国际竞争；科学发展观强调，要统筹国内发展和对外开放，统筹国际国内两个大局。拓展对外开放的广度和深度，提高开放型经济水平，扩大开放领域，优化开放结构，提高开放质量，完善内外联动、互利共赢、安全高效的开放型经济体系，形成经济全球化条件下参与国际经济合作和竞争新优势。强调和平、发展、合作已成为不可阻挡的时代潮流，要共同分享发展机遇，应对各种挑战，推进人类和平与发展的崇高事业，推动建设持久和平、共同繁荣的和谐世界。这是对马克思世界历史理论的具体运用和发展。

（8）统筹人与自然和谐发展，坚持和发展了马克思主义天人观。人与自然的关系问题即天人观问题，是人类社会始终面临并需要高度关注、认真对待的重大理论和实践问题之一。在马克思主义那里，人与自然之间是一种对立统一的辩证关系；毛泽东在理论上能够正确看待人与自然的辩证统一关系，但在实践上，晚年出现了片面夸大主观能动性的倾向；邓小平提出了"加快经济发展，保护生态环境"的辩证思想，但在实践上，迫于发展经济改变贫穷落后面貌的需要，没有能够完全处理好人与自然的关系；江泽民坚持了人与自然辩证统一的思想，提出了可持续发展战略，强调要实现经济社会与人口、资源、环境良性循环，协调发展；科学发展观进一步提出了统筹人与自然和谐发展的要求，即要高度重视资源和生态环境问题，处理好经济建设、人口增长与资源利用、生态环境保护的关系，增强可持续发展的能力，坚持节约资源和保护环境的基本国策，把建设资源节约型、环境友好型社会放在工业化、现代化发展战略的突出位置。强调要完善有利于节约能源资源和保护生态环境的法律和政策，加快形成可持续发展的体制机制，推动整个社会走上生产发展、生活富裕、生态良好的文明发展道路。从而坚持和发展了马克思主义天人观。

（9）构建社会主义和谐社会是贯彻落实科学发展观的重要途径。它从社会关系、社会状态等各个方面反映和检验落实科学发展观的成效，也从和谐的角度促进社会不断发展。现阶段我们党提出构建社会主义和谐社会，就是为了把发展与和谐更好地统一起来，实现两者的良性互动：在发展中实现和谐，在和谐中促进发展，以发展保证和谐，以和谐推进发展，实现发展的功利目标与价值目标的有机统一。科学发展观是指导和谐社会建设的科学理论，构建和谐社会则是贯彻落实科学发展观的重要途径，为贯彻科学发展观创设良好的社会环境。

（10）树立正确的政绩观是贯彻落实科学发展观的重要保证。科学发展观是对马克思主义关于发展的思想的继承和发展，是马克思主义中国化的最新成果，也是中国特色社会主义理论体系的最新理论成果，是社会主义现代化建设的重要战略思想，它只有通过各级领导干部的施政实践才能得到贯彻落实，而领导干部的施政行为又是受其政绩观支配的。因此，要贯彻落实科学发展观，必须树立正确的政绩观，正确的政绩观是贯彻落实科学发展观的重要保证。

三、成果的学术价值、应用价值及社会影响和效益

该成果把中国化的马克思主义当做系统整体和与时俱进的过程加以分析、研究。首先对马克思主义中国化的含义、依据、途径及成果进行了探讨，提出了自己的观点，然后根据这一概括，从科学发展观的核心、第一要义、基本要求和根本方法（五个"统筹"的每一个方面）等各方面，较为全面系统地研究了科学发展观对马克思主义中国化的新贡献，并认为，构建社会主义和谐社会是贯彻落实科学发展观的重要途径，树立正确的政绩观是贯彻落实科学发展观的重要保障。在这一点上，该研究成果在一定程度上深化了科学发展观对马克思主义中国化新贡献的认识。而且，我们试图紧密结合党的十七大精神、中国特色社会主义理

论体系、中国传统文化的优秀成分来研究科学发展观对马克思主义中国化的新贡献。

　　该成果已经在大理学院马克思主义基本原理、思想政治教育两个专业的硕士研究生中作了若干讲座，反映较好。

　　课题名称：科学发展观对马克思主义中国化的新贡献研究
　　课题负责人：赵金元
　　所在单位：大理学院
　　主要参加人：周俊华　朱端华　凡　丽　董　镒　李和宽
　　　　　　　　李　钢　胡　椿　杨运星　张光映
　　结项时间：2008 年 11 月 3 日

云南构建社会主义和谐社会中
劳动关系协调机制研究

一、课题研究的目的和意义

　　该课题坚持理论联系实际的原则，把党中央的有关精神和胡锦涛总书记在云南考察时所作的"扎实推进社会主义和谐社会建设"重要讲话精神及我国规范社会主义劳动关系的相关法律、法规同云南省的实际结合起来，从巩固党的执政地位和全面建设小康社会的角度，论述了云南构建社会主义和谐社会中劳动关系协调机制的重大意义，提出了云南构建社会主义和谐社会劳动关系协调机制的具体对策。

　　课题组在深入调查研究、综合分析的基础上，全面、系统地阐述了云南改革开放以来劳动关系协调机制的发展、变化，从云南劳动关系的特殊性和复杂性入手，进行前瞻性、预测性研究，并提出解决问题的针对性政策建议，防患于未然，化解云南社会发展中的风险，实现边疆稳定、民族团结和民族繁荣，为实施西部大开发战略、云南与全国同步实现全面小康目标创造良好的政治社会环境。从理论上深化和丰富马克思主义关于劳资关系的理论，深化对工人阶级领导地位的认识，促进工会组织职能的转变，使其能够充分发挥出在维护工人权益方面的重要作用。提出在社会主义劳动法制环境建设的进程中，应促进目前劳动法律法规的改革与不断完善，为依法执政提供依据。本课题以构建劳动关系协调机制为切入点，以多民族边疆地区云南省为视角，对如何构建社会主义和谐社会中劳动关系协调机制进行了深入的分析，既研究了云南省构建劳动关系协调机制的现状和存在的问题，又提出了解决问题的思路或对策。本课题的研究不仅对云南省乃至西南边疆的稳定发展具有重要的现实意义，对构建和谐社会、促进我国又好又快发展具有重要的参考价值。

二、研究成果的主要内容和对策建议

课题研究立足于云南实际，认为云南省劳动关系的特征包括：一是劳动力流动的频率加快，劳动关系短期化趋势明显；二是劳动关系的复杂化；三是劳动合同制不规范；四是集体合同存在严重缺陷；五是劳动力市场结构性失衡；六是性别歧视较为突出；七是劳动关系协调机制滞后；八是管理体制不顺；九是劳动关系矛盾冲突日趋显性化和复杂化。课题组认为，社会和谐是各种社会关系的和谐，劳动关系是最基本的社会关系，是社会和谐的基础和具体体现；和谐的劳动关系是促进社会主义市场经济发展的内在要求；构建和谐的劳动关系是社会主义的本质要求；是执政党巩固执政基础的必然要求。构建和谐劳动关系的关键在于建立社会主义市场经济体制下劳资关系有序运行和规范的机制，在市场经济体制和劳动力市场不断完善的基础上，促进劳资双方的信任与合作，形成共同的目标价值取向，具有及时化解和处理各种劳动矛盾纷争与冲突的内生机制，促进企业的长期稳定和健康发展。建立劳动关系协调机制的目的就是平衡双方的利益关系，构建一个表达劳资双方合理利益的机制。构建和谐劳动关系的理论依据：一是社会财富是劳资双方共同创造的；二是在市场经济条件下，劳动力是商品，劳资关系实质上是雇佣与被雇佣的关系，存在着利益矛盾的性质；三是建立劳资双方利益协商合作机制，规范劳动关系的发展，实现企业员工之间互惠互利的共赢关系；四是建立和谐劳动关系机制，在理论上要解决劳资双方权利的界定、利益协调的法律规范、利益协商合作的文化环境。完善云南省劳动关系协调机制法制环境的关键在于尽快制定部分空缺的地方法规、规章；细化部分已有的法规、规章，或制定相关的实施条例，使其更具有可操作性；尽快制定和实施能更好地促进云南省民族自治地区劳动关系协调发展的地方法规。

课题组在研究的基础上，提出了构建云南社会主义和谐社会中劳动关系协调机制总体思路及原则。即牢固树立和全面贯彻落实科学发展观，以科学发展观统领云南经济社会发展的全局；构建和谐社会关键在于建立经济社会有序运行机制，在社会分化不断深化的基础上，促进人们的信任与合作，形成共同的目标追求和价值取向，具有及时处理和化解各种社会矛盾与冲突的内生机制，从而保障社会的长期稳定和有序发展。构建和谐劳动关系在实践上的总体思路是建立多方利益协调机制；建立民主基础上的权益保障机制；建立有效的社会管理控制机制；建立劳动争议处理和以劳动法为主体的法制环境；建立灵活的矛盾疏导协调机制；建立即时的劳动冲突预警机制；建立法制的维权机制。

课题组提出了构建云南社会主义和谐社会中劳动关系协调机制七个方面的对策建议。即（1）全面实行并巩固劳动合同制度，建立健全集体协商和集体合同制度，加大企业劳动标准的修订工作，逐步完善企业基本劳动标准体系。（2）加强对劳动合同签订与劳动关系的认定、监察工作，改革、完善我国现行劳动争议调解制度；将"三方机制"在基层调解各个层次上得以落实。（3）尽快筹建一所以专门培养技师和高级技师为主的技师学院，或筹建高技能人才培养基地、农民工培训基地和公共实训基地。（4）高度重视少数民族就业问题，禁止歧视少数民族劳动者就业，并积极采取多种措施，帮助少数民族地区完善人力资源市场建设，提高公共就业服务能力，努力促进少数民族地区劳动者就业。（5）建设领域所有工程项目一律实行农民工工资保证金制度，解决的方法当然只能由政府出面协调，理顺相关的管理体制。（6）改革工会运行机制，构建和谐劳资关系；适应市场经济体制要求，探索新型工会维权模式。（7）尽快制定部分空缺的地方法规、规章，如关于集体合同、协议工资的法规、规章；细化部分已有的法规、规章，或制定相关的实施条例，使其更具有可操作性。

课题名称：云南构建社会主义和谐社会中劳动关系协调机制研究
课题负责人：任新民
所在单位：云南大学
主要参加人：钱路波　牛　飞　丁　科　王向伟　罗　刚
结项时间：2008 年 11 月 10 日

云南少数民族地区妇女工作研究

——边境社区妇女专题项目文献资料分析

一、课题研究的目的和意义

中国妇女研究从总体上来说偏向于研究理论、研究方法和学科建设的探讨。具有区域性、民族性的妇女工作方面，妇联等直接分管部门在少数民族地区开展过哪些专题项目？其中的经验得失是什么？在学科为发展服务的现实研究工作方面，研究者应该如何与妇联在民族地区开展的妇女工作紧密结合？等等。具有鲜明指向性和实用性、可操作性的研究鲜有学者涉及。本课题首次对以往在云南边境社区妇女专题项目工作进行全盘梳理，总结经验得失，研究其工作方法和策略，提出相应的对策与建议，为云南少数民族妇女工作提供有价值的经验借鉴与工作依据，具有鲜明的区域指向性与民族性，有利于云南少数民族妇女工作的更有效开展。

二、研究成果的主要内容、重要观点或对策建议

课题总结了云南边境社区少数民族妇女发展项目中的工作经验与策略，通过这些项目，妇联组织以项目为依托开展工作，加

快妇联组织的发展，主要表现在：（1）强化教育培训作用，培训内容多样化，培训方法创新化；（2）注重开展各类调研，根据社区需求设计有针对性的项目；（3）关注社会现实问题，积极参与，依托项目开展维权工作；（4）以项目为契机，转变工作思路，创新工作方法；（5）以项目为载体，整合多部门资源，打破资源束缚瓶颈；（6）依托项目下移工作重心，提升工作人员的能力，增强妇联组织的影响力。

依托在扶贫领域、改善生存环境领域、民族文化资源开发领域、素质提升领域、维护妇女儿童权益领域开展的一系列项目，边境社区的少数民族妇女自我发展和参与政治、经济建设的能力得到提高。

课题研究指出，通过社会性别敏感意识、参与性理念与方法在云南边境社区少数民族妇女发展项目中的应用和拓展，云南省妇联组织与国际发展项目接轨的能力得到增强，申请和管理项目的能力、整合多部门资源的能力都得到了锻炼，服务少数民族妇女的能力得到扩展。通过活动的社会化趋势，以及妇女儿童社会现实问题的解决，例如，湄公河次区域的反拐项目、母亲水窖项目、母亲沼气项目、艾滋病致孤儿童的关爱项目等，增加了社会影响力，提升了社会地位，通过这些活动使妇联组织在党政组织机构中有了更多的发言权、更大的影响力，"有为才有位"的思想得到具体体现。

课题从以下四个方面对妇联组织在边境社区少数民族妇女工作中存在的挑战进行了客观分析，并给出了具体的建议：

（一）如何更好地发挥整合和维护社会系统的功能

（1）发挥分类指导的民族政策，对内地与边境地区，经济发达地区和发展滞后地区有不同的项目覆盖与帮扶措施，化解项目活动，集中资源解决当地最急需解决的问题，而不是全面开展，通过分散在不同地区的项目活动达成项目目的。

（2）总结整合多部门资源的经验，对妇联的工作原则、项目目的与多部门的工作方向进行研究，使妇联在协调多部门资源时能有的放矢，增强整合资源的能力。

（3）提高争取各种基金会和企业资源的能力。随着市民社会的发展、单位制的衰落，企业社会责任被提高到一个前所未有的高度，妇联组织应关注企业资源的进入，加大妇联活动的社会化趋势，积极寻找来自体制外的社会性资源。妇联以往项目中公司＋基地＋农户的工作方式已经累积了一定的与企业合作的经验，应对此进行总结。

（4）工作方式多样化和创新化，增强妇联工作方式的适应性。随着社会分化的加剧，不同的妇女群体的需求、生活目标已呈现多样化，妇女参与社会的方式发生了变化——直接的、间接的、群体式的、个体的、全面投入的和有选择参与的，因此不能沿用以往一个口号、一种号召、一种发动方式来开展工作。应对不同地区、不同群体的利益需求有深入的调研，改变以往运动式的——层层发动、典型开路的群众宣传，形成新的与此适应的运作方式。例如艾滋病的防治宣传在德宏、保山、临沧等地的不同运作方式就值得总结。

（5）充分发挥志愿者和民间草根妇女组织的作用，使其成为妇联组织的外围，弥补妇联组织人力不足的问题。

（二）如何推进社会性别的主流化

（1）组织专人对以往项目中的推动社会性别主流化的经验加以总结和研究。

（2）在此基础上形成系统的培训教材，对妇联系统工作人员进行培训。

（3）支持研究人员对相关政策文本进行社会性别主流化的

分析，使妇联组织成为社会性别主流化的倡导者。例如农村发展政策、扶贫政策、林业政策等，这些领域的政策普遍为"中性政策"，其中没有针对性别提出政策参与，所开展的项目受益对象则是以户为单位，没有细化到户中的男女。

（4）具备社会性别敏感意识，对传媒中出现的社会性别歧视现象进行维权合作与监督，通过妇联组织的维权声音反对社会性别歧视。

（5）在发展项目中继续关注和探索社会性别主流化的阶段性、条件以及在不同文化背景下的适应性等。

（三）如何根据不同需求进行源头维权

（1）结合云南民族政策中的分类指导原则，邀请相关专家讲解云南特殊地理、民族、经济、文化发展、性别制度以及跨境民族的同质性与差异性，建立维权的地理空间概念。

（2）源头维权是妇联维权工作中的重要工作方法，但是很多问题的源发在女童时期就已经出现和堆积，如果能对女童发展时期出现的问题背后的诸多隐性因素，如观念问题、经济问题、教育问题、环境问题和制度问题进行调研，在此基础上全面规划、分层次，分阶段逐步落实解决，近期目标和长期目标相结合以求做到标本兼顾。

（3）女童问题不仅是女童问题部门的问题，也是整个社会的问题。比如出生性别比。因为妇联在维权工作中还应从社会性别的角度提供项目中的发现和项目经验，促动其他相关部门出台相应的政策法规，加大维权力量。

（4）大龄女童一些常规性知识如青春期保健、婚姻家庭、生殖健康的知识的缺乏，使她们面临很多风险。可以考虑运用多种途径在非正规教育中进行弥补。

（5）破解通过项目强化或固化社会性别不平等的宣传口号。

一些固化的、本身带有社会性别歧视的项目或宣传口号强化了妇女在家庭中家务劳动承担者的角色。例如发展女童教育的口号"今天的女童，明天的母亲"，实际上强化了妇女在家庭内要负担孩子教育的责任，而且是因为将来家庭和社会赋予的母亲的角色需要和分工才获得受教育的权利，不是作为独立的主体而自然享有受教育权。作为妇女权益的代言人绝不能放弃对"女童的权利"的强调。

（四）如何加强妇联干部队伍的建设

（1）注重发挥优势妇联组织的服务能力，为各部门搭建服务妇女的各类平台。例如与农业厅合作承担"阳光工程"等就业培训项目，推进农村妇女富余劳动力转移就业。搭建各地妇女工作网，开辟技能培训、信息交流、创业咨询、务工须知、新市民服务等专栏，与上海市妇联携手建立"白玉兰远程网络"培训基点，就为妇女群众提供农业生产、转移就业、维护权益等信息服务。根据边境民族社区的需求分别与多部门合作打造资金和项目扶持模式。

（2）充分团结妇联之外的妇女组织、少数民族社区特有的民间组织和志愿者，建立妇联自己的妇女组织网络，发挥妇联组织在妇女权益代言人上国家赋予的合法地位和权威性，使这些组织和群体成为妇联发展项目工作的得力助手。

（3）鼓励和支持培养农村妇女的参政议政能力，基层妇女参与社会事务的管理能力一旦得到增强，妇联组织"纵向到底"的基层组织才可能真正发挥作用，"重心下移"的工作方式才能找到支持者。目前妇联的基层组织、干部编制面临不少困难，妇联干部队伍的综合素质有待提高。努力培养和造就一支热爱妇女事业、把握妇女运动规律、有引领创新能力的高素质的妇联干部队伍成为当务之急。但是，目前已有的相关政策包括 2008 年出台的云南省《妇女权益保障法》中明显倾向于妇联组织本身的干部队伍培养，或是强调女性领导以及正职领导的配备，强调女性人大代表候选人的比例不得低于30%，并没有对农村妇女的参政议政能力的培养政策。而仅规定了"村（居）民委员会中应当有妇女委员。村（居）民会议中应当有适当比例的妇女参加"，连比例多少为"适当"都没有一个硬性的规定。而基层组织中的妇女比例增加，实际上为各级妇女干部的选拔奠定了基础。在实际工作中，云南省的妇联组织也意识到了位处边境、山区的少数民族妇女在参政议政上的能力更是处于弱势，因此也有一些地方的妇联工作人员深入最基层（村、社区）培训妇女如何参加投票、如何参与选举、如何参加竞选。但是这些工作发现和经验仍未能进入云南省新出台的《妇女权益保障法》中，实为缺憾。

三、研究成果的学术价值和应用价值及社会影响和效益

本课题不仅总结和研究了少数民族地区妇女工作经验，还可以提供高等院校教师与科研人员从多学科视野中去研究的资料，并对其进行理论提升和宣传倡导，并作为相关政策的回顾与研究基础，同时可以在教学中引导学生关注这些社会问题，在过程中培养和提升学生从社会性别视角关注这些社会热点问题的能力，或者说是从关注这些社会热点问题中提升自己的社会性别意识，培养他们与社会接轨的能力，成为具有社会性别意识的民族干部，在工作中具有社会性别视角，能够学有所用、学能实用，推动少数民族女性学学科建设，在学科建设中推广少数民族地区妇女工作的经验与策略。

课题名称：云南少数民族地区妇女工作研究——边疆社区妇女专题项目文献资料分析

课题负责人：马丽娟

所在单位：云南民族大学

主要参加人：伍琼华

结项时间：2009 年 2 月 10 日

经济学

影响云南经济稳定增长因素的
理论及实证研究

一、课题研究的目的和意义

改革开放以来，中国的 GDP 平均以 9.5% 的速度在增长，国内外对影响中国经济增长因素的讨论也一直在持续。众多的学者从不同的角度进行了分析，归纳起来大体有三类：第一类是以技术进步和劳动力为重点来分析；第二类重视制度变迁和政府行为的作用；第三类强调外部市场的力量。作为边疆省份的云南，近年来，其 GDP 以年均 9.2% 的速度在增长，社会经济发展取得了重大进展，但"九五"以来，云南经济持续 7 年下滑，引起了政府及学术界的高度关注。"十五"后期，经过全省人民的共同努力，尤其是烟草的再度辉煌，使云南经济止跌回升。但对经济持续稳定增长的动力源挖掘、转化及转化条件的研究和讨论已经成为关注的焦点，并在"十一五"期间更显得举足轻重。因此，该课题的研究对云南经济的稳定发展具有理论及实践意义。

二、研究成果的主要内容、重要观点或
对策建议

在本项目的第一部分"我省主要生产要素的基本供给状况分析"中，通过大量的数据、表格等定量的方法分析了云南省矿产、电力、煤炭和水等几种主要自然资源要素的供给状况以及其存在的各种优劣势；在第二部分"我省各主要产业对生产要素的需求状况分析"中，通过数据、图形、表格公式等大量的定量方法来分析云南省三次产业变动的格局及其各产业对经济增长的贡献率；通过影响力系数、感应度系数计算公式及 2000 年云南省各部门影响力系数与感应度系数表、云南省 1987—1997 年影响力系数与感应度系数的变化数据综合分析云南省各产业间的关联度，最后得出在"十五"后期我省产业对经济增长的贡献由第三产业为主转向第二产业为主，第二产业对经济增长的贡献不断提高，尤其需要指出的是第二产业中以矿产资源为基础的化工产业等的发展对 GDP 增长的贡献越来越大；在现阶段云南工业经济发展在很大程度上仍然依靠的是资源型产业的结论。通过对本课题一、二部分的分析，我们认为目前云南省经济潜在的增长能力依然是依靠资源特别是矿产资源来支撑。

在本项目的第二部分的第三节我们着重分析了各产业发展对资源的需求导致的供需矛盾：云南省矿产资源保障程度不高与资源需求量大之间的矛盾日趋突出，从资源供给看，首先，虽然我们可以通过扩大资源进口，但重要资源过多的依赖进口，存在着明显的市场、价格风险和安全问题。其次，尽管近年来有一些规模较大的发现，但剩下可以寻求大多数矿产物的地方已经有限。根据现今的资源消耗率以及预计这些消耗率的增高，目前重要的不可再生资源大多数到一百年后将极其昂贵，尽管关于尚未发现

的蕴藏、技术进步、代用或者回收利用等有一些非常乐观的假设，只要对资源的需求继续呈指数增长，矿产资源保障程度不高与资源需求量大之间的矛盾会日益突出。因此，只有加快转变经济增长方式，才能从根本上减轻新的经济发展目标对资源环境的压力，同时促进经济和社会可持续发展。

通过对第一、二部分的分析，我们可以知道影响基本生产要素利用率提高的主要障碍是各产业发展对资源需求旺盛导致的供需矛盾。产生这种障碍的原因之一，随着云南省经济的发展，生产力水平处于从工业化初期向中期过渡阶段，资源需求量大，矿产资源消耗大量增加，对经济发展的保障程度逐渐降低，资源约束问题日益严峻；原因之二，在资源短缺的同时，资源破坏与浪费又非常突出。滥垦、滥伐、滥采屡禁不止，资源的产出率低，回收利用率低和综合利用水平低，一些地区环境污染和生态状况令人担忧，资源不足和生态恶化已成为制约云南经济持续发展的"硬约束"。在此基础上，课题提出要实现云南省经济的可持续发展，必须实现经济增长方式由粗放型增长向集约型增长转变。其途径主要有：

第一，实施生产要素的双向发展战略，即对省内应加大资源控制力度，提高矿业产业集中度。

第二，寻求外部自然资源。从云南省地理位置及东南亚国家丰富的矿产资源储备来看，我省可获得的自然资源最理想的来源地是东南亚国家。我省邻近省区和毗邻的东南亚国家矿产资源十分丰富。随着中国和东南亚、南亚国家的合作，尤其是中国—东盟自由贸易区的建设，使云南矿产业利用周边国家丰富的矿产资源变得更加便利，为云南矿产业的进一步发展创造了良机。利用外部自然资源的途径：（1）建立矿产资源勘察合作基金。采用国家、省合作投资的模式，建立次区域矿产资源勘察合作基金。按照多投资、多受益和互惠互利的原则，鼓励企业和政府投资基金会。（2）建立合资企业。东南亚国家为实现经济发展，获取经济发展必需的外汇，正逐步制定法律，希望与外国投资者建立合资企业，共同开发资源，以获得外国投资与技术援助。我省可以与其建立合资企业，利用云南省在地、矿、采、选、冶技术力量和资金力量，换取经济发展所需能源。（3）鼓励企业积极参与周边国家矿产资源开发合作。鼓励有条件的企业到周边国家投资办厂和承揽工程项目；鼓励国内企业（或与国外公司联合）以项目融资等形式在境外资本市场筹措资金；积极争取外国政府和国际金融组织的优惠贷款等。

第三，发展循环经济，实现矿产资源的高效开发利用和循环利用。（1）走矿电结合的道路。（2）促进煤炭的清洁高效利用。大力发展煤炭清洁高效的开发、利用技术。洁净煤技术包括煤炭加工中的选煤、型煤、水煤浆；煤炭的气化液化和控制污染等技术。云南省80%的煤炭只是用于一次性燃烧，而煤炭自身多种利用价值较高的化学成分被排放掉或丢弃。如何以洁净煤技术为突破口，以多联产和综合利用为手段，开创煤化工的新局面，已成为发展循环经济的重要课题。（3）大力利用天然气。由于市场油价的猛增，加上天然气较油类燃料较为环保，它在人们生产和生活中得到了普遍应用，天然气是清洁能源，云南省应大力利用天然气，进行相关产业的培育。（4）建设工业生态园区。我省应重点建设电力、煤炭、化工、建材等产业为主体的工业生态园区和磷矿、磷化工综合开发利用为主体的生态工业园区。生态工业园区是依据循环经济的理念和工业生态学的原理设立的新型园区，在企业清洁生产的基础上，使上游企业的废物成为下游企业的燃料，不断延长产业链条，形成区域或企业群资源的最有效利用和废物的最小量产生。对于新兴的经济聚集地区可以用生态链条将工业与农业、生产与消费、城区与郊区、行业与行业之间有机地结合起来，最大限度的综合利用资源，大力发展资源循环利用的境外产业，实现可持续发展和绿色消费。（5）调整产业结构和布局，形成循环经济产业链。结构调整既是减少资源浪费、提高资源产出率的关键，也是云南省发展循环经济的重要途径。建设符合循环经济要求的产业体系，形成单位企业内小循环、园区（块状经济）中循环、区域大循环，并逐步纳入省发展循环经济的总循环体系。围绕核心资源发展相关产业，形成资源高效循环利用的产业链，使原来那些"被放错位置的资源"在产业链中适得其所、变废为宝，提高资源产出效率。从产业链角度分析，产业发展的循环经济之路可以在产业链的全过程展开，在矿产资源到工业原料的开采提炼阶段，加大矿产资源开采利用率。（6）形成关联产业。能源产业间形成关联产业，形成共生和代谢关系，循环经济的发展重点在三个层面上展开：一是企业内部的循环利用，二是通过企业间的工业代谢和共生关系，形成生态工业园区，三是废物回收和再利用体系。

第四，积极发展新兴替代产业。云南省工业的发展依托资源性产业特别是矿产资源产业的发展。但矿产资源是不可再生的，我省矿产资源供给状况不容乐观。因此，我省应在发展资源主导型产业的同时，需逐步发展对资源依赖较小的新兴产业。抓住目前资源型产业对第三产业的巨大拉动作用，优化产业结构，大力发展第三产业，予以云南经济持续、稳定发展提供保障。目前我国尚有十大新兴产业亟待开发，包括环保、海洋、旅游、文化、教育、体育、展览、物流、农业科技、社区等。这些产业具有广阔的发展前景，不仅可以推动国民经济持续发展、提供更多的就业机会，而且利润丰厚，有望成为投资的热点领域。云南目前和将来很长一段时间居民的消费热点将集中在住房、文化教育、通信、旅游、保健、美容、汽车等方面。因此应结合我省具体情况有选择的发展新兴产业，以培育新的经济增长点。

本课题最后一部分，我们提出了实现云南经济稳定增长的对策。（1）国际协调：云南省应树立全球战略视野，统筹协调本省经济发展和对外开放，统筹国民经济平衡和对外经济平衡，增强在开放环境下驾驭经济的能力，利用好国内外两个市场、两种资源。云南应与周边国家协调好关系，充分利用地理相近，交通便捷、资源丰富、市场广阔、交往密切和优势互补等特殊条件，"引进来"和"走出去"，加强双边和多边区域合作。（2）法律支持："有法可依"是推动循环经济发展的前提，循环经济立法对循环经济的影响具有首要的、决定性的作用。我国针对全过程控制的、支持循环经济发展的法律法规还比较薄弱，借鉴国际经验，逐步形成一整套系统的、支持循环经济发展的法律法规和政策支持体系，形成有利于循环经济发展的体制环境。（3）制度创新：近年来，我国改革了探矿权、采矿权管理制度，明确了探矿权、采矿权的财产权属性，确立了探矿权、采矿权的有偿取得和依法转让制度。在积极推进审批制度改革过程中，不断探索探矿权、采矿权有偿取得的新方式，市场在资源配置中的作用将得到进一步发挥。但仅仅这些对于资源管理是远远不够的，还需对矿产资源有偿使用和管理体制进行研究，探索改革矿业资源被廉价甚至无偿使用，采后留下的矿区治理和生态环境修复等问题也是必须明确纳入管理机制中。深化矿产资源管理体制改革，按照明晰产权、依法行政、规范审批、促进流转的原则，促进矿产资源的有偿使用，确保云南经济社会发展对矿产资源的需求。针对云南省矿产资源管理体制存在的问题，开展战略规划、机制、政策及措施等方面的研究，推动云南矿产业的可持续发展，从而实现云南经济持续稳定发展。

三、研究成果的学术价值、应用价值及
社会影响和效益

该研究项目针对云南省经济发展过程中基本生产要素投入产出效率的关键障碍，提出实现云南省经济稳定增长的途径，理论价值及应用价值。

在研究视角方面，项目通过数学建模、影响力系数、感应度系数等分析三次产业之间的关联度，用定量及定性方法从资源与产业的关系角度分析，视角独特。同时，对于经济增长理论、循环经济理论也有深入的分析，在一定程度上丰富了相关领域的理论研究。

本项目针对影响云南省经济稳定增长的因素，提出的对策对政府决策部门及相关企业制定发展战略等都具有较强的应用指导价值。

课题名称：影响云南经济稳定增长因素的理论及实证研究
课题负责人：吴　萍
所在单位：昆明理工大学
主要参加人：刘兰青　李建波　万宠菊　王　丹
结项时间：2008 年 7 月 31 日

云南省农地资源效率与农地经营制度创新

一、课题研究的目的和意义

　　农地是农民生存之要，农地资源效率的提高和农地经营制度的创新是解决我省"三农"问题的关键，它不仅关系我省农民的切身利益和农村的基本经济制度，而且关系整个国民经济社会稳定。科学认识我省农地资源状况，探讨提高我省农地资源效率和改进我省农地经营制度的路子及对策措施，对于夯实我省农业发展基础，调动农民生产经营积极性、增加农民收入，尽快摆脱贫困，实现边疆民族地区与全国同步进入小康社会目标，稳定边疆，繁荣边疆具有重要的理论及现实意义。

二、研究成果的主要内容和重要观点

（一）主要内容

　　首先课题组主要成员多次到大理、昭通、曲靖等地州县调研，比如到曲靖市陆良县农业局、统计局、土地局等主管或相关部门咨询座谈，并走访了农村地头，进行了田野调查，获取大量第一手资料和感性认识基础之上，形成了《云南省农地资源利用效率与农地经营制度创新》研究报告。该报告在分析了农地资源与农地经营制度创新关系的基本理论基础上，进一步剖析了云南农地资源及其利用状况，提出了云南农地资源利用效率的指标体系，据此分析云南农地资源利用效率与农地经营制度的互动关系，最后提出农地经营制度创新的基本思路、经营制度的模式选择及相关保障机制及措施。

（二）重要观点

（1）坚定不移地坚持以经济建设为中心的方针，认真探索云南省农地资源效率提高和农地经营制度创新的新思路、新对策。在经济发展过程中，着重探讨解决长期以来在我省农地经营中存在的所有者主体模糊、集体所有权与农户使用权之间的权利关系不清，农地分配不公和绝对平均主义等问题，以保证我省农地经营的健康发展。

（2）做好农业生产规模化和产业化经营的文章，妥善处理农地资源效率的提高和农民经营农地积极性发挥的关系。农业生产规模化和产业化经营的前提是土地的集中和有效使用。人民公社化时期，农地的集中使用是通过行政手段强行进行，其结果是挫伤了农民的积极性，平均主义大锅饭只能带来农地经营的低效率。新时期的农地规模化和产业化经营只能在农民自觉、自愿的基础上，通过建立合理的农地流转机制实现。

（3）理顺在农地使用过程中的政府与农户的关系，合理定位政府的管理职能。政府的工作应是制定法律规范，依法对农地资源的利用进行规范和管理，而不能直接干预农民的农地经营行为。制定相关政策调动农民进行农地经营的积极性，引导农民按农地经营高效率的方向发展。同时加大对农业基础设施的投入，增强对农民的资金、技术的支持力度以改善农地经营的环境和条件，使我省农村有限的农地资源充分发挥其作用。

三、研究成果的社会影响和效益

在国家核心期刊上发表论文 6 篇，其中一篇论文荣获云南省社科研究三等奖。产生积极社会效应，同时部分成果已经被云南省国土资源厅采纳，产生了良好的政策效应和社会效应。

课题名称：云南省农地资源效率与农地经营制度创新

课题负责人：钱　红

所在单位：云南财经大学

主要参加人：黄儒靖　杨　慧　张　艳　刘志强　牛定柱
　　　　　　唐艳玲　官舒瑜　章志平　姚　玲

结项时间：2008 年 9 月 13 日

云南企业集群与地方创新系统研究

课题从企业集群角度来研究地方创新系统问题，从理论及实证上系统研究企业集群与地方创新系统的关系，探寻其规律性。具体研究成果如下：

一、云南省工业企业集群实证分析及问题研究

（一）云南省工业企业集群实证分析

在云南省工业企业集群实证分析中，本研究采用区位熵来度量产业聚集程度。从静态及动态两个角度对云南省工业企业集群现状进行了分析。

静态实证分析表明，云南工业企业集群具有如下特点：

（1）云南工业企业中部分产业存在企业集群。

区位熵大于1，企业聚集明显的行业有8个：有色金属矿采选业、非金属矿采选业、烟草加工业、印刷业、化学原料及化学制品制造业、医药制造业、黑色金属冶炼及压延加工业、有色金属冶炼及压延加工业。

（2）云南工业企业产业集群多集中于资源依赖型上游原材料行业，生产技术含量低，产品附加价值不高。

在云南省有明显企业聚集的8个产业中，除烟草加工业、印刷业及医药制造业外，其余5个行业均是典型的自然资源依赖型行业，同时都集中于整个工业产业链的上游，如有色金属矿采选

业、非金属矿采选业、化学原料及化学制品制造业、黑色金属冶炼及压延加工业、有色金属冶炼及压延加工业。而产业链中利润较高，对企业技术能力及技术创新能力要求较高的下游产业中，云南企业区位熵却极低，在全国不具有区域竞争优势。

动态实证分析中，为了度量云南省工业行业近年来的产业聚集及产业竞争优势动态变化情况，研究采集了1999—2006年云南省工业行业区位熵变化的数据，可以发现云南工业企业集群近年来有如下发展趋势：

（1）云南烟草企业的竞争优势正在减弱。近年来，省外烟草企业通过引进国外先进生产设备及技术创新，已经打破云南烟草行业一家独大，以及在中高档卷烟中的强势地位。云南烟草企业销售到省外的主要是中高档卷烟，但近年来省外烟草企业也推出了自己的中高档卷烟，对云南烟草企业冲击较大。

（2）基于自然资源依赖的金属及化工原料业产业聚集现象进一步加强。有色金属矿采选业、非金属矿采选业区位熵随时间增加，这充分的表明了云南在矿产资源上的优势正进一步加强。而依赖于自然资源的粗加工行业近年来也基本保持了自身在全国的竞争优势，化学原料及化学制品制造业的区位熵变化不大；黑色金属冶炼及压延加工业、有色金属冶炼及压延加工业受云南金属矿采选业产业聚集的影响，其产业聚集程度也进一步加剧，其区位熵也有较大增长。

（3）云南工业企业中出现部分产业聚集程度不断加强的新兴产业。近年来，饮料制造业、医药制造业及非金属矿物制品业的区位熵值不断提高，表明其竞争能力及产业规模处于升级过程中。由于普洱茶的兴起，云南饮料制造业近年来总产值不断提升，普洱茶产业有望成为云南未来的支柱产业之一。另外，近年来云南的医药制造业发展迅速，虽然云南医药产业具有一定的区域竞争优势，但医药产业也面临着越来越激烈的市场竞争；非金属矿物制品业近年来获得了稳步的发展，这主要得益于云南省丰富的磷、盐资源。

（4）云南省技术能力依赖高的技术密集及下游行业在不断萎缩。如技术密集型的专业设备制造业、交通运输设备制造业、电气机械及器材制造业、电子及通信设备制造业等行业，云南工业的区位熵出现逐步下降的趋势，说明云南省的相关产业规模及竞争能力正不断下滑。

（二）云南省工业企业集群问题分析

尽管云南省产业集群建设取得了较大进展，但还处于起步阶段，仍存在许多制约其健康发展的因素。例如：在思想观念、体制、管理、文化、教育等方面还存在一些问题，大集团、大企业市场抗风险能力还不强，拥有高新技术的中小企业数量还不多，这些都不同程度地制约了创新能力的提高，具体问题表现为：

（1）工业企业行业结构问题。一是结构不合理仍然存在，工业发展中偏重于资源依赖型行业。云南工业基本上是在自然资源利用，初级原材料加工和国家投入基础上形成的传统产业体系，结构不合理仍然存在。二是工业发展严重不平衡。全省工业发展不仅与发达省市差距较大，而且省内各州市之间发展严重不平衡。

（2）产业集群"形聚神不聚"，具有脆弱性。

（3）创新能力有待提高。

（4）"大企业病"现象严重。

（5）相互支援、相互依存的专业化分工协作的产业网络尚未形成。

（6）政府与中介机构的作用未能充分发挥。

二、云南省区域创新系统现状研究

（一）云南区域创新系统现状

由中国人民大学发布的《中国创新指数研究报告》（2007），对中国 31 省（市、区）创新指数是城市创新能力与区域创新能力建设体系；中国制造业产业创新指数是产业与企业群创新能力建设体系。其中涉及云南省区域创新系统现状评价的结论有以下三方面：

（1）云南区域创新综合指数排名 24 位，位于第三梯队。

（2）云南省近年来创新区域创新能力有所提升，但提升幅度不大。

（3）云南省制造业产业创新指数排名第 25 位，2003—2007 年云南制造业创新能力上升了 7 位。

（二）云南省区域创新系统存在的问题

总体来看，云南省区域创新能力居于第三梯队，和全国西部地区其他省市一样处于区域创新能力薄弱，有待提升的状况，因此云南省的区域创新系统也存在着西部地区区域创新能力的一些通病。主要表现为：

（1）科技基础薄弱，科技资源投入不足。

（2）科技需求不足，造成科技创新的动力不足。

（3）科技与经济的结合程度不紧密。

（4）科技资源利用效率不高。

三、云南省企业集群及区域创新系统 发展策略研究

研究表明，通过推进产业集群来建立云南省区域创新体系是行之有效的途径，具体对策建议如下：

（一）准确选择适合本地发展的特色产业集群

一个区域的经济发展不可能在所有产业部门占尽优势，有时优势的形成往往根植于特色，区域的经济特色就是产业集群化的显现。云南省要根据地方经济的特点和本地资源配置状况，确立适合本地的具有比较优势的产业加以培育，构筑地方核心竞争力。例如：利用云南自然资源丰富的比较优势，发展有区域特色的农业、农副产品加工业产业集群，继续大力发展花卉、卷烟产业集群、有色金属采选、冶炼压延等产业集群，专业化布局，集群式发展，提高产业集聚效益。

（二）培育企业技术核心能力，促进企业集群升级

产业集群应在利润空间更高的深加工行业进一步拓展，进一步培养云南企业在资源下游行业的深加工技术能力，而不是简单建立在原材料粗加工基础之上。

（三）建立产业集群为基础的科技创新平台，加快高新技术产业发展

不同的产业集群可以根据自身情况选择科技创新中心的不同组建方式，既可以通过集群内相关行动主体共同组建科技开发中心，也可依托集群内某大型企业的研发中心进行组建，但最终的目标应是形成创新网络。通过构筑创新网络，增强区域内企业竞

争力，推动区域经济的发展。

（四）推动以企业为主体的技术创新体系建设

根据云南省自然资源的优势，加速新型工业化进程的部署，围绕农产品精深加工、生物制药、机械与装备制造、有色金属工业四大战略优势产业，依托高等院校、骨干转制科研机构、相关企业，构建行业技术创新中心。加快行业骨干转制科研机构的重组和整合，组建以行业协会牵头、骨干转制科研机构、相关企业利益连接的行业技术创新中心，重点建设一批优秀的企业技术开发机构，使其逐步成为行业技术创新中心。

（五）增强高校及科研机构的创新意识及能力

在由企业、高等学校、科研机构和地方政府部门组成的区域创新体系中，高等学校和科研机构占有重要地位。顺应改革潮流，将科教机构推向市场，建立竞争机制；加大资金支持，并积极鼓励引导民间企业、组织和个人投资科教机构，创新企业与科教机构的合作形式，加速高新技术的产业化。

（六）发挥政府的重要作用

政府的作用在于制定经济要素本位的政策，主要是为本地富集经济资源提供环境，投入诱发性的力量，通过示范引导人们投入断档的、高风险的领域或产业部门、环节，适时调整政策，引导产业集群的升级。现阶段在构建以产业集群为核心的区域创新体系的过程中，更要注重制度创新，注重环境的改善，发挥政府的作用。

四、结 论

综上所述，本项目在对云南企业集群与云南地方创新系统的现状、特点、存在的问题的分析研究基础上，提出可操作性、促进云南企业集群形成、完善云南地方创新系统的政策性建议，进而为区域经济与社会发展战略提供新的思维构架。

课题名称：云南企业集群与地方创新系统研究

课题负责人：寸晓宏

所在单位：云南财经大学

主要参加人：雷　森　晏　雄　徐天祥　胡锡茹　赵丽珍

　　　　　　李光香　段　钢　谭文岚

结项时间：2008 年 9 月 24 日

贫困文化对昭通扶贫开发的影响及对策研究

一、课题研究的目的和意义

昭通属全国 18 个贫困片区之一的乌蒙山片区，是全国、全省贫困面最大、贫困人口最多、贫困程度最深的地区之一。2005年，全市农民人均纯收入虽然达到 1 300 元，但仅是全国、全省农民人均的 39.9% 和 63.7%，比毗邻的曲靖、六盘水、毕节、泸州、宜宾、凉山分别少 778 元、1 863 元、576 元、1 865 元、1 768 元、1 138 元；绝对贫困人口和低收入人口还有 34.86 万人和 84.75 万人，分别占全省的 14%、17.3%。面对这样的状况，昭通市委一届四次全会提出了昭通全面建设小康，重点在农村，难点在扶贫，关键在工业化的发展思路，对新一轮扶贫开发作出新的安排部署，要求全市各族干部群众继续把扶贫开发作为最大的政治，作为各项工作的中心，扎扎实实再打一场扶贫攻坚战。该课题紧密结合昭通扶贫开发的实际，通过深入调查研究，全面剖析影响昭通经济社会发展的主要原因，目的在于破解昭通扶贫开发的难点。在全面剖析影响昭通经济社会发展的主要原因中，各种资料表明，文化贫困和贫困文化是导致昭通贫困落后的根本原因。因此，该课题破解了昭通扶贫开发的难点，找到了昭通扶贫开发的重点，为决策部门研究制定新时期扶贫开发的对策措施，对搞好新一轮的扶贫开发具有十分重要的参考价值。

二、研究成果的主要内容和对策建议

（一）主要内容

（1）贫困文化对昭通扶贫开发的影响。"文化贫困"是导致贫困的重要原因，"贫困文化"是"文化贫困"的直接后果。由于文化贫困、资源贫困、经济贫困，导致昭通贫困文化现象十分突出。昭通一些贫困群众长期生活在高寒贫瘠、边远落后的山区，由于缺乏文化，大多是没有文化的文盲、不懂科技的科盲、不知法律的法盲，逐步形成安贫乐贫、得过且过的生活观和懒散怠惰、好逸恶劳的劳动观；一些贫困群众长期生活在封建迷信思想非常浓厚的环境中，受传统生育思想和信神信鬼等封建迷信思想的影响，成为传统生育观念的继承者和封建迷信思想的受害者，逐步形成香火不灭、传宗接代的生育观和消极无为、听天由命的人生观；一些贫困群众长期生活在交通闭塞、信息不灵的深山峡谷中，逐步形成小富则满、安于现状的价值观和金窝银窝不如自己狗窝的乡土观；一些贫困群众长期生活在小农经济自给自足的环境中，既缺乏商品意识，又不懂市场经济，小生产者的身份永不改变，重农轻商、自给自足的经营观和不求更好、只求温饱的消费观也永不改变，只顾当前、不顾长远、盲目生产、粗放经营的发展观也永不改变。这些都是维系昭通贫困群众长期贫困的贫困文化现象。这些文化贫困现象虽然总数不多、所占比例不大，但影响很大，是制约昭通扶贫开发进程的最大难点。必须引起高度重视，切实加以消除。

（2）对昭通贫困原因的剖析。课题组认为，导致昭通贫困的最根本原因是文化事业发展滞后，致使文化贫困现象和贫困文化现象非常突出，严重影响了扶贫开发的进程。

课题研究表明，文化贫困是导致昭通贫困落后的重要原因。

文化贫困主要是教育、科技、文化（包括文学艺术、文化活动、新闻出版、广播电视等）、卫生事业发展滞后。教育事业包括学校教育、家庭教育和社会教育三个部分。总体来讲，三个部分的发展都是滞后的。社会教育搞了一些，开展了精神文明创建活动，但力度不够，效果不佳，不讲文明、不讲道德、不守纪律、不守法规的现象屡见不鲜。家庭教育极端不平衡，城市和农村、有文化的家庭和没有文化的家庭、重视教育的家庭和不重视教育的家庭完全不一样，差别很大。但就整体而言，家庭教育都不够。学校教育不仅滞后于全国、全省平均水平，也在一定程度上影响了昭通经济社会的发展。科技事业的发展也滞后于全国、全省。文化事业发展滞后，不仅没有充分发挥文化宣传群众、教育群众的作用，还使贫困文化现象的泛滥有可乘之机，致使一些地方一段时期封建迷信思想、陈旧腐朽观念和淫秽下流意识有所抬头，吸毒贩毒蔓延，"六合彩"泛滥成灾，跳神弄鬼、求神拜佛、聚众赌博成风，破坏了健康的文化市场，搅乱了人们的思想，影响了经济社会的发展，也影响了社会的和谐稳定。卫生事业发展滞后，主要表现在致病因素较多、存在困难和问题较多、各族干部群众"看病难、看病贵"等方面。在昭通，不仅致病因素较多、发病率较高，而且因病致贫、因病返贫现象也随处可见。总之，教育、科技、文化、卫生等文化事业发展滞后，严重影响了经济社会的发展，制约了扶贫开发的进程。

课题研究还表明，贫困文化是导致昭通贫困的根本原因。贫困文化有两个显著特征，一个是知识形态的贫困，另一个是观念形态的贫困。知识形态贫困的主要表现是文化、科技、社会等知识的缺乏或低下，能力的贫乏或微弱，无见识或见识极少，从知识形态方面反映人的智力。在昭通农村，这种人不少。全国第四次人口普查，昭通15岁及15岁以上文盲人口有1 371 495人；全国第五次人口普查，昭通15岁及15岁以上文盲人口有

737 570 人。文盲既是文化贫困的一种表象，又是贫困文化的一种现象，既是知识形态贫困的前提，又是知识形态贫困的主要特征。科技知识的贫困、社会知识的贫困，都与文化知识的贫困有关。文化知识贫困、科技知识贫困、社会知识贫困的人，不仅劳动生产力低下，生活质量也极其低下，也是导致昭通一部分群体极为贫困的原因。这些人既是昭通扶贫工作的重点，也是昭通扶贫工作的难点。

观念形态贫困的主要表现是思想观念的贫困、社会观念的贫困和道德观念的贫困。思想观念的贫困，主要是指传统陈旧的封建思想、腐朽愚昧的迷信思想、粗放落后的经济观念。在传统陈旧的封建思想中，根深蒂固的是重男轻女、传宗接代的思想。受这一思想的影响，重男轻女、超生现象十分突出。由于几千年形成的自给自足的小农经济思想的影响，粗放落后的经济观念普遍存在，不适应、不符合市场经济的观念、体制、机制制约了市场经济的发展。社会观念贫困最显著的特征是存在着粗放的生产方式、愚昧的生活方式、浓厚的赌博现象。道德观念的贫困，主要表现是一些农村家庭，赡养父母、尊老爱幼等传统美德有滑坡趋势；关心集体、热心公益等集体主义观念有所淡化；语言行为方式不够文明，邻里发生矛盾往往破口大骂，恶言秽语不堪入耳，严重者则大打出手；受自身生活圈子的限制，容易产生短视、狭隘、自私的思想情绪。总之，思想观念的贫困、社会观念的贫困、道德观念的贫困，不仅影响了扶贫开发的进程，也影响了社会的和谐稳定。

（二）对策建议

课题组认为，要搞好新时期的扶贫开发，应当全面贯彻落实科学发展观，做好三篇文章，努力消除贫困文化现象。

（1）全面贯彻落实科学发展观。总结昭通扶贫开发的经验教训，课题组认识到：昭通资源贫困、经济贫困、文化贫困，是没有做到或者没有完全做到科学发展的结果。重物不重人，重经济不重文化。全面贯彻落实科学发展观，第一要义是发展，核心是以人为本，基本要求是全面、协调、可持续，根本方法是统筹兼顾。搞好扶贫开发，最根本的是要做好人的工作，提高人的素质，使人有志气、有能力搞好扶贫开发。基本要求是既重经济又重文化，在以经济建设为中心的前提下，认识到文化是民族凝聚力和创造力的重要源泉、是综合国力竞争的重要因素，把文化建设摆到应有的位置上，切实搞好新时期的文化建设。

（2）做好人口、资源、文化三篇大文章。做好人口这篇大文章，最好的办法就是采取"控制、提高、转移"三大措施，综合解决好人口问题。只要人口不过快增长，人口素质得到明显提高，富余劳力转移到市外需要劳动力的地方，人口这篇大文章就做好了。科学解决资源贫困的问题，也属于文化问题。在昭通，只要按照科学发展的要求，解决好土地产出率低、水利化程度低和生态恶化、交通不畅的问题，资源这篇大文章就做好了。只要注重文化建设，加快教育、科技、文化、卫生等文化事业的发展，促进文化大发展大繁荣，文化这篇大文章也就做好了。

（3）努力消除贫困文化现象。消除知识形态的贫困，主要是提高贫困群众的文化水平、科技水平，提高其文明程度，着力解决知识的缺乏或低下、能力的贫乏或微弱、无见识或见识极少的问题，从知识形态方面提高人的智力。消除观念形态的贫困，主要是消除思想观念的贫困、社会观念的贫困和道德观念的贫困，重点是破除传统陈旧的封建思想、腐朽愚昧的迷信思想、粗放落后的经济观念，破除传统陈旧的重男轻女传宗接代观念，破除信神信鬼的迷信思想，破除自给自足的小农经济思想，加强精神文明建设，大力倡导尊老爱幼的家庭美德、助人为乐的社会公德、诚实守信的职业道德，加强社会主义新农村建设，努力消除粗放的生产方式、愚昧的生活方式、浓厚的赌博现象。通过这些工作，在观念形态方面提高人的智力。

三、研究成果的价值

研究成果的学术价值和应用价值主要体现在以下两个方面：一是在构建社会主义和谐社会的大背景下，如何结合经济欠发达地区的实际，加大扶贫开发的力度，是一个具有重大理论和现实意义的问题。昭通是全国 18 个贫困片区之一，也是云南省贫困面最大、贫困人口最多、贫困程度最深的地区之一。该课题研究对昭通市的扶贫开发具有一定的理论指导意义；二是课题系统梳理了昭通的反贫困斗争的历史进程，总结归纳了不同历史时期扶贫工作的不同重点，在对昭通地区展开实地调研的基础上，准确把握昭通扶贫开发的难点、重点问题，对贫困原因的探讨从地缘、经济等物质性因素的层次上升到文化、意识等精神性因素的层面，具有一定的启发意义。

课题名称：贫困文化对昭通扶贫开发的影响及对策研究
课题负责人：陈永华
所在单位：昭通师范专科学校
主要参加人：马维聪　朱　娥　朱长金　吴文良
　　　　　　邹　蓉　吴　俊
结项时间：2008 年 11 月 5 日

中国—东盟自由贸易区对云南边疆
少数民族地区发展的影响及对策研究

一、课题研究的目的和意义

本课题在申报时就明确是应用研究，因此在本课题研究当中，学术研究是基础，基本目的是为有关部门和领导提供决策参考。因此，我们强调本课题的研究成果能有助于边疆少数民族地区在参与次区域合作中创造出自身发展的新机遇，使云南成为大西南和我国全方位对外开放新的支撑点，并促进云南小康社会的全面建设，也希望提出的政策建议能对维护云南边疆稳定，引导云南的经济结构、生产力布局、市场取向的调整产生积极影响。

研究的意义具体包括以下几个方面：

（1）有利于促进云南边疆少数民族地区的发展，推进云南省全面建设小康社会的进程。

（2）有助于维护边疆民族地区的稳定和保卫国家安全。

（3）有助于云南 8 个沿边地州充分认识自己在中国—东盟自由贸易区建设中的地位、机遇和挑战，适应中国—东盟自由贸易区的建设，并最大限度地利用好这一发展机遇。

二、研究成果的主要内容、重要观点及
   对策建议

（一）研究成果的主要内容

（1）中国—东盟自由贸易区的基本内容与进展：包括中国—东盟自由贸易区的产生背景、建设进程、框架和主要内容以及自由贸易区建设对中国与东盟经贸关系的影响等内容。

（2）云南边疆少数民族地区在中国—东盟自由贸易区建设中的定位、发展机遇与挑战：包括云南边疆少数民族地区特点、中国—东盟自由贸易区建设对促进云南边疆少数民族地区发展的意义、云南边疆少数民族地区在中国—东盟自由贸易区建设中的定位与作用、云南边疆少数民族地区对中国—东盟自由贸易区建设的不适应性、云南与东盟合作必须破解的三大难题等内容。

（3）中国—东盟自由贸易区建设对云南边疆少数民族地区全面建设小康社会的影响——以对外经贸和旅游业为例：包括自由贸易区建设对云南对外经贸关系的影响、自由贸易区建设中云南旅游业发展的 SWOT 分析等内容。

（4）进一步挖掘中国—东盟自由贸易区建设的机遇，扩大云南对外开放，促进边疆少数民族地区可持续发展的政策建议：包括继续大力推进"兴边富民"工程应对中国—东盟自由贸易区建设所带来的挑战；利用中国—东盟自由贸易区建设不断推进的机遇，加快云南边疆少数民族地区发展，拓展与东盟国家经贸合作的建议；云南的对外开放基于国家战略的思考等内容。

（二）重要观点

（1）中国—东盟自由贸易区作为一个系统工程的复杂性和云南的地理位置决定了自由贸易区的建设已经而且今后将继续对

云南边疆少数民族地区的发展产生多方面的影响。

（2）一方面，中国—东盟自由贸易区的建设对云南边疆少数民族地区全面建设小康社会、扩大对外开放、促进旅游业的可持续发展、发展对外贸易和吸引外资以及政治文明建设都将产生巨大的积极影响。

（3）另一方面，由于云南边疆少数民族地区目前的社会经济发展水平较低，而与云南边疆少数民族地区接壤的越南、老挝和缅甸北部地区同样比较落后，尤其是民情、社情复杂，敌对势力长期以境外为基地对我进行策反和破坏；云南边疆少数民族地区一直未能完全得到解决的民族关系、社会治安以及毒品犯罪屡禁不止等问题都与境外密切相关。目前仍然存在的上述问题导致了云南边疆少数民族地区在从2001年至今一直对中国—东盟自由贸易区的建设有某种程度的不适应性，因而云南全省至今可以说从自贸区建设中获利甚微。

（4）虽然中国—东盟自由贸易区建设本身并不对云南边疆少数民族地区产生消极影响，但我们对中国—东盟自由贸易区建设对促进云南边疆少数民族地区发展的促进作用以及云南边疆少数民族地区对中国—东盟自由贸易区建设的不适应性都要有准确和清醒的认识，并采取相应的措施逐步使云南边疆少数民族地区完全适应中国—东盟自由贸易区的建设，并做到服务全国、服务东盟、发展自我。

（三）对策建议

（1）由于云南边疆少数民族地区对中国—东盟自由贸易区建设有明显的不适应性，加上越南等周边国家不断调整边境政策，建议我国（省）要加大推进云南"兴边富民"工程的力度，以应对中国—东盟自由贸易区建设所带来的挑战。

（2）关于进一步利用中国—东盟自由贸易区建设带来的机

遇，建议云南边疆少数民族地区在以下几个方面实现创新：在解决三农问题上创新，以外向型农业推进农业产业化；在推动城市化进程上创新，以沿边口岸为龙头带动边境地区城市化；在沿边区域经济发展上创新，大力实施国际通道经济带动战略；在发展特色经济上创新，利用国内外两个市场、两种资源发展优势产业。同时建议国家给予政策倾斜：国家和省给予赴云南边境地区投资的企业享受"走出去"到境外投资的同等优惠政策，进一步调整边贸税收政策，简化出入境管理和海关检查程序，促进贸易便利化。

（3）本课题的研究实质是如何扩大云南对外开放，促进云南又好又快发展的问题。从 2001 年至今的 7 年里，可以发现中国—东盟自由贸易区建设对云南对外开放的促进作用有明显的局限性，因此我们建议在未来一段时间，云南的对外开放必须另辟蹊径。结合广西等沿边省份的经验，云南的对外开放必须上升到国家战略才能创造新的发展机遇。目前与云南有关的国家战略包括："以邻为伴、与邻为善"和"睦邻、安邻、富邻"周边外交战略、"两洋战略"中的印度洋战略、民族团结与边疆稳定战略、非传统安全问题合作战略尤其是能源安全战略。针对以上战略，建议云南省把对外开放的目标设定为四个方面：把云南建设成为中国开展与东盟在非传统安全领域合作的重要平台、把云南建设成为中国走向印度洋的桥头堡、把云南建设成为改善我国能源安全的重要运输通道和炼化基地以及战略石油储备基地、把云南建设成为提升沿边开放水平与构建周边国际产业合作带的示范区。为了实现以上四个目标，要提高对以下几个重要问题的认识：对外开放对象的选择与平衡、对外开放新增长点的选择、高度重视 GMS 合作在云南对外开放中的地位和作用、正视对外开放中存在的突出问题。

三、研究成果的学术价值、应用价值

1. 学术价值

（1）本课题采用了国际政治学的理论和方法进行研究。

（2）对中心城市扩散模式和沿边口岸城市辐射模式进行了一定的比较研究。

（3）对构建周边国际产业合作带进行了学术探讨。

2. 应用价值

可以为云南省有关部门和领导提供决策参考。

课题名称：中国—东盟自由贸易区对云南边疆少数民族地区
　　　　　发展的影响及对策研究

课题负责人：李晨阳

所在单位：云南大学

主要参加人：刘　稚　瞿健文　邹春萌　梁　晨　刘　务

结项时间：2008 年 11 月 10 日

基于多层次受托人控制的会计信息
质量劣化机理及抗劣化对策研究

一、课题研究的目的和意义

本课题的目的是通过对会计信息质量劣化过程的研究，探讨会计信息失真的机理，进而在此基础上针对不同层次的受托代理行为特征人和不同环节的会计信息生成构建会计信息质量保证体系。

研究成果不仅对于提高会计信息质量，而且对于恰当处理不同利益相关者之间的利益分配格局及和谐社会的构建都具有重要的理论价值和实践意义。

二、研究成果的主要内容、重要观点或
对策建议

随着经济的发展和社会的进步，会计信息在社会经济生活中起着越来越重要的作用。不管是国家宏观经济管理部门，还是企业内部管理部门，也不管是资本市场的投资者，还是资金市场的信贷者，甚至除此之外的其他利益相关人，都有可能期望通过会计信息来了解企业的状况，并将其作为作出经济决策的主要依据。然而，我国会计信息的质量状况一直是难以令人满意的。

理论界对会计信息质量问题已经进行了较多的研究。但通过分析发现，与此相关的研究几乎都没有涉及企业普遍存在的多层次委托与受托代理关系问题，而这个问题是深入研究会计信息质量劣化机理和会计信息失真过程不可回避的关键性问题。基于此，本课题将企业界定为一个多层次的委托—受托代理关系聚合体，并结合会计信息生成过程的不同环节，对不同层次受托代理人行为及其会计信息质量的劣化效应进行了研究。

企业本质上是一个由中小股东——控制性股东——董事会——总经理——部门经理——业务人员等委托代理链条所构成的多层次委托与受托代理关系聚合体，每个层次的受托人都可能会尽其所能地以侵蚀其委托人的利益为前提来最大化自己的利益，即存在受托人控制行为。正是由于受托人控制的存在才导致了会计信息的封锁和扭曲，进而劣化了会计信息的质量。

在部门经理与业务人员这一委托代理关系中，业务人员是公司最基层的受托人，他们通常会采取侵吞收入、虚报支出、私拿回扣、侵占公司财产、虚构业务、以次充好和隐瞒损失等方式来实现自身利益的最大化。由于这些方式的应用均需以提供虚假凭证，或销毁有关真实凭证为基础，因而其结果是使会计人员难以获得真实完整的会计凭证，导致"假账真算"状况的出现，在源头就为会计信息质量的劣化埋下了隐患。

在总经理与部门经理这一委托代理关系中，由于不同部门在企业经营活动中所处的地位不同，其控制行为也不尽相同。但从总体上看，控制方式及其对会计信息质量的影响与业务人员控制类似，但一般都需要业务人员的配合，具有合谋的成分。

在董事会与总经理这一委托—受托代理关系中，总经理控制的实现大多需要公司其他员工，特别是会计人员，甚至是注册会计师的配合。通常有少记或不记收入、多记或虚列支出等方式来减少委托人的利益，增加小金库资金，从而增加自己的制度外报酬；提前记录收入，推迟摊销成本，甚至虚构增加利润的经济业务来提升自己的工作业绩，不恰当地增加自己的制度内报酬。由于少记或不记收入影响了会计凭证的完整性；多记或虚列支出、虚构增加利润的经济业务影响了会计凭证的真实性；提前记录收入及推迟摊销成本不仅会导致会计确认与计量的失实，还会导致会计政策及会计处理方法的失当。所以，总经理控制不仅会导致更多的原始虚假凭证，还会对业务人员提供的真实会计凭证进行不适当的"过滤"，甚至不按规定进行账项调整，使得会计在"假账真算"的基础上，又出现了"真账假算"，进一步劣化了会计信息的质量。

在大股东与董事会这一委托代理关系中，董事会控制的实现需要公司会计人员、总经理及注册会计师的广泛参与。董事会控制的方式主要有无实际经济意义的资产重组、合并会计报表范围及合并方法的改变、从审计市场购买会计原则，甚至编造虚假的会计信息来推动股票价格的上升或阻止股票价格的下跌，以提升自己的业绩，增加自己的薪酬或授意其受托人通过私设小金库、滥用会计政策及会计处理方法，并从审计市场购买会计原则来增加投资人的税后收益，使得会计在"假账真算"和"真账假算"的基础上，又出现了"假账真报"和"真账假报"的情况，更进一步劣化了会计信息质量。

中小股东与大股东这一委托代理关系中，虽然大股东对其委托人的控制仍然需要董事会、总经理特别是会计人员的配合，但由于大股东对公司拥有绝对的控制权，大股东的权力实际上很难受到约束，即便通过董事会来行使，董事会也是受大股东控制的。大股东控制通常有两种情况，一是间接转移公司财产或无偿占用公司资金。二是以控股公司的资产为其债务提供担保。无论是间接转移公司财产或无偿占用公司资金，还是以控股公司的资产为其债务提供担保，大股东控制都会在客观上对会计信息的质量产生影响。因为所有这些行为都必须以隐瞒经济业务的真实情况为前提，影响了会计报表的完整性和真实性。

除了上述情况以外，股东与监事会、债权人与债务人等委托代理关系中的代理人行为也会对会计信息质量产生影响。

由于不同层次的受托人所使用的控制手段不同，在会计信息质量劣化过程所起的作用也不同。只有针对不同层次的控制特征采取不同的抗劣化措施，才有利于会计信息整体质量的提高。

首先，加强和完善企业内部控制。内部控制是能对变化的环境作出动态反映的一个系统，它贯穿于企业生产经营活动的始终，对企业的管理控制活动进行反馈和修正，使企业的经营循着既定目标前进。完善的内部控制对于有效地保护公司的资产，提高会计信息质量都具有重要意义。如果没有完善的内部控制，将使得会计信息质量在基础数据方面的采集就不够准确，使得会计信息"先天不足"，在此基础上不可能生成高质量的会计信息。

其次，完善公司治理。健全的公司治理结构是现代企业正常运转的核心。形成完善的治理结构的关键，在于构建一种在结构的三主体（所有者、经营者、监督者）之间制衡、约束、激励的机制，真正体现出不同主体之间的权、责、利关系。与西方国家相比，我国目前的公司治理水平还不能令人满意。为了完善公司治理，必须采取多方面的措施。一是加快实现产权主体多元化，利用股权分置提升公司治理水平；二是全面推行经理人员选聘制度，尽快建立经理人市场；三是规范资本市场融资行为，遏制上市公司的股权融资冲动；四是积极稳妥地实施期权激励计划；五是理清审计委员会与监事会关系，发挥监督合力。最后还要提高董事会独立性，发挥独立董事的专业优势。

再次，优化会计主体外部权力配置。从目前情况看，我国在保护中小股东、债权人合法权益方面，由于法律制度的不完善，民事赔偿制度的可操作性差，与西方发达国家相比还存在较大的差距。为了较好的解决这一问题，一要尽快落实累积投票表决制和限制表决权制度；二要赋予中小股东预防性权利；三要完善股东大会运作规则；四要加强信息披露，缓解信息不对称；五要加大对债权人权益保护力度。

最后，塑造良好的企业文化与公司治理文化。完善的激励机制和监督机制可以激发管理层以及各级员工的积极性，使他们更好地为提高企业的效益而努力工作，使各利益相关者的利益都能得到有效的保障。但激励机制本身也会带来副作用，因而有必要塑造良好的公司治理文化和企业文化，营造高质量会计信息生成的企业内部制度环境。

三、研究成果的学术价值、应用价值及社会影响和效益

本课题将企业界定为一个多层次的委托—受托代理关系聚合体，结合会计信息生成过程的不同环节，对不同层次的受托代理人行为及其会计信息质量劣化效应进行了研究，分析了会计信息在整个生成过程中的劣化机理，并在此基础上构建了会计信息质量保证体系。

由于不同层次的受托人所使用的控制手段不同，在会计信息质量劣化过程所起的作用也不同。只有针对不同层次的控制特征采取不同的抗劣化措施，才有利于会计信息质量的整体提高。

可以说，研究成果不仅对提高会计信息质量，而且对恰当处理不同利益相关者之间的利益分配格局及和谐社会的构建都具有重要的理论价值和实践意义。部分研究成果不仅在《商业研究》、《经济问题探索》等国内较有影响的期刊上得到发表，其中发表于《经济问题探索》一文还被其他研究者引用。另外，基于部分研究成果撰写的论文《委托代理视角的上市公司会计

信息质量分析——基于会计信息生成过程的分析》入选了全国第七次财务理论与实务研讨会，并在会议上宣读，说明研究成果在一定程度上得到了社会的认可，具有一定的社会影响。

课题名称：基于多层次受托人控制的会计信息质量劣化机理
　　　　　及抗劣化对策研究
课题负责人：聂顺江
所在单位：云南民族大学
主要参加人：罗云芳　龙月娥　张　军　赵馨燕　杨　芳
　　　　　　张家杰
结项时间：2008 年 11 月 13 日

拥有上市公司的企业集团若干财务与会计问题研究

一、课题研究的目的和意义

企业集团尤其是国有企业集团在我国经济发展中具有极其重要的作用。上市公司作为企业集团中最活跃、最重要的成员企业，是将企业集团导入资本市场的直接载体，把拥有上市公司的企业集团作为研究对象，具有很好的代表性，与资本市场联系最为紧密，尤其是股权分置改革后，我国资本市场环境发生了巨大变化。课题以资本为"红线"，通过理论与实践相结合，着重研究集团几方面的财务与会计问题，对集团合理利用资本市场、提高经营绩效、公司治理、实现资源的有效配置具有重要意义，同时建立相应的集团财务、会计理论研究体系。

二、研究成果的主要内容、重要观点或对策建议

我国资本市场的发展，一路上是摇摇晃晃过来的，总体看还比较脆弱，但资本市场的量已经不小，体系逐步完善，监管基础已形成，现已基本走上健康发展的道路。以股权分制改革为节点，在总体分析资本市场发展的基础上，分析了资本市场与金融

市场关系、与企业集团发展的相互作用，以及资本市场中的企业集团的主要特征，为专题研究拥有上市公司企业集团财务问题打下基础。资本市场为企业集团价值管理创造条件，企业集团可借助资本市场做大做强，扬帆远航，但同时在资本市场中又面临"触礁"的风险。

课题紧紧围绕资本这条"红线"，主要讨论拥有上市公司集团内部资本市场、资本预算、财务战略、资产重组、关联交易、财务风险六大方面的财务问题、资产重组及合并报表两大方面会计问题。

1. 企业集团财务问题研究

为弥补外部资本市场资源配置效率低下等问题，集团往往创造和利用内部资本市场，优化资源配置。集团能充分利用内外资本市场融资，并利用相关模式进行内部资金集中管理；再依据集权程度和战略，采用一定分配方式将资本直接分派或调度给子公司。课题以云天化集团为例，详细分析了集团通过担保、转贷款等方式，缓解上市公司的融资约束；同时，上市公司采用发行可分离债券等方式，扩宽集团融资渠道；集团内部各层次企业之间公允的关联交易也实现资本有效融通。由此证明合理的内部资本市场设计，能实现与外部资本市场互补；外部资本市场更规范的信息披露制度，通过上市公司这个"窗口"，能强制集团减少占用子公司资金、非公允关联交易等行为。

集团通过内部资本市场优化资源配置，降低资金在各成员企业的沉淀，提升集团价值，集团资本预算是发挥内部资本市场功能的工具之一。课题从集团资本预算特殊性入手，阐述集团资本分配预算和资本运用预算的主要内容，并指出产业型企业集团和控股型企业集团的资本预算在预算指标选择上的差异。结合我国资本市场，分析拥有上市公司或母公司本身就是上市公司集团的资本预算的特征，总结资本预算存在的问题，如资本预算与战略不协调等，针对这些问题，提出相应建议。并通过案例，分析集团制定资本预算的科学方法。

资本配置必须在集团财务战略的指导下才能达到最优。课题首先对财务战略相关定义、分类以及与企业战略的关系进行了比较分析，通过 Tobin's Q 和 ROA 这两个长短指标的搭配，建立相关的财务战略绩效模型，对企业集团控股上市公司战略绩效进行检验。我们发现股改对公司价值具有积极作用，上市公司附属企业集团能够缓解融资约束，具有较高的短期绩效，而长期绩效较低，不同的股权结构及财务性行为导致不同的战略绩效。针对所检验的结果，我们提出证监会、国资委和银行等在完善资本市场方面的相关政策建议。

资产重组是集团实现产业整合、提高整体竞争力的主要资本运作方式。随着股权分置改革的完成，集团资产重组的环境发生了巨大的变化，资产重组的行为也日趋市场化、规范化。集团通过资产重组可以实现产业整合、提升上市公司价值等目的，并在重组过程中获得直接或间接增量效应。课题从我国目前资产重组的市场环境入手，分析了集团资产重组的动因、效应、模式等方面。并通过研究上市公司对其公司的治理，总结并归纳出重组后集团需要从提升集团核心竞争力的要素、存量资产、组织与机制、人力资源以及集团理财文化等几方面来实现重组后的整合，以达到资产重组的根本目的。

现阶段，集团非公允关联交易大量存在，短期内无法根除长年沉积的痼疾。集团成立之初就面临产权制度先天不足和分离式改制带来的大量问题，存在侵占上市公司利益的强烈动机；同时集团内部制度不能有效防止非公允关联交易的发生。在外部，监管机构、中介机构和立法部门均没有发挥应有的作用。近期的次贷危机暴露了金融控股集团蕴涵的巨大关联交易风险。因此，需要关注金融控股集团关联交易的特点及带来的风险，建立相应的防火墙进行抵御。综上，须从集团内部控制着手，与市场主体、监管主体等外部因素形成合力，共同抑制非公允关联交易。

集团母子公司之间的资金运动过程比较复杂，在每一个环节都可能存在一定的风险，一旦发生财务危机，意味着"供血"系统出现资金流问题，而现金流枯竭将导致企业生产系统停滞和销售系统瘫痪，运营风险和市场风险瞬时便会加剧。因此，财务风险管理处于各种风险管理的核心地位，而现金流风险是财务风险的核心。上市公司"短贷长投"导致的资金搭配错位、集团过分扩张、内控薄弱等原因都会引发财务风险，必须从战略财务、组织、内控、预警、考核、信息和文化等方面，强化企业集团财务风险管理。

2. 企业集团会计问题研究

集团资产重组的发生意味着企业集团内会计处理的变化。新《企业会计准则》的颁布，结束了我国在企业并购的实务操作中一直无准则可依的历史。资产置换是资产重组的一种重要方式，我国现行资产置换的会计处理在理论和实务上都存在诸多不足。本章从企业合并的会计方法选择理论入手，通过对比新旧准则，总结出企业合并的会计处理规定方面的变化，之后通过分析资产置换理论上对会计持续经营等基本假设存在的挑战、实务中缺乏对换入换出资产合理的定价机制，提出应当采取规范信息披露、改进资产计价方法等改进措施。

合并财务报表已成为集团必须提供的公共产品和财务报表使用者进行决策不可替代的信息源。新准则强调以控制为基础确定合并财务报表的范围，规范了合并财务报表的基本理论。合并实务中，集团总部资产和商誉计提减值缺乏明确操作性强的制度规定，操作困难。由于资产减值准备计提具有可选择性和隐蔽性，易沦为集团盈余管理的手段，新准则对此起到了一定的遏制作用。新准则中少数股东权益项目列示的"移位"，标志着我国合并报表理论由母公司理论向实体理论的转化，对合并财务报表具有重要的影响。另外，集团往往拥有复杂股权情况，课题对复杂持股处理中合并顺序的选择、投资收益抵消的不同情况进行了详细分析。

三、研究成果的学术价值、应用价值及社会影响和效益

课题运用 ROA 和 Tobin's Q 指标，分析不同的债务结构和股权结构对我国集团控股上市公司财务短期效应和长期战略效应，并对集团附属公司与非附属公司相关指标进行了差异分析。发现上市公司附属企业集团能够缓解融资约束，具有较高的短期绩效，而长期绩效较低。课题提出财务风险管理处于各种风险管理的核心地位，以及现金流风险是财务风险的核心的观点。需从战略财务、组织、内控、预警、考核、信息和文化等方面，强化企业集团财务风险管理。

课题研究与资本市场发展紧密联系，具有很强的市场性。通过分析、归纳，总结我国资本市场的发展特点及目前所处的状况，针对集团与上市公司的互动效应、资本预算中存在的问题，提出相关的建议，这对企业集团运用资本市场实现资源的有效配置具有重要意义；对我国新兴转轨市场中企业集团的短贷长投、股权投资等财务战略行为及集团附属上市公司股改治理效应提供一定解释，为集团制定财务战略提供一定支撑；以上市公司治理为基础，从战略、资产、组织、认识、文化等方面提出了企业集团资产重组后的整合，对目前集团实现整体上市后的整合具有现实的意义；深刻剖析非公允关联交易存在的根源并找出治理对策，分析集团财务风险的防范，对于上市企业集团规范关联交易，降低集团财务风险具有重要意义。

　　研究成果一方面可用于指导企业集团开展相关财务管理工作，减少资源配置的盲目性，另一方面用于研究生和集团高级管理人员的教学工作。

　　课题名称：拥有上市公司的企业集团若干财务与会计问题
　　　　　　　研究
　　课题负责人：纳鹏杰
　　所在单位：云南财经大学
　　主要参加人：纳超洪　邹礼生　蒋　哲　李　媛
　　结项时间：2008 年 11 月 22 日

企业集群与地方竞争优势产业培育研究

——以云南为例

一、课题研究的目的和意义

在当今的实际经济地图上，那些具有国际或区域竞争优势的产业，大多聚集于某些特定区域而发展起来，形成具有较强的经济活力，较高的就业水平，较强的创新和竞争力的产业空间。企业集群已成为实现区域经济规模扩张和产业结构升级的支撑力量。理论界把这种聚集于某些特定区域，依靠比较稳定的分工协作，形成具有独特竞争优势的产业聚集空间称为企业集群。①

自 20 世纪 90 年代以来，企业集群已发展成为世界经济中颇具特色的经济组织形式，越来越多的国家和地区，都把企业集群作为产业发展特别是中小企业发展，拉动地方经济增长、推动农村工业化和城镇化的重要战略方式。企业集群日益成为提高区域产业竞争力的重要因素，对一个国家或地区经济发展具有十分重要的作用。

目前，云南已形成了涵盖 39 个行业大类的较完备的工业体系，有力地推动了云南的工业化进程，并将做大做强烟草及配

---

① 邵继勇：《中小企业集群与经济发展》，科学出版社 2007 年版，第 1 页。

套、能源、医药、农特产品加工、信息、冶金、化工、机械制造、建材、造纸等 10 大重点产业。① 在昆明、曲靖、玉溪、红河、丽江、楚雄等州市形成了一批企业集群，带动了当地经济和优势产业的快速发展。企业集群作为现代经济布局的一种重要形式，已成为加快云南经济发展的重要发展战略。然而，与其他经济发展先进地区相比，云南省企业集群在发展过程中尚存在一些问题有待解决。如企业集群和特色产业园区发展不足，产业集群数量少、规模小，产业竞争优势和聚集效应不突出，产业集群发育程度低，企业缺乏创新和合作意识，为集群发展提供外围服务的服务体系不够健全，等等。其中最主要的问题就是云南企业集群的竞争力水平低下，具有竞争力的优势产业数量较少，大多数企业集群缺乏产业升级和可持续发展的能力，使其竞争优势难以持续，从而影响制约了云南企业集群的进一步发展。

企业集群作为一种高效的产业组织形式，具有企业关联度高、技术进步快、产业链条长、交易成本低、配套能力强、竞争充分、资源配置效率高、就业容量大的优势，是云南推进优势产业发展，做强中小企业，加快农村工业化进程的战略选择。因此，研究如何提升云南企业集群竞争力从而培育具有竞争力的优势产业对于加快云南经济发展具有较强的现实意义。

目前，有关企业集群和企业集群竞争力研究的论述很多，本项目研究的目的和需要解决的问题在于如何把现有企业集群理论及竞争力理论与云南省竞争优势产业培育联系起来，同时借鉴国内外企业集群发展先进地区的成功经验，在考虑云南省具体省情等制约因素的前提下研究如何提升云南企业集群竞争力，培育竞争优势产业，同时，通过优势产业的带动作用，进一步促进云南

---

① 云南省人民政府：《云南省"十一五"新型工业化发展规划纲要》，2006 年。

企业集群的发展壮大，并提出相应的解决对策和建议，以供有关部门在制定相关产业政策时进行参考。

二、研究成果的主要内容和对策建议

（一）研究成果的主要内容

本课题由引言，企业集群竞争力研究理论综述，云南企业集群发展现状及其竞争力分析，国内外企业集群成功经验与启示，促进企业集群发展、培育云南竞争优势产业的对策研究和结论六部分组成。

第一部分引言，从国内外企业集群对区域经济乃至国家经济的影响及其在世界经济地图上的分布状况阐明了课题研究的背景。在此基础上，结合云南新型工业化发展战略和企业集群的竞争优势，分析了课题研究的目的和意义。

第二部分是本课题研究的理论基础。首先根据国内外学者对集群竞争力的理论分析，从因素观点、结构观点、能力观点三个方面概括了企业集群竞争力的内涵和实质在于其所拥有的持续竞争优势。其次结合集群自身的特性和竞争环境的动态变化从自组织理论、共享性资源、网络结构等方面对集群竞争力的来源进行了分析，认为在提升集群竞争力方面有四点启示。最后根据产业集群的特性和相关理论，分别从内源形成机制和外源形成机制的角度，剖析了产业集群竞争力形成机制。认为内源形成机制是一种自发的内在力量，表现为根植性、共生协同性、知识创造、技术创新；外源形成机制是一种外在的力量，主要来源于市场的驱动、科技环境的支撑和政府决策的支持。

第三部分从云南企业集群的发展模式、区域分布、发展阶段、竞争优势和劣势等方面对云南企业集群的现状和竞争力进行了全面分析和评估，认为当前云南尽管已形成了一些企业集群，少数企业集群已处于发展甚至成熟阶段，带动了当地经济的发展，已形成了全国品牌，但总体上看，云南企业集群仍处于初级发展阶段，发展过程中仍存在一些基础性、关键性的问题，直接影响着云南企业集群整体竞争力的提高和竞争优势产业的培育。

第四部分，针对云南企业集群发展中存在的问题，我们选取了四个国内外典型的企业集群进行分析，剖析它们的成功经验，结合云南实际，得出了云南发展企业集群的四点启示。即要把产业集群战略作为一项地区经济发展政策，要扶持而不是创造产业集群，要注重产业集群内部共生机制的建设，要鼓励各行业产业集群的发展。

第五部分是本课题的主体，对云南发展企业集群、培育竞争优势产业提出了对策和建议。我们根据迈克尔·波特的竞争优势理论和产业集群竞争力纵向结构观点，并结合国内外产业集群及产业集群竞争力其他相关研究理论，在总结吸取产业集群发展较为先进地区经验的基础上，认为云南应从企业、集群、政府三个层面提高产业集群竞争力。

第六部分，对课题研究结果进行了总结和提炼，认为对云南来说，走集群道路不仅是一种必须的选择，而且也是一种适宜的选择。

（二）研究成果的对策建议

本课题根据迈克尔·波特的竞争优势理论和产业集群竞争力纵向结构观点，并结合国内外产业集群及产业集群竞争力其他相关研究理论，在总结吸取产业集群发展较为先进地区经验的基础上，认为云南应从企业、集群、政府三个层面提高产业集群竞争力。

在企业层面上，要保持和提升产业集群的竞争力，首先提升集群内企业的综合实力。为此，云南产业集群内各企业积极推进管理模式创新，不断提高自身素质；加强技术创新，增强企业核心竞争力；制定国际化经营战略，积极参与国际竞争。

在集群层面上，要从五个方面刺激集群内经济行为主体之间的合作与竞争，鼓励集群内企业的合作和网络化，遵循因地制宜的原则，考虑地区差异性，形成各具特色的产业集群，构筑区域竞争新优势。

在政府层面上，云南省各级政府应科学制定集群发展规划，地方政府发展经济的一个重要手段在于怎样促进产业集群的形成与发展，根据地方产业发展的特点和优势，科学地制定产业集群发展的规划；同时，通过全方位地提供公共服务、针对性地培养区域特色文化、积极引导工业园区发展、大力建设区域创新系统等措施改善产业集群发展的环境，培育竞争优势产业，从而提升云南产业集群的竞争力。

三、研究成果的学术价值、应用价值及 社会影响和效益

集群现象主要发生在经济发达地区，而在欠发达地区能否产生集群现象一直存在争议。本课题通过对云南集群现象的分析，尤其是对"中国百佳产业集群"——玉溪"中国烟草加工产业集群"的剖析，探索了欠发达地区的云南发展企业集群的思路和模式。为西部欠发达地区实施集群战略提供了理论支持和实证经验。因为，尽管欠发达地区存在诸多外部制约条件，但同样能够形成适宜于某一产业发展的特定产业环境。比如，云南的普洱茶产业，就具有其他地区无法比拟的独特优势。也就是说，在某一个特定产业上，欠发达地区经过产业聚集，同样能够形成一个优越于发达地区的产业环境，形成企业集群。

本课题的研究成果可为政府决策部门在进行区域经济规划时

提供参考和决策依据。

　　课题名称：企业集群与地方竞争优势产业培育研究——以云
　　　　　　　南为例
　　课题负责人：晏　雄
　　所在单位：云南财经大学
　　主要参加人：寸晓宏　卢启程　金振辉　刘颜东　王　敏
　　　　　　　宗　锐
　　结项时间：2008 年 11 月 25 日

民族文化产业发展的旅游展演机制与
效应研究

——以西双版纳傣族为例

一、课题研究的目的和意义

表演理论（Performance Theory），兴起于 20 世纪 60 年代末 70 年代初，表演理论在民俗学领域的应用为民俗学科的研究提供了视角转向，从而导致民俗学作为一个学科领域的边界被大大拓展。因此被称为"民俗学方法论上的革命"（Richard Bau-man）。与此同时，世界范围内诸多学科领域都在尝试用表演理论审视自己的研究领域。旅游科学研究领域也不例外，表演旅游（Performing Tourism），自 20 世纪 80 年代以来，在西方已成为旅游理论研究的新热点之一。但由于中国社会、政治、经济、文化与其他国家的本质差异，以及中国民族旅游发展的特殊性，需要在中国民族旅游的现实情境研究"表演旅游"理论，项目从旅游展演的新思维空间探索、评价、解决旅游动力对民族文化产业、地方社会文化经济所带来的作用与影响，研究提出了促进旅游目的地旅游产业与民族文化产业互动发展的新学术观点和思路。

旅游产业与文化产业互动机制与效应的问题研究对云南地区发展中民族文化保护与创新问题，以及旅游、民族文化产业发展问题具有重要的实践指导价值。云南省是众所周知的以民族文化促动地区经济发展的文化旅游大省，这种立足文化资源带动文化经济发展的全新思想以及把文化产业培育成为云南省新的支柱产业和经济新增长点的战略，使云南的文化产业在近几年获得了空前发展，云南作为民族文化旅游大省在旅游发展过程中少数民族文化资源竞相开发，民族文化在产业化过程中获取经济利益，这种经济动力不仅驱使更多的人去"研习"、"传承"民族文化，形成民族文化传承保护的一种独特的"云南模式"。而且，民族文化在旅游中发展成为一种产业，成为"云南文化现象"。从"云南模式"与"云南文化现象"中折射出的是民族文化在新时期、新环境下的产业重构问题，传统与创新问题。在民族旅游地区发展的文化产业构建问题中，必须客观、公正地看待传统与创新的问题，激发旅游与文化产业互动发展的良好机制。从文化发展观评价文化产业发展的地方效应，展演理论为我们提供了良好的思维空间，使我们能够在动态、创新、交流互动的文化思维基点上把握民族文化产业构建的本质，为民族地区在地区发展中处理好旅游产业与文化产业的互动发展、文化保护与发展的关系问题提供科学依据。云南西双版纳傣族文化旅游发展经历了：原生傣族文化—傣族文化现代化—追求文化原汁原味的傣族"本土文化"（开发文化产业）的演变过程。这种民族旅游文化多层次、多阶段的发展，不仅为本项目的研究提供了很好的实证案例，而且本项目的研究也可为西双版纳民族文化旅游的持续发展、地方文化产业发展提供科学指导和政策支撑。

二、研究成果的主要内容、重要观点或
对策建议

　　项目从新文化地理学文化经济空间性入手,即民族文化旅游展演的空间性;以文化经济空间分析模式为线索,从展演的视角对文化产业空间及产品形成进行分析研究,首先是以展演理论对展演类别的阐释,即作为实践(惯习)的展演、作为艺术的展演和作为事件(活动)性质的展演为依据,思考民族文化旅游展演空间、产业及产品类型的划分;通过展演空间与非展演空间文化意义的比较,透视文化产品特征、产业开发特征。以展演理论中,把传统与创新平等地融入社会角色的交流互动过程,以及文化空间的交流互动作用过程中研究文化产业形成机制。评价旅游作用下的文化产业对地区发展的效应,寻求相关的文化产业发展对策。项目以西双版纳傣族文化作为实证研究的案例。研究旨在从全新维度探测民族文化在旅游展演过程中的文化产业开发特征,并对民族文化产业在旅游展演中产品特征和良好产业机制的形成及其效应进行评价,寻求地区民族文化产业发展、文化与地方协调持续发展的文化政策。以指导民族地方的文化产业实践。为新文化地理学的文化经济空间理论、展演旅游理论的研究提供实证和新的理论点。

　　通过研究提出以下主要学术观点,首先,族群地方感的形成是建立在人们对地方价值观念之上的地方认同,并以此塑造地景;其次,族群在特有的地方感基础上、在旅游展演的空间实践中创造三种文化展演空间,即生活(惯习)文化旅游展演空间、活动(事件)文化旅游展演空间、艺术文化旅游展演空间,族群文化在这三种空间的旅游消费中被生产和再生产,从而形成文化产业链。这种文化产业链的形成是各相关权利主体之间、文化

传统与创新之间矛盾与冲突的结果。协调这些矛盾与冲突，建立和谐的民族文化与旅游文化产业经济之间的关系需要相应的文化和文化产业发展政策的支撑。在民族文化产业发展的对策上从文化产业发展的体制改革、物质与非物质文化产业发展、文化产业市场管理等方面提出具体的发展政策措施。

三、研究成果的价值和社会影响

项目研究完成 10 万字的《民族文化产业发展的旅游展演机制与效应研究——以西双版纳傣族为例》综合研究报告和约 3 万字的 4 篇中文论文、1 篇英文论文。先后在中文核心期刊发表《西双版纳傣族民间舞在旅游中的消费与重构》、《西双版纳傣族的环境感知行为》等学术论文 5 篇；出版《旅游解说系统的理论与实践》学术编著 1 部；参加国际和国内的学术会议提交大会交流论文 3 篇，并进行了大会发言，具有一定的学术影响；获昆明市第九届自然科学优秀科技论文二等奖和三等奖；在人才培养方面，课题组成员在职称晋升中由副教授晋升教授的 1 人、由讲师晋升副教授的 1 人、由助教晋升讲师的 1 人；获得硕士学位的 1 人；在读研究生主持研究厅级项目的 1 人。

课题名称：民族文化产业发展的旅游展演机制与效应研究
　　　　　——以西双版纳傣族为例
课题负责人：陈亚颦
所在单位：云南师范大学
主要参加人：余明久　武友德　张志楷　范文武　苏　平
　　　　　黄丽娟　徐丽娇　许　伟
结项时间：2009 年 1 月 5 日

云南省经济增长方式转变的难点及对策研究

一、课题研究的目的和意义

（一）课题研究的目的

课题以科学发展观为统领，在借鉴国内外转变经济发展方式的理论与模式基础上，紧密联系我省经济发展实际，通过理论的演绎和实证分析，探视经济增长方式转变的一般规律在云南特定条件下的作用形式和机理，建立云南循环经济理念指导下的经济增长方式赖以进行的社会经济条件和环境，为区域经济发展进行相应的决策提供理论依据和素材；通过剖析云南经济增长方式滞后与失衡的内在原因及相关变量的影响机理，寻求推进云南经济增长方式转变的路径及切入点，提炼出相应的对策、措施、建议。探索出云南经济增长方式转变的新机制及制度创新的要点和具体内容，力求为区域经济增长方式转变提供科学的政策依据。

（二）课题研究的意义

改革开放以来，我省提前实现了生产总值翻两番的战略目标。然而仍然没有摆脱传统的高投入、高消耗、高污染、低效益的发展模式，在经济高速增长的同时，资源和能源的短缺、生态环境恶化等问题日益突出。云南省由于长期以来经济增长对自然资源的依赖很重，生产经营方式粗放，资源开发利用水平低，产业链短，资源的产出率、回收率和综合利用率低等资源浪费问题突出，乃至资源破坏的现象普遍存在，使得我省资源约束矛盾日益突出，已对我省经济的发展提出了严峻挑战。因此，按科学发展观的要求，大力发展循环经济，转变经济增长方式，加快建立资源节约型社会，促进经济社会全面协调可持续发展，是摆在我省面前一项十分重要而紧迫的任务。

本项研究对于云南省转变经济增长方式，实现云南省跨越式发展具有重要意义。有利于为更深化的理论研究提供素材，为开展同类问题的后续研究奠定基础，拓展我省乃至全国对转变经济增长方式研究的深度，从而找到符合我省实际的经济发展模式；有利于为省委、省政府选择正确的促进政策和协调措施提供科学依据，缓解我省日趋突出的资源约束矛盾，促进云南经济社会全面协调可持续发展；有利于解决我省支柱产业可持续发展的重点、难点问题，遏制并从根本上消除我省环境污染，提高云南经济增长质量和效益。

二、研究成果的主要内容、重要观点或
　　对策建议

（一）研究成果的主要内容

本报告通过现有理论成果的研究和借鉴，深化对经济增长方式内涵和一般规律的认识并进行必要的演绎分析，提出、定义出云南省经济增长方式转变的难点问题；接着对传统经济增长到现代经济增长的理论发展脉络进行梳理与先发工业化国家进行经验借鉴，提炼出指导云南经济社会发展的一般规律和经验；在前面分析的基础之上对云南省转变经济增长方式基础条件进行分析和识别，探索云南经济效率提高的源泉；通过对云南经济增长方式

转变发展水平及动态失衡状况的测度，通过比较分析，揭示经济增长方式转变发展的一般规律在云南发生变异的性质、程度；进而对区域经济增长方式相关因子如农业、农村经济和农民收入水平、产业结构与农业结构状况，城镇化与布局及技术资本要素投入等方面的互动关系分析，探析云南传统工业化和经济增长方式的偏差和难点；通过对云南经济增长方式转变的基础、路径、基本手段、保障进行相关分析，从理论和实践层面对云南经济增长方式转变的运行机理进行探析；在上述机制研究的基础上，又对推进云南经济增长方式转变的条件、途径、着力点及新的体制和环境条件下经济增长方式转变的制度需求分析，从健全经济增长方式转变发展的导向、动力、约束和自调节机制的角度探讨制度创新的思路要点，构筑有利于经济增长方式转变的制度支持系统和具体制度安排；最后，根据前述研究成果，以漾濞为例对县域经济增长方式转变进行了实证分析。

（二）重要观点

（1）经济增长方式的转变是两种文明形态的相互融合，是双重目标和任务的同步实现，既不能沿用先发国家原有的模式，又不能套用先发国家的现有模式，而只能借鉴其经验进行自我创新。

（2）实践证明，解决问题的思路在于问题相邻的顶层设计上，要真正做到经济增长方式的转变，最重要的是建立一个能够有效支持这种转变的制度基础。这就必然要求我们加快完善社会主义市场经济体制改革，尤其要加快政府职能转变。

（3）切实转变在传统工业化模式下形成的心智模式，认真树立科学发展观，把节约资源、提高效率，实现持续稳定增长作为我省的长久之计。

（4）对于资源型经济突出的云南省来说，发展循环经济就是把自然资源优势转化为资本优势、经济优势，减轻生态环境压力，实现经济增长方式转变的必由之路。

（三）对策建议

（1）云南转变经济增长方式要以科学发展观为指导，深化认识，更新观念，创新机制，调整和优化产业结构，全面加强自主创新，推进创新型省份建设，着力推动经济增长靠消费、投资、出口协调拉动，大力发展循环经济，全面加强资源节约和环境保护，进一步提升民营经济发展水平。

（2）促进云南经济增长方式转变的主要途径：重点发展支柱产业推动云南工业化的发展；加快人口规模扩张和基础建设推进云南城镇化进程；制定地区产业政策推进工商业在城镇的集聚度；提升传统服务业加快发展现代服务业；加强农业产业化建设构建经济增长方式转变的桥梁；提高劳动力素质培育国民竞争就业能力。

（3）大力发展循环经济，促进经济增长方式转变。切实加强对发展循环经济的组织领导；建立健全促进循环经济发展的法律法规体系；制定发展循环经济的产业政策；加大对循环经济发展的资金支持；完善自然资源有偿使用机制和价格形成机制；加快循环经济技术研发和推广应用；建立科学的循环经济发展指标体系和统计核算制度；制定循环经济发展规划和试点示范工作方案。

三、研究成果的学术价值、理论价值和 应用价值

（一）学术价值

（1）以科学发展观为统领，循环经济理论为基础，为云南

老工业区改造和生态工业园区提供经验，县域经济增长方式、路径上有一定的创新。

（2）充分利用云南资源优势和区位优势与现代信息技术相结合，从纵向和横向分析探寻推进经济增长方式转变的条件、路径及着力点，对建立"转变"的生产力支持系统及运行机制方面有独特的见解。

（3）在促进经济增长方式转变的具体制度安排中，对解除既定利益格局、相互冲突的价值观念和意识形态，以及生产生活习俗的制约，立足于现实制度环境和云南实际，以尽可能少的成本换取制度的传播和实施方面有着独特的见解和创新。

（二）理论价值

（1）任何客观规律都是在一定条件下发挥作用的，通过研究揭示循环经济理论发展一般规律在云南特定条件下的作用形式和传导机理，有助于现有经济增长方式理论研究的深化。

（2）通过对具体过程的实证研究，还可以了解经济增长方式转变中的一些新问题和新矛盾，分析其特殊性，从而提炼形成一般性认识，应该是对现有理论的有益补充，同时尝试应用一些新原理和新方法，本身就意味着对这方面理论研究的一种促进。

（三）应用价值

（1）本课题可作为深化研究云南同类问题，研究西部大开发战略相关问题以及我省经济结构调整的基础素材。

（2）本课题对有关问题形成的认识以及从中引申出的政策含义，可为省委、省政府制定政策提供理论依据，为我省重化工业探索新的发展模式，为老工业区改造和生态工业园区及和谐社会发展提供参考。本课题研究出的具体制度安排的理论成果和政策建议，适用于云南省州、市各地政府在决策时借鉴和参考。

（3）本课题有利于加快云南经济增长方式转变的进程，有利于重点、难点问题的解决。

课题名称：云南省经济增长方式转变的难点及对策研究
课题负责人：杨永生
所在单位：云南师范大学
主要参加人：赵兴兰　周　昭　李　艳　单丽莎　周子元
　　　　　　张广斌　杨永华
结项时间：2009 年 3 月 21 日

云南少数民族地区新农村建设的发展路径研究

一、课题研究的目的和意义

新农村建设因直接回应城乡发展差距而备受关注。新农村建设的最大挑战是,各地的农村发展水平差异很大,成因复杂。总体来看,关于新农村建设的研究较多,但以少数民族地区为切入点的较少。相关文献主要集中于宏观层次的决策性评论,而缺乏仔细地描述和分析各种制度约束。实践中,往往先入为主,带有外部色彩,而不是充分考虑民族地区的特点,尊重少数民族的习惯和了解他们的需求。其结果是,良好的愿望达不到应有的目的。问题的关键在于,因地制宜、因势利导,探索适合本地发展的建设之路。

项目基于问题导向,对照新农村建设的政策解读,折射出云南少数民族地区目前存在的各种问题,凸显新农村建设的迫切性和艰巨性,由此引出制定切合地区实际的建设目标和方法,是做好新农村建设的基本前提。有力地贯彻落实胡锦涛总书记在云南指导工作时的讲话精神,突出区域特点、地方特点、民族特点。在此基础上,明确云南民族地区和贫困地区新农村建设的生长点要回到现实,回到特定的时空。着重探讨民族地区新农村建设与构建和谐社会的有效途径,提供一种研究民族地区新农村建设的思路。其价值是探索适合当地特点的新农村建设之路，寻求可行的发展路径和实现机制，更好地为各级政府在建设新农村过程中正确地制定政策和基层干部正确地执行政策提供理论依据和工作方法。因此，本课题的研究具有一定的理论意义和实践价值。

二、研究成果的主要内容、重要观点或对策建议

成果基于我国工农关系、城乡关系转换的背景，紧密结合全面建设小康社会、构建社会主义和谐社会和新农村建设三大历史任务的新要求，系统研究新农村建设目标、模式和途径，从产业发展、农村社会发展、乡村治理结构等多层面、多视角探索民族地区农村发展的道路，提出了实现目标的机制及其对策措施。课题突出因地制宜，分类指导的思路，明确新农村建设在特定区域发展中的定位和要求；同时，提出主体改革和配套改革协调推进，破除体制性障碍，消除基础条件约束，增强要素的流动和提升主体的素质，为统筹城乡发展提供动力和支撑，也是最终解决贫困问题的必然选择和出路。其主要内容和重要观点是：

（1）明晰新农村建设的发展定位和特征，主要是从历史经验到现实选择，从多个不同视角解读和诠释，概括和细化了新农村建设的主要内容、着力点、任务和途径。新农村建设的核心内涵由20字方针体现，由此形成四方面的内容和五个着力点，即不断加快农业和农村经济发展，开辟农民增收的新途径；加强农村基础设施建设，创造农民生产生活新条件；重视发展农村公共事业，构建农村社会服务新体系；推进平安创建，营造农村平安和谐新环境。着力推进农村经济结构调整与增长方式转变；着力提高农民的生活质量与自我发展能力；着力构建人与社会更加和谐的社会氛围；着力改善和美化农民的生活环境；着力提高农村

民主管理的实效。进而提炼出"开创农业生产新格局、造就农村生产经营新主体、构建公共服务新体系、建设村镇新面貌、塑造文明新风尚、健全民主管理新机制"为主要内容的建设任务和途径。

这意味着新农村的"新"是在生产方式、生活方式、社会管理方式上的重构;是在城市反哺农村,工业反哺农业的新形势下建设农村;是在市场经济条件下推进三农问题的解决。其中的关系是,构建农村新的生产方式是实现农村生产发展、生活富裕的经济基础;构建农村新的生活方式是实现农村乡村文明、村容整洁的重要保证;构建农村新的社会管理方式是实现农村民主管理的必要保障。

(2)突出发展主题,探索符合特定地区的农村经济发展道路和发展方式。对比平原地区、少数民族地区、贫困地区三种具有代表性的区域发展模式,为不同发展水平地区的新农村建设方案制订提供经验。少数民族地区要实施区域发展的特色战略,充分利用当地的丰富资源和比较优势,推进特色、优势产业的发展,夯实新农村建设的产业支撑。成果同时提出了新农村建设要把握的四个原则:主体性原则、长期性原则、全面发展原则、因地制宜原则。在少数民族地区的新农村建设规划上,强调遵循统一规划原则和突出特色原则。

(3)突出影响发展的因子在云南少数民族地区发展中的作用。成果既对农村建设中普遍性和一般性问题进行梳理,又对云南民族地区和贫困地区的特性进行分析。由于资源、区位、交通、信息、人口素质、文化传统、产业结构等在民族地区发展中作用的强度和向度不同,影响效果也有显著差异,需要针对实际情况进行具体分析,制定更合理的政策。

实践中,笔者总结了少数民族地区新农村建设的元江之路。在资源开发及优势产业的培植上闯出了适合自己发展的也是很有成效的"治水办电、开发热区、山坝结合"的发展边疆少数民族地区经济的路子。受到了云南省委、省政府的高度重视，被称之为"元江之路"，向全省推广，被认为是"创造性地把上级政策与地方实践相结合，较好地发挥社会主义制度及民族区域自治的优越性，因地制宜，实事求是，是促进经济转型，拓宽致富之路为内涵的发展边疆少数民族经济、增进民族团结的路子"。

（4）少数民族地区和贫困地区是新农村建设的重点和难点，文中强调需要清楚内涵、把握好原则、运用好新方法，并就政策倾斜、领导方式、社会关注、扶贫机制、农民增收等问题，提出了不少观点和建议。

成果提出了通过调整行政区划、整合资源来推进贫困地区的新农村建设的新思路。通过调整行政区划，扩大县和乡镇的人口规模，以快帮慢，共同整合资源，让本地相对更具优势的那些人力资源可以在内部流通起来。同时，通过区域的重新调整划分，逐步建立起适应市场经济发展和现代化要求的行政管理新机制，将管理成本降下来的同时，通过提高管理效率来推动贫困地区经济社会发展速度。

（5）少数民族新农村建设不是一个孤立的问题，要受到整体社会发展的制约。既要注意解决好三农问题，还要注意社会其他方面，成果对农村和农民的贫困作了细致的归纳，也对城镇的贫困问题、和谐社会、科学发展等进行了一定的探讨。文中还就宏观经济调控，加强农业基础，改进经济增长模式，克服进一步改革的障碍进行了分析讨论。

经验表明，解决民族地区农村贫困的主要措施：一是政策倾斜、资金支持；二是全社会关心贫困问题；三是建立并完善扶贫攻坚长效机制；四是重视增加农民收入的研究。

（6）考虑到正确决断、有力执行对于新农村建设的重要性，讨论了领导能力和科学决策问题。领导者的眼界、学识、能力和品格，对于他们做好本职工作非常关键。需要他们对宏观经济和政策形势有所了解，需要对当前存在的困难和问题有清醒的认识，需要有胆识和魄力在发展策略的制定方面有突出的表现。目前社会主义新农村建设还处于起步阶段，民族地区基层干部，对于政策的理解、掌握还存在较大不足，需要对新农村建设的概念、内涵、指导原则、基本方法等方面的内容进一步加强学习。

文中还论述了基层领导容易犯的 7 种错误和倾向：切忌在思维方式上陷入封闭；注意避免简单模仿的发展模式；少喊口号，多干实事；切忌规划多变、左右不定；要坚决杜绝"家长型"的指挥方式；要放弃粗放型的生产方式；要彻底抛弃等、靠、要的依赖思想。帮助基层领导者少犯错误，多做实事。

（7）在民族地区新农村建设中，必须破除体制性障碍，把"救穷"和"救急"结合起来，资金和政策扶持尤其投向教育、农业科技、医疗卫生、交通等具有建设性的"造血"功能方面，以增强要素的流动和提升主体的素质为目的，为统筹城乡发展提供动力和支撑。一方面是改善农村生产条件和生活条件，解决人畜饮水问题，解决缺医少药和村民群众"看病难"的问题；实施"劳务脱贫"和"转移就业"；另一方面更要着力于培养"新农民"，提倡"新风尚"，充分发挥其在新农村建设中的主力军作用。

（8）政治文明是建设少数民族地区新农村的体制保障。要贯彻落实民族区域自治政策，培养少数民族人才，加强干部队伍建设；要完善村民自治制度，发扬社会基层民主，依法办事，消除农村社会的不稳定因素；要推动乡镇机构改革，培育农村经济合作组织，有效转移农村富余劳动力；要配合推进农村综合改革，重在长效机制建设。

（9）立足于云南少数民族地区的具体情况，深化对特色经济或特色产业的认识和实际运用。根据对滇南 5 县的实地考察，几个县都属于边疆、少数民族聚居和山区贫困县。通过实例、数据看出，尽管这些县域地处偏远，发展条件也不甚理想，但是，它们均能够充分利用好自身的特点和优势，打造特色经济和增长点。对特色的认识和运用要从三个方面理解：一是特色之路是发展的必然选择。二是特色的界定。三是培植特色产业的机制。

（10）明确云南建设新农村的工作思路，同时发挥好政府的主导性和农民的主体性双重作用，建立双向互动的机制。一方面，政策决策和领导管理是新农村建设的决定性力量。"授人以鱼不如授人以渔"，在实际工作中，各级领导干部要想尽办法，让辖区内的资源、人力、资金、技术等生产要素能够有效结合，合理顺畅地充分发挥作用，以便让当地的生产力得到足够的释放。另一方面，农民的命运要依靠自我奋斗来改善，发达地区农村的发展也说明了这一道理。要树立理想和信念、要有发展的目标、要吃得苦流得汗，对经济发展抱着孜孜不倦的追求，使蕴涵在大众之中的创造力得以充分发挥。

三、研究成果的学术价值、应用价值及社会影响和效益

历史成因和现实基础的差异性，决定了社会主义新农村建设的形式、内容和发展途径是不同的，应因地制宜、因势利导，探索适合本地发展的建设之路。研究成果明确了云南民族地区农村建设的生长点要回到特定的时空，着重探讨适合当地特点的新农村建设之路，寻求可行的发展路径和实现机制，具有重要的学术价值和应用价值。

本研究立足于经济学、管理学、社会学和法学的多重视角，分析云南民族地区新农村建设中存在的问题和完善的思路。成果涉及面广，从生产发展、交易条件到农民增收，从生态农业、乡

村旅游到社区发展，从农民权利保障、推进新农村建设到和谐社会的构建等，从不同层次和多个视角进行考察，着力于实践层面，解决突出问题，并发表专著一部和相关论文12篇。

（1）从理论视角看，以民族地区新农村建设为突破口，寻求云南民族地区农村发展的道路和实现途径，以玉溪3个民族自治县和滇南5个民族自治县情况的具体分析作为落脚点。尤其是笔者总结的"元江之路"，受到了云南省委、省政府的高度重视，并向全省推广，并认为是"促进经济转型，拓宽致富之路为内涵的发展边疆少数民族经济、增进民族团结的路子"。

（2）从理论内容看，围绕新农村建设的20字方针，概括和细化了新农村建设的主要内容、着力点、任务和途径，提出充分发挥主体的作用，全面发展区域经济。文中的一些观点，例如新形势下农村土地使用或流转模式改变的观点，与当前的国情比较吻合，具有进一步深入研究和实践的价值；又如，提出了通过调整行政区划、整合资源来推进民族贫困地区新农村建设的新思路；再如，紧密结合全面建设小康社会、构建社会主义和谐社会和新农村建设三大历史任务的新要求，提出了参与式开发建设模式。

（3）从实际对策看，以民族地区作为分析落脚点，在新农村建设上贯彻和谐发展的理念，结合全面建设小康社会，凸显地方特色、民族特色、区域特色，系统研究云南民族地区新农村建设目标、模式和途径，为特定地区的发展提供切实可行的对策。专著《新农村建设的探索性思考》还考虑政策执行和实施对于新农村建设的重要性，观点明晰、文风朴实，适合基层领导干部学习使用。

（4）从研究方法看，以经济学和管理学研究方法为本，融合社会学、法学等学科研究方法。在梳理、厘定民族地区新农村建设主线中，既有一般的理论分析，整体性和系统性较强；又有立足于云南的具体情况，就发展的机遇、困难和方法、策略进行了探讨。

此外，成果有的放矢，针对性强。其中，《改善农产品流通的制度性条件》和《红塔区旅游业前景分析及发展思考》两篇论文分别获得玉溪市（2006—2007 年度）哲学社会科学论文二、三等奖。

课题名称：云南少数民族地区新农村建设的发展路径研究
课题负责人：杨世华
所在单位：玉溪师范学院
主要参加人：周 葵 李春梅 陈克华 邵 丹 董学能
　　　　　　卞云龙
结项时间：2009 年 3 月 24 日

特色产业构建与云南区域经济协调发展研究

一、课题研究的目的和意义

围绕优势建特色，调整结构创特色，应是云南省特色经济格局形成的重心。如何根据区域优势理论，准确地对云南的优势定位，既是科学决策的依据，也是遵循区域经济运行规律的体现。目前区域经济发展不平衡仍是云南省的一大省情，如何围绕特色产业的区域整合和产业链的有效延伸促进省内区域经济的协调发展，缩小与发达地区的差距，以特色经济建设带动全省的小康社会建设，是地方政府的重大任务。

为此，本项目以区域优势理论为基础，以特色优势产业评价指标体系为手段，对云南省特色产业构建与经济空间结构进行了研究。课题研究报告紧密结合云南的实际，在科学的实证研究基础上提出问题和对策，具有重要的现实意义。

二、研究成果的主要内容和观点

（一）讨论了区域特色产业选择的理论基础

课题组认为，特色经济的根本立足点在于特色产业，区域经济从本质上说就是特色经济，任一区域都必须以区域特色为基础构建区域产业，而特色产业必须体现为优势产业才有意义。因此，从区域优势的角度来探讨特色产业以及基于特色产业的区域特色经济格局从本质上讲，具有内在的一致性。

因此，对区域特色经济的研究必须基于区域优势的分析，将特色产业构建于区域优势之上；另一方面，特色产业构成特色经济的基本内涵，一定的区域如何选择特色优势产业，将决定其特色经济的发展方向。

（二）设计了基于区域优势的区域特色产业选择与评价指标体系

基于上述认识，课题组设计了基于区域优势的区域特色产业评价指标：

（1）区域产业 GDP 弹性系数指标。

（2）贡献率指标，包括：①产业对 GDP 的贡献率指标；②产业对 GDP 速度的贡献率指标；③产业对 GDP 的综合贡献率指标。

（3）比较优势指标，包括：①横向比较优势指标，即比较规模优势指标、比较发展优势指标；②纵向比较优势指标，即纵向比较规模优势指标、纵向比较发展优势指标。

（4）区域产业出口竞争力评价指标，包括：①区域贸易结构系数指标；②区域产业贸易专门化指数；③"显性"比较优势指标；④出口产品综合竞争力指数。

（5）基于 GDP 的简化动态指标体系，包括：①GDP 增长率弹性指标，即产业（行业）GDP 增长率弹性系数、区域 GDP 增长率弹性系数、区域产业 GDP 增长率弹性系数；②区域产业发展质量指标，即区域产业（行业）贡献率指标、区域产业（行业）比重指标、区域产业（行业）发展质量指标。

（三）研究了云南省重点工业行业的选择与培育

课题组根据上述指标体系，研究了云南省重点工业行业的选择与培育，得出以下主要结论：

（1）在云南省所有工业行业中，烟草制品业一枝独秀，但该产业在全国的地位有所下降。

（2）在工业行业中，烟草制品业、以电力为主的能源工业、矿产采选及加工业是云南现有产业的主要支柱，是云南省现有的重点工业行业。

（3）非金属矿采选业具有良好的扩张势头，印刷业、记录媒介复制，化工产业，医药制造业以及食品工业等产业可作为未来的支柱产业加以培育；而生物资源开发创新产业作为支柱产业培育的道路依然任重道远。

（4）云南工业行业的抗风险能力较弱。其一，云南省工业支柱行业过于单一，过分依赖烟草制品业。其二，在结构调整中有较好发展基础和发展潜力的替代产业不多。其三，在云南省的工业行业中，有 1/3 以上的行业既不具备规模优势又缺乏良好的发展态势，从省内横向比较优势指标来看，有 14 个行业属于双劣势产业，与全国的纵向比较优势指标来看，这类产业有 30 个行业，差距过大。其四，除支柱产业外，其他工业行业的经济效益普遍较差。

（5）限制性发展产业。石油和天然气开采业；纺织业；皮革、毛皮、羽绒及其制品业；家具制造业；文教体育用品制造业；化学纤维制造业；橡胶制品业；金属制品业；通用设备制造业；工艺品及其他制造业等行业已经对 GDP 的增长形成阻力，同时，无论是省内横向比较还是纵向比较，这些产业均处于双劣势产业群。因此，以上产业除非近期在规模和效益上有较大提升，否则属于云南省的限制性发展产业。

（6）资源型加工业是云南省工业的主要特征。由于资源尤其是以自然环境为依托的自然资源具有较高的公共产品属性，政府对资源具有天然合理的垄断权，从而使政府与产业发展之间的联系更加紧密，政府主导型的产业发展道路成为云南省产业发展的必然选择，这一方面有利于工业化初期通过政府对幼稚产业的扶植而使产业快速成长；另一方面，政府主导型产业发展模式又给财政带来了巨大的压力，致使投融资体制改革滞后，投资效率降低，同时也不利于市场主体的培育。

（7）云南出口优势产业主要是烟草、有色金属、无机化学（化肥）、纺织、药品制造、农业等产业。云南具有较强的综合出口竞争力的前十二类商品依次是锡、黄磷、钢材及钢铁制品、烤烟、未锻造银、过磷酸钙、纺织品、未锻轧的非合金铝、尿素、松茸、卷烟以及碳酸氢二铵等。

（四）研究了云南省内地区经济差异与区域经济协调发展政策导向

课题组研究了云南省各地区经济发展水平及经济增长的空间结构、产业结构及其空间分布、城市化的区域差异及城市的空间分布，以及云南省民族自治州地区经济发展差异，认为目前云南省经济空间结构正处于核心——外围二元结构的空间演化阶段，且以空间集聚尤其是中心城市集聚为主，但有向外扩散的趋势：

（1）昆明是云南省经济发展水平最高、工业和第三产业最集中、拥有云南省最大城市的地区，是云南省重点工业行业的主要集中地，是云南省支柱产业旅游业最重要的基地，因而也是云南省经济发展的中心。

（2）昆明、玉溪、红河、曲靖是云南省经济发展的核心地带，应充分发挥它们对周围地区的辐射和扩散作用。昆明、玉溪、红河、曲靖的经济发展水平在云南省处于第一层次，云南省的工业特别是重点工业行业大部分集中在这4个地区,这4个地区也有较好的城市发展基础,有条件在云南省率先实现新型工业化和城市化。这些地区在解决好自身发展所存在问题的同时,应做好与相邻州市间产业的空间链接和匹配,做到中心与腹地共同发展的双赢局面。

(3)大理、楚雄是云南省经济发达地区与西部、西北部欠发达地区间的过渡地带,应积极做好产业承接和进一步转移的准备。大理、楚雄的经济发展水平在云南省处于中上水平,有较好的工业基础,处于云南省中心城市和经济发展核心地带通往丽江、迪庆、怒江、保山、德宏、临沧的交通要道,在云南省经济技术扩散中起着承上启下的作用,从这个角度讲,大理、楚雄产业结构调整和转移的力度、城市化发展水平的高低及效率直接影响着全省经济空间结构优化能否顺利实现。

(4)云南省西北部和东南部经济发展速度快,应抓住时机提高工业化和城市化水平及质量。

(5)云南省的区域经济发展宜采取非均衡协调发展的政策导向。目前从总体上看,云南省的工业化和城市化水平都还比较低,在相当长的一段时期中,聚集效应将起主导作用,以昆明为中心的核心地带仍将是云南省工业化、城市化发展的主要区域,工业有可能进一步集中于核心地带。在这个过程中,要注意协调好核心地带与其他地区的关系,发展相互间的经济技术合作,重视楚雄、大理的传递作用,在重点发展核心地带的同时,充分发挥核心地带的扩散作用,带动全省经济社会的全面进步。

(6)城市化的过程伴随着城市体系结构的变动,同时也影响着整个区域经济增长的空间走向。从设市城市的空间分布和城市化的变动方向可以看出,云南省城市化的发展呈以昆明、曲靖、玉溪、红河为核心并以扇形的形式向外扩散的态势,且昆明、曲靖、个旧三个大中城市正好以三角形的形式出现这一核心区内，而另一个中等城市大理在云南城市体系和区域发展空间中具有重要地位，大理应该成为昆明向西辐射的桥头堡和滇西发展中心。以大理为中心向滇西北方向伸展，以昆明和曲靖为中心向滇东北方向推进，以个旧和玉溪为中心向滇西南方向纵深发展，有利于云南省经济增长空间的良性扩张。

课题组建议，为优化云南省区域经济结构，要制定有利于欠发达区域的经济政策，引导和推动欠发达区域的产业结构调整，继续推动以旅游业为龙头的第三产业发展，加快城市化，努力培育区域中心城市，加快省内交通基础设施的建设，积极开展区域之间的经济合作，推动省内经济的协调发展。

三、研究成果的学术价值、应用价值

课题研究报告探讨了区域特色产业选择的理论基础，构建了区域特色产业选择与评价指标体系，运用该指标体系，实证分析了云南省重点工业行业的选择与培育，提出了云南省重点产业选择及产业政策导向，在研究云南省内经济差异的基础上，提出了促进区域经济协调发展的政策导向，为实际工作部门提供了科学的切合实际的决策依据，具有较好的理论和实际指导意义。

课题名称：特色产业构建与云南区域经济协调发展研究
课题负责人：甄朝党
所在单位：云南民族大学
主要参加人：孟庆红　罗宏翔　赵果庆　卢正惠　徐天祥
　　　　　　张彦龙　樊　敏　孙建安
结项时间：2009年4月1日

政　治　学

西部地区完善县级政府职能研究

一、课题研究的目的和意义

改革开放30年来，中国社会发生了深刻变化，中国基层组织一直是学术界和政策研究部门关注的热门话题。现阶段，我国正处于深化改革社会转型时期，社会的转型导致公共事务管理无论在管理模式、管理主体、管理客体还是管理理念上都发生了深刻变化。本课题着眼于研究如何发挥好西部地区县级政府职能，分析社会转型时期西部地区县级政府职能存在的问题，探索贯彻落实科学发展观、切实转变西部地区县级政府职能途径和方法。

我国幅员辽阔，东、中、西部地区经济社会发展不平衡，多样化的自然、经济、民族、人口等环境事实上导致了国内东、中、西部发展的不均衡状态，这些客观因素也直接影响各地区县级政府治理县域社会的能力和方式。具体到县，其所处的自然环境、经济环境、文化环境、社会心理环境还有很大差异。因此，与东部经济发达地区相比，西部地区县级政府在执行中央和上级政府决策过程中，所体现的政府职能、执行方式等也就有高低、强弱差别。平心而论，西部地区的县级政府治理县域社会的能力和方式不及东部发达地区的县级政府。

党的十六大以来，西部地区县级政府以机构改革为主要内容来推动政府职能转变，取得了一定成效。但从总体上看，其成效还只是初步的或者说阶段性的，与市场经济发展和政治体制改革的要求相比，与政府职能转变的总体目标相比，还存在很大差距。可以说，西部地区县级政府职能转变尚未真正到位，在管理理念、管理体制、治理模式、行政决策体制以及政府改革等方面仍存在许多弊端和缺陷，仍存在着行政职能"越位"、"缺位"、"错位"现象，工作的着力点还没有切实转到提供公共服务、培育发展环境上来，政府做了许多不该做也做不好的事情；"大政府"的"婆婆"式管理、"全能政府"的模式虽然在一定程度上得到了改观，但本位主义、官僚主义作风盛行，"无过即为功"的"太平官"意识还占据着"父母官"们的思想，不作为的现象在我国西部地区县级政府还普遍存在。

当前，为了实现东、中、西部地区统筹协调发展，国家大力扶持西部建设，建设小康社会、构建社会主义和谐社会、西部大开发等伟大事业正如火如荼地进行。西部地区的发展关键在于以经济发展为先导的社会各领域全面、协调、可持续发展，而一个效能、民主、法制的县级政府提供了实现这些发展的组织基础和制度保证。在这个特殊的历史时期，西部地区县级政府职能发挥得好坏直接关系到西部地区县域经济、政治和社会各项事业的兴衰成败，研究西部地区县级政府职能转变对于西部地区县级政府转变治理模式、提高西部地区县级政府效能、改善西部地区民生具有理论意义和现实意义。

二、研究成果的主要内容、重要观点或对策建议

（一）主要内容

《西部地区完善县级政府职能研究报告》主要包括六个部分：

（1）县级政府职能的相关概念界定：什么是政府？什么是县级政府？县级政府的职能有哪些？研究报告对这一系列概念进行了界定。

（2）县级政府职能的历史回顾、现状和发展趋势：概述县级行政建制在不同历史时期的职能特点及演变过程，从国家治理的角度，对不同时期县级政府的功能进行分析比较，总括县级政府职能与其他级别政府职能不同的特点，通过实证调查，总结西部地区县级政府在职能转变时取得的成绩；从"实然"的角度分析当前西部地区县级政府职能现状，分析其在运行过程中所存在的主要问题；从"应然"的角度展望县级政府未来的发展趋势。

（3）西部县级政府执行力分析：当今世界各国都十分重视政府自身能力的建设，而政府能力的建设在很大程度上取决于政府的执行力。评判西部地区县级政府的重要依据是县级政府实际运行取得的效果，关键是看县级政府是否真正有效的满足了县域社会对公共物品和公共服务的需求。其评价标准就是县级政府的绩效，核心在于西部地区县级政府执行力的高低。

（4）西部地区县级政府职能转变的条件：县级政府是在一定的自然的、政治的、经济的、文化的以及社会的环境中运行的，县级政府职能转变必定也受制于客观行政生态环境，本研究报告将通过对西部地区的行政生态环境的研究，分析完善县级政府职能的现实条件和动力。

（5）西部地区县级政府职能转变的目标与障碍：西部地区县级政府职能转变将要达到一个什么样的理想状态？转变过程中将遇到哪些困难？研究报告着重对上述两个问题进行了分析。

（6）西部地区县级政府职能转变的道路展望：分析完善县级政府职能的法律和政策依据，提出通过结构性调整进一步转变西部地区县级政府职能的途径及应用策略。通过建立与西部地区经济发展相适应的政府创新体系，实现可持续发展道路进行探索。

（二）重要观点或对策建议

本课题通过对西部地区县级政府的执行力、职能转变的条件、职能转变的目标与障碍进行分析，提出了西部地区县级政府职能转变的途径和对策，认为提高县级政府的服务能力是县级政府职能转变的终极目标，必须在以下几个方面不断提升自身的服务能力和水平：

1. 以解决体制性障碍为重点，加快推进西部县级政府转型进程

解决体制性障碍的根本途径是采取先易后难、循序渐进、统筹协调的方式进一步深化改革：（1）针对西部地区县域社会发展中的突出问题确定改革重点，进一步完善西部地区县级政府的绩效考核体系，建立与政府经济调节、市场监管、社会管理、公共服务职能相一致的考核指标体系，健全西部地区政府绩效考核机制。（2）改革西部地区县级政府机构，建议西部地区政府收缩干预微观经济活动和社会事务机构，将其改造为行业监管部门。（3）减少行政管理层级，实行省直管县，逐步推行行政决策、执行、监督三分制。（4）实施乡财县管，选择部分县开展将乡镇改为县级政府派出机构的试点，进一步科学划分不同层级政府的财权和事权，明确以地方为主进行管理，赋予西部地区县级政府更大的社会事务管理权限，通过调整中央地方共享税比例并建立西部地区县级政府履行职责的财政保障制度扩大其财权。（5）完善西部地区县级政府信访接待制度，畅通群众的诉求渠道。

2. 健全法制，推行依法行政

依法行政、依法管理社会公共事务是法治政府、服务型政府的基本诉求，针对西部地区县级政府"长官"意志、"人治"现象仍较突出的弊端，提出如下西部地区依法行政的建议：（1）

强化西部地区县级政府责任体系、建立和完善行政首长、行政机关和所有公务员在工作中出现违法、失职、滥用职权、贪污腐败等情形时的责任追究制度。（2）严格实施行政执法责任制。西部地区县级政府对乡镇政府和职能部门，行政机关对公务员的考核，应从在考核经济指标的同时兼顾考核严格实施法律，履行法定职责，维护法制统一和政令畅通，创造良好的投资环境与法治环境上来。（3）加强对行政权力的监督和制约。健全西部地区县级政府政务公开制度，增强行政行为的透明度。改进监督方式，创新监督手段，加强行政系统内部的监督、新闻的舆论监督和人民群众的监督。促成结构合理、配置科学、程序严密、制约有效的权力运行机制在决策、执行诸环节强化对权力的监督，真正做到权力运行到的领域都受到应有的监督，从而实现监督的独立性、公开性和民主参与性。（4）大力提高西部地区县级政府公务员的责任意识、法治意识和综合素质。（5）提高西部地区县级政府依法行政的水平，切实贯彻执行有关法律、法规。深入推进行政审批制度改革，清除不符合《行政许可法》规定的行政许可，减少行政审批事项。（6）规范西部地区县级政府行政执法行为。理顺行政执法体制，健全权责明确、行为规范、监督有效、保障有力的执法体制，实行行政执法责任制、过错追究制和评议考核制，并建立相应的奖惩制度，激励和约束行政执法人员严格执法、公正执法、文明执法。

3. 转变行政职能

西部地区县级政府职能转变，主要指两个方面：一是强化西部地区县级政府的部分职能；二是弱化西部地区县级政府的部分职能，概括地说就是"增、退"。所谓"增"，就是弥补市场失灵的不足，使县级政府有效承担其基本职能，重点是：（1）有效解决三农问题，大力发展本地经济，提高人民生活水平，缩小城乡、工农差别是县级政府的职责。（2）加大基础设施和公共服务等供给。着力解决行路难，吃水难，看病难、看病贵，上学贵等问题，解决县级政府在基础设施建设和公共服务的供给的缺失问题，强化公共教育和职业培训，特别是要让农村地区的九年制义务教育得到贯彻实施，解决好农村教育问题。（3）加强下岗职工再就业培训，提高他们的再就业率；强化公共卫生管理，健全公共卫生安全的预防、监督和控制机制；切实加强交通、电力、供水、环保等基础设施建设，尤其是要向农村基础设施建设倾斜，推进城乡统筹发展。（4）完善社会保障。在确立农村社会养老保险、失地农民基本生活保障、农村居民最低生活保障和新型农村合作医疗等农村社会保障制度的基本框架下，不断完善农村社保制度模式、科学设定缴费标准、提高保障水平，建立城乡统一的社会保障体系。（5）解决经济外部性问题。进一步把国土资源的管理、利用与开发纳入科学化、规范化、法治化的轨道；加大环境保护和生态建设力度，为人民群众的生命安全和农业生产发展创造良好环境，实现县域经济可持续发展。所谓"退"，就是把原来包揽的市场主体的权力和责任退还给市场、社会和公民，使各类市场主体真正成为自负盈亏、自主经营、自我发展的经济主体，政府退出发展市场经济的主战场。

无论是就完善社会主义市场经济体制的需要来说，还是从遵循 WTO 规则的要求来看，都必须进一步弱化政府的微观经济干预职能，使政府职能从当前众多的"越位"转向"归位"。（1）行政权力应尽可能地从企业中退出来，使企业成为市场经济舞台上的主角。政府转作监管者、制度提供者，创造市场环境，建设基础环境，营造服务环境，为企业发展提供信息、政策、技术情报咨询等多种服务，通过制定游戏规则，维护市场秩序和社会公平，纠正企业不正当经营行为，引导企业健康发展。（2）政府尽可能从市场可以充分发挥作用的领域真正退出来，充分发挥市场机制在资源配置中的基础作用。凡是市场能办的事情，让市场去办,凡是市场办不到的事情,由政府去办。政府集中精力抓好区域经济调节、政策指导、执法监督和组织协调,为市场主体服务并创造良好的发展环境。(3)政府应尽可能从社会可以自治的领域退出来,积极培育各类社会中介组织,充分发挥社会自组织自我组织、自我服务的功能。一方面应大力推进村民自治,积极落实村民的民主选举、民主决策、民主管理、民主监督等自治权利,真正做到广大村民在本村范围内实现自我管理、自我教育和自我服务。另一方面应积极发展各类中介组织、行业协会,还社会自组织的本来面貌,割断政府部门与其的"脐带",并逐步建立起社会自我管理为主、政府间接管理为辅的管理体制。

4. 转变行政观念

县域经济、社会、文化等领域的开放不断加深,如果西部地区政府依然保守、封闭、狭隘,就不能谋虑全局、放眼长远,就不能准确把握正在发生的生存和竞争环境的变化,就不能跟上时代的潮流,就会制约西部地区县域社会的政治、经济、文化的发展。具体来说,西部地区县级政府行政理念转变主要有以下三个方面:(1)树立"有限政府"的新理念,改变"全能政府"的旧观念。要从计划管理时期的无限政府观念中解放出来,转变"包打天下"的观念,进一步实行权力下放和权力分散政策。(2)破除"官本位"思想,树立"民为本"观念。由于我国长期处在封建社会,"学而优则仕"的思想根深蒂固,一元化"官本位"成就取向在社会上一直占主导地位,人们过分看重权力。政府管理职能转变,从主体到客体,都是掌权者及权力,因而要转变政府管理职能必须破除"官本位"思想,树立起"服务"社会的新理念。(3)从"官僚理念"向"经营理念"和"责任理念"转变。我国漫长的封建社会所形成的"人治"思想和传统,至今仍有着不可忽视的影响。不但少数公务员的行为有所体现,一些基层群众也不例外,实质上,两者处于同一治理理念之中。市场经济是法治经济，它不仅要求市场中的"运动员"遵守规则，作为"裁判员"的政府更要遵守规则。因此，政府部门要从狭隘的部门、地域观念和保守的静态观念中解放出来，树立全局观、发展观。把部门放在高效、协调、规范政府的全局中去，放到公共行政而不是私人行政的高度上去，防止部门利益影响全局，防止部门利益改变公共行政的性质，充分发挥市场机制的作用。

5. 不断提高政府管理能力

在现有体制下，政府是资源的主要分配者和国家权力的行使者，其改革的自觉性和能力已成为政府职能转变成功与否的关键。因此，当前减少政府变革的内部阻力，积极提升政府能力是西部地区县级政府转变政府职能必须考虑的一个重要问题。针对当前我国西部地区县级政府能力的现状与存在的问题，提升西部地区县级政府的能力可以从以下几个方面入手：（1）努力提高政府组成人员的素质。一切政府行为的实施，政府职能的实现最终都必须通过政府组成人员来落实。政府组成人员的能力和素质如何，直接关系到政府能力的强弱和服务品质的高低。因此，政府组成人员的素质和积极性的提高是提升地方政府能力的关键。要按照建立学习型政府的要求，下决心创新用人机制，抓好西部地区县级政府公务员的"进、管、出"。（2）大力推进电子政务建设。现代信息技术的应用和发展深刻的影响着县级政府的管理模式，为重塑政府创造了广阔的空间。电子政务的推行可以有效地压缩行政层级，节约行政成本、提高行政效率，并为行政组成人员的知识更新、素质提高创造便利条件。信息技术的发展、电子政务的推行有助于建立一个开放的、负责任的、有回应能力的具有更高服务品质、更高效率的政府，使政府在实施社会管理和提供公共服务方面更加得心应手。为此，应采取切实可行的措施进一步扩大政务信息内容，不断提高信息质量，既公布静态信息，也发布动态信息，实现政府职能上网和网上办公，建立起真正的电子政府和网络政府。并制定相应的管理规章、制度，对信息网络的建设、管理、维护及发布的内容和形式进行规范和约束，不断提高反病毒、反黑客的技术，保证信息网络的安全运行。同时更应重视在各族公务员及公民中推广和普及计算机和互联网基本知识和日常操作技能，这样西部多民族省区电子政务发展中存在的问题才能解决，网上办公才能高效运行，进而也才能发挥出推动西部地区县级政府转变职能的作用。（3）创新西部地区县级政府管理体制。加强政府能力建设，必须走深化行政体制改革之路，以建设公共服务型政府为主题，逐步形成行为规范、运转协调、公正透明、廉洁高效的政府管理体制。为此，政府应建立健全与之相适应的公共管理机制、合理的利益协调机制、社会财富平衡分配机制，以保证社会公平正义；完善社会激励动力机制和社会整合机制；建立和完善社会保障机制、公共服务供给和公共财政监管机制；建立多主体的社会治理机制；建立和完善有效防范和化解社会危机的社会控制机制。（4）提升政府制度化程度。地方政府必须提升自身的制度化程度。制度的作用在于确定某种规则或规范来约束主体的行为。提升政府的制度化程度是指用一系列制度安排，来规范政府权力的运行方式和范围，并以制度来提升政府自身的整合程度，实现政府过程的规范性和政府政策的可预期性，从而有利于政府采取有效的集体行动，促进政府能力的提升。

三、研究成果的学术价值、应用价值及 社会影响和效益

我国正处于由计划经济体制向市场经济体制的转轨的攻坚阶段，在经济制度转型的过程中必须要有以政府改革为先导的配套

体制改革。从中国政府改革的发展历程来看，中国政府的职能形态经历了两次转换，形成了不同的政府建设取向，即以政治职能为轴心整合经济与社会职能向以经济职能为轴心整合政治与社会职能转换，取向于经济建设型政府；以经济职能为轴心整合政治与社会职能向以社会职能为轴心整合经济与政治职能转换，取向于公共服务型政府。在服务型政府的行政范式下，政府的宗旨是提供优质的公共物品和公共服务，最大限度地满足社会公共需求。要实现这个目标，根本途径是转变政府职能。而处于政府层级底层的县级政府因其影响面大且更体现出具体性和执行性，是贯彻国家大政方针政策的关键环节，因此，县级政府的职能优化有利于整个政府体系的职能优化。结合中国的实际，西部地区受自然环境、政治、经济、文化等外部行政生态的制约，西部地区的县级政府职能落后于东部、沿海发达地区的县级政府职能。西部地区地大物博、人口众多、民族构成复杂，研究西部地区县级政府职能转变有利于为促进西部地区县级政府提高行政效率，改进服务水平，转变执政方式和管理方法提供理论参考，同时也为全国县级政府职能转变作一浅薄的借鉴。

课题名称：西部地区完善县级政府职能研究
课题负责人：李　敬
所在单位：云南民族大学
主要参加人：李维宇　郭荣军　沈　越　韦正富　赵子正
　　　　　　张美月　杨　涛
结项时间：2008 年 12 月 5 日

云南农村公共产品供给体制改革研究

一、课题研究的目的和意义

与全国相比，云南经济社会发展的总体水平较低，城乡之间、地区之间发展很不平衡，"三农"问题显得尤为突出。云南农村税费改革后，村集体、乡镇政府受制度制约和财政萎缩影响，既没有财力也没有足够的动力继续履行农村社区公共产品供给的职责，加之"一事一议"制度实施情况不够理想，且专项资金转移支付制度在农村公共产品供给中存在很高的交易成本。这些问题的凸显对当前云南农村公共产品供给体制无疑提出了严峻的挑战，农村公共产品的供给甚至面临比税费改革前更大的危机。面临新的环境，云南农村公共产品供给体制的改革势在必行。因此，把握云南农村公共产品的现状，加强对云南公共产品供给体制进行研究，对于解决"三农"问题，统筹云南城乡经济、社会发展，加快云南社会主义新农村建设，促进边疆稳定、民族团结，无疑具有十分重要的理论和现实意义。

二、研究成果的主要内容、重要观点或
对策建议

（一）主要内容

课题成果的研究是按照以下逻辑展开的：第一部分"导论"主要从研究背景、研究价值、国内外研究现状等方面展开论述，从而为本课题后面的主体部分研究作了必要的铺垫和引导。第二部分在对公共产品及农村公共产品进行理论阐述的基础上，深入分析了农村公共产品供给体制的内涵。第三、四部分主要旨在从历史的视角及国际的视野对农村公共产品供给体制进行考察和对比分析，认真梳理供给体制变迁轨迹，理性总结国外农村公共产品供给成功经验。希望能为当前云南农村公共产品供给体制的改革提供一种理论参考。第五部分在实地调研的基础上，综合运用了文献法、深度访谈法、焦点群体访谈法、关键人物访谈法、问卷调查法等研究方法，从成效和问题两个方面对云南农村公共产品供给状况进行了评述和阐释。接着，从体制的层面进一步对云南农村公共产品供给问题的成因进行了分析。第六部分在上述研究的基础上，从可行性、目标思路、具体构想等方面对改革、创新云南农村公共产品供给体制进行了深入的思考和论述。

（二）重要观点或对策建议

（1）农村公共产品的供给体制是一个制度集合，即实现农村公共产品供给的制度束。从类型上看，包括政府供给体制、市场供给体制和自愿供给体制，从内容上看，它是由决策机制、筹资机制、生产管理机制和分配使用机制所构成。即便是同一种类型，在决策、筹资等环节和方面也可以有不同的选择。

（2）项目组比较清晰地梳理了我国农村公共产品供给体制

的变迁轨迹，认真对比分析了三个主要时期内农村公共产品供给体制的异同。研究表明：从人民公社至今，我国（云南）农村公共产品供给体制可以概括为以制度外财政为支撑的自上而下的单一供给。农村税费改革后，农村公共产品供给体制并没有实质性的变革，农村公共产品的供给甚至面临更加严重的困境。

（3）项目组在一定程度上考察了国外市场经济国家农村公共产品供给制度的发展，探寻了农村公共产品供给体制演变的一般规律性。这就是，在工业化中后期，各国一般均建立了以政府供给为主的农村公共产品多元化供给制度集合，并且政府对农村公共产品的供给一般均采取了公共财政内的供给方式。

（4）项目组在实地调研的基础上，综合运用了文献法、深度访谈法、焦点群体访谈法、关键人物访谈法、问卷调查法等研究方法，从总量不足、结构失衡两个方面对云南农村公共产品供给存在的问题进行了分析和阐释。研究表明：云南财政对农业支出的数额虽然呈现逐年上升趋势，但对农业支出的数额占总支出的比重总体上呈现下降趋势，也远低于财政收入的增长速度，而且有限的财政支农资金还不能完全到位；农村急需的生产性公共产品供给不足，而另一方面，农村政绩型的公共产品供给却相对过剩，部分公共产品的供给甚至严重损害了农民的利益。

（5）云南农村公共产品供给问题的主要表现为城乡公共产品二元供给体制、制度外的资金筹集机制、自上而下的供给决策机制以及供给责任划分的不合理，供给主体的错位、越位等方面。

（6）目前要解决云南农村公共产品供给中存在的问题，统筹云南城乡经济、社会协调发展，必须改革和创新云南农村公共产品供给体制。

①建立健全农村公共财政体制，确立政府供给的主体地位。一是要科学界定政府供给农村公共产品的范围。一般来说，

越是纯公共产品，越是有着正的外部效应的准公共产品，越是应该由政府供给，非政府主体所不愿、所不能供给，但农村发展所必需的农村公共产品必须由政府供给；政府所供给的农村公共产品的范围应随着经济、社会发展阶段的变化而相应变化；受益范围遍及全国的公共产品，应由中央提供，而受益范围主要是地方的公共产品，则应由相应层次的地方政府提供，具有外溢性的地方性公共产品则应由中央政府和地方政府或各个受益的地方政府共同提供；政府所供给的农村公共产品的范围还应随着经济、社会发展阶段的变化而相应变化。

二是要尽快改革和完善现行财政支农体制。为此，要加大财政支农力度，转变财政支农的结构和方式，改变过去财政支农资金实际上大部分用于人头费、事业费的做法，将有限的财政资金直接投入到农村基本建设、农业基础设施建设等改善农业生产条件的农村公共产品供给上；投入到农业技术研究、推广以及农业病虫害防治等提高农业效益的农村公共产品供给上；投入到全国农产品统一市场建设、农业社会化服务体系建设等提高农业产业化和市场化程度的农村公共产品供给上。同时，要调整国债投入结构，适当增加国债资金用于农业、农村的数量和比重。

三是合理划分事权，以事权定财权，明确界定中央和地方政府供给农村公共产品的责任和范围。农村公共产品的主要供给主体是各层级政府而不是农村社区的村民自治组织。各层级政府不能推卸提供公共产品的责任，还应创造条件诱导和促进制度创新，拓宽公共产品筹资渠道，形成供给主体多元化格局。要合理划分全国性公共产品和地方性公共产品的界限，并规定由相应层级的政府予以提供。要按事权划分财权，逐步淡化乡镇的财政管理职能，减少乡镇的事权。事权与财权确定后，要各负其责，上级承担的支出，不能转嫁给下级。同时，还必须逐步完善国家对县乡财政的转移支付制度，规范部门行政行为，完善农村预算管理体系。

②完善农村公共产品供给决策机制。

一是要从农民自身需求出发，建立一个有效的公共产品供给需求表达机制。为此，要在积极深入推进农村基层民主建设、增强农民民主意识、提高农民民主能力的基础上，重点拓宽农民利益表达的渠道，以使政府能及时准确地了解农民的需求。对于村委会来说，要充分发挥其作为基层自治组织的作用；对农民来说，要通过建立各种专业协会、合作组织等，提高组织化程度和"集体行动"能力，改变在与政府博弈过程中的弱势地位。

二是要在保证农民需求表达渠道畅通的基础上，建立一个有效的农民需求偏好显真机制。为此，我们要建立的需求偏好显真机制就是要试图在满足个人理性表达真实偏好的前提下得到集体真实偏好，以确定公共产品供给的最优水平。

三是要在需求偏好显真的基础上，建立针对供给主体尤其是政府的监督约束机制。为此，必须完善政府官员考评制度，改革乡镇社区领导人的选举制度，建立关于社区内大型公共产品供给的听证制度。

最后，要在实际操作过程中寻求"自上而下"与"自下而上"的结合点、平衡点，在农村具有较充分的民主环境后，可以根据不同层次的公共产品的不同偏好表露意愿，设计不同的公共产品供给模式。

③加强对农村公共产品供给资金使用与管理的监督。

第一，针对县、市财政支农资金的管理和使用，应该从加强地方人大和上级财政部门对支农资金的投入及管理的监督与审查、改革和完善立项及资金分配方法、建立健全项目执行及资金使用的激励、奖惩及风险机制等几个方面探索并形成良性运作机制。

第二，针对乡镇财政对专项资金的使用，可以考虑从建立健全各项农村工作制度、实行农村干部目标责任考核制度、乡镇政务公开、乡镇人大对同级政府的监督作用几个层面着手，实事求是做好工作。

第三，加强乡镇财政管理和监督机制建设，避免因乡镇财政支出缺乏预算约束，造成财政资金使用的随意性。目前可根据乡镇经济发展水平、财政收入规模大小探索三种体制模式：a. 比较规范的乡镇公共财政体制；b. 分税制基础上收支包干型乡镇财政体制；c. 乡财县代管财政体制。

三、研究成果的学术价值、应用价值及社会影响和效益

本课题系列研究成果的价值和影响凸显在：（1）丰富我国公共管理理论，体现我们党"以人为本"的执政理念；（2）有利于为云南农民的生产、生活提供急需的公共产品，并为改革云南省农村公共产品供给体制提供重要的实证素材和参考依据；（3）有利于促进云南省、整个西部乃至全国农村公共产品体系的发展，有效推进"三农"问题的解决；（4）有利于和谐民族关系、增强民族团结与边疆稳定、增强党和政府在云南民族地区的执政合法性；（5）有利于进一步健全云南省农村义务教育产品体系、农村社会保障体系、农村公共安全服务体系、农村公共卫生服务体系。

课题名称：云南农村公共产品供给体制改革研究
课题负责人：刘会柏
所在单位：楚雄师范学院
主要参加人：安　敏　谭　斌　屈万红
结项时间：2009 年 3 月 11 日

民族问题研究

云南少数民族的水文化与小康社会建设

　　水资源是 21 世纪人类面临的重大发展问题。水的人文环境研究目前是国际上前沿的研究领域，由于全球性的水资源短缺问题不仅仅是自然环境问题，更是一个社会问题，因而水与人类文明的关系、人类行为与水的保护问题近年来受到了国际上的重视。水作为人类最重要的生存资源之一，是各民族小康社会建设不可少的基本条件。本选题以云南少数民族的水文化的研究作为切入点，总结各少数民族中关于水的观念、用水、保护水的传统等文化，通过对水文化的总结而弘扬各民族的水文化传统，加强各民族对水的保护意识，探讨如何将各民族中宝贵的有关水的文化传统与全面建设小康社会相结合，建设一个人与自然相结合的小康社会。因此课题不仅能与国际上的学科前沿相对应，同时也将启动云南这一领域内的研究的展开，推动民族研究领域内的学科建设，为我省少数民族地区生态环境建设提供一项有应用价值的成果。

　　本研究项目由 1 个总报告及 4 个专题报告组成。课题通过大量的研究，提出了一系列新的学术观点，主要有以下几方面：

一、小康社会中水环境的标准问题

　　课题研究指出小康社会应该是一个人人享有良好水环境的社会。在小康社会中衡量水环境的标准有以下几个方面：

第一，当地的民众应该有充足的生产用水，有充足水资源保证农业灌溉及其他生产活动，不应该因为缺水而影响生产。

第二，当地的民众应该享有充足而清洁的生活用水，人们不仅要有充足的水来满足饮用、沐浴、洗衣、洗涤食物等日常生活之用，而且这些水应是清洁、安全、无污染的水。

第三，生活区域内的水环境无污染、安全。在人们生活的区域周边，如河流、湖泊、水井、池塘等构成人们区域水环境的要素是安全无污染的，从而保障人们在水环境中的生活及食物的生长、生产等是安全的。

第四，生活用水的排放不污染环境，在人们的生活区域内，排放生产及生活的污水有相应的污水处理设施及方法，使之不污染周边的环境。

第五，人们对于水与人类文明发展的历史过程有认识，对于水作为一种重要的资源与人类的生存有足够的理解，对于合理使用水、保护水有较强的意识，爱水、亲水、节水，使水成为人类一种可持续发展的基本资源。

第六，社会有完善的法规及其社会规范对水环境进行保护。这其中最重要的是社会中的规范，即一个社会中形成的规定人与水之间的行为关系的准则、习俗、限制、禁忌、处罚措施等，这种规范往往是基于人们的自学意识之上而产生的。

二、云南各个民族丰富的水文化内涵问题

由于不同民族所处的地理环境的差异，不同民族水文化的内涵也是丰富多彩的，如有的民族人们生活在江河流域、有的生活在平坝、有的生活在山区、有的生活在湖泊畔，这一切都决定了各民族的水文化有不同的内涵，但是不论如何，各个民族与水相关的观念、习俗所构成的文化都是存在的。各民族的水文化

包括：

（1）水与人类起源的传说而形成的水观念。在各个民族中都有关于水的传说，在云南很多民族都将人类的起源与水联系在一起。

（2）水与各民族的定居习俗。很多民族在历史上都经历了频繁的迁徙，而迁徙及寻找新的定居点与水有直接的关系，这是很多民族的历史都证明了的。尤其是在云南各民族中人们的迁徙定居往往与水源有直接的关系，人们总是寻找有水的地区作为理想的定居点。

（3）水与生计。各个民族的生计都与水有直接的关系，在一些傣、壮等民族中，其生计方式与水十分密切。

（4）水与宗教。水与各民族的宗教信仰都有密切的关系，包括了对水的敬畏与祭祀、宗教对水源的保护、水作为一种重要的宗教媒介在宗教活动中扮演着特殊的角色、对水神灵的敬畏还衍生出了对水的禁忌等内容。

（5）水与社会生活，在日常生活中水的使用是普遍的，但是由于不同的民族文化不同，水在不同民族的社会生活中所扮演的角色是有差异的。

（6）水利用及水管理的规范。在云南的各个少数民族中，自古以来就形成了大量的有关水的利用、水源保护及管理的规范，这些规范对于各民族的水环境起非常重要的作用。

各个民族关于水的观念、用水的规范、习俗及水与人们的社会生活、宗教生活的关系构成了各民族丰富多彩的水文化，水文化并不仅仅作为一种文化现象存在于社会中，其重要性在于它事实上支撑着各个民族的文明，支撑着各个民族的生计与发展，这在现实中已被证实。项目研究中通过对红河地区及西双版纳地区水与当地发展的历史与变迁证明了这一点。在当代的水环境变迁中一个最大的负面结果就是有关水意识的弱化及水的使用、管理及水环境保护的社会规范的丧失，从而使水环境保护丧失了重要的文化基础。因而重新认识水文化、建设水文化已十分迫切。

三、云南少数民族水文化的价值与水环境治理问题

水文化在当代的价值可以从两个方面来理解：

第一，水文化意识有助于人类平衡人与自然之间的关系。这种意识是基于人类长期以来和自然共存的过程中所积累起来的对于水与人类生存之间的关系的深刻理解以及水与人类社会文明进程的理解的认识之上的，有了对水的深刻理解，人们才能亲水、保护水、爱惜水，注重平衡水与可持续发展之间的关系。在当代的水环境保护中，需要强化人类的水意识，这种意识是每一个民族保护水环境、获得可持续发展的文化基础。

第二，水文化是一种保护水环境的社会规范，这些规范包括人们对水源、水设施的禁忌、管理措施、利用以及保护水资源传统意识与传统制度，这些制度规范着人们的行为，要求人们去保护水环境，限制自己对于水环境的不良影响，这些社会规范是通过人们不同的观念、宗教禁忌、传统习俗以及传统的成文或不成文的规则体现出来的。这些传统的规范规定了人与水环境之间的种种关系，在历史上人们遵守这些规范，从而使水环境得到了保护，在当代的水环境保护与可持续发展中人们同样需要这些规范来规定人与自然之间的关系，使各民族自觉、主动地保护水环境，求得人与自然之间的平衡。

在20世纪50年代以前，云南各民族所处的水环境基本上是一种良性状态，大多数地区有充足的水资源用于生产和生活，同时水环境也没有污染，能够保障人们有安全、清洁的生产及生活用水。在当代随着经济建设的发展，云南各少数民族地区的自然

环境发生了巨大的变化，这也造成了水环境的相应变化，给各少数民族地区带来了不同程度的水环境问题。这些问题主要是大环境的变化所带来的水短缺、水污染以及水短缺与水污染对人的生存与健康的影响。在一些地区，水问题已严重制约了当地的发展，而整个云南少数民族地区都面临着迫切的水环境问题。治理水环境已成为当代可持续发展的一个关键环节。

关于水环境的治理：一是技术性的治理，即利用建设灌溉、饮水、治污设施等以达到改善水环境的目的，同时对于受污染的水环境进行技术性的治理，使水质得到改善。但是它具有被动性，也就是当出现了水环境问题的时候人们才采用相应的方式去改善环境。

二是运用法律及规章制度来保护水环境，国家颁布了有关水保护的法规，各地也有相应的法规及乡规民约等，对于水环境保护及改善起到积极作用。

三是通过各民族中相关的社会文化对水环境进行治理，是长期、根本的治理方法。各个民族的水文化即各个民族对于水的观念、对于水与人类生存的理解及保护水的各种社会规范、传统习俗、水利用的各种制度、宗教习俗、与水相关形成的生产与社会网络等。这一切也是一个民族的社会资本，有了相关的社会资本，才会从根本上建立起爱水、亲水、护水意识，真正懂得保护水环境。如果没有这种社会资本，那么一个民族的社会中就没有保护水的意识及相应的规范，对水的利用就可能是无度的，对水环境的保护也就没有意识，从而不可能拥有可持续发展的社会基础。水文化的建设，是水环境保护的重要途径。

四、云南少数民族水文化传统创新与建设问题

各民族的水文化是在过去千百年的生存过程中总结形成的，

因此它与当时的社会文化基础有直接的关系。在当代各民族生存的社会与自然环境都已经发生了巨大变化，传统的水文化虽然在当代的水环境保护中仍然有重要的价值，但是它毕竟已不能完全适应当代的发展，各民族传统的水文化仍然需要在当代随着时代的发展与社会、自然环境的变化相适应进行新的文化创造，造就一种与可持续发展、小康社会建设相适应的新的文化体系。

当代的水文化建设还应与科学技术相结合，人们除了需要有强烈的保护水环境的意识以外，对当代已经恶化的水环境进行治理是当务之急，各民族在治理水环境的过程中不仅需要传统的知识，也必须要结合应用科学技术，通过科学的方法与手段来治理、保护水环境，使科学技术与传统的水文化相结合，创造出一种科学的水文化。

在当代建设水文化是实现可持续发展、达到小康建设目标的重要环节。当代的水环境建设应包括以下几个方面：

（1）要提高人们的水意识，加深各民族对于水与人类生存、文明进程的重要性的理解。有了强烈的意识才能够爱护水环境，保护水资源。在当代对于水与人类文明进程的重要性的深刻理解以及对于保持良好的水环境与可持续发展、建设小康社会之间的关系的充分认识的欠缺是一个非常大的社会问题，是发展中的一个重大欠缺。因此在很多民族地区，人们对于保持水环境已经没有足够的理解和规范，对于开发建设是否危害水环境，对于经济的发展是否有利于水环境的保护，人们似乎没有强烈的意识。对于生活用水、生产用水的排放也十分随意，甚至没有付出行动去反抗开发建设等对水环境的危害。我们在对农村的研究中了解到的很多例子证明水环境的恶化与当地人的行为有直接的关系，当地水环境的恶化与当地居民缺少水环境保护的意识及无限制的生活、生产行为有直接关系。这一切与传统水文化中的核心意识的丧失有直接关系，因此在当地提高人们对于保护水环境的认识仍然是当务之急。提高民众的水环境意识必须要有整体的考虑，必须是全民性的，除了民众的自觉外，也需要政府制定统一的规划进行广泛而深入的宣传教育。

（2）要对文化进行总结。在当代仍然需要从人们传统的文化中去挖掘那些对水环境保护有积极影响的、积极作用的文化要素，作为人们对保持水环境的社会基础。因此在当代仍然需要对传统进行总结与恢复，应该对各民族的水文化进行认真的调查研究与总结，使之规范化，有助于人们的理解。对一个民族传统中有利于水环境保护的要素，如果已经丧失了的，就应该积极地加以恢复，例如各民族对于自然的禁忌以及水的祭祀等是一个民族文化深层次的要素，对于水环境的保护产生了积极作用，因此应该得到广泛的尊重与恢复。在这个问题上有两点必须要重新进行认识：第一，人需不需要对自然有所敬畏？历史证明人是必须要对自然有敬畏的，因为自然并不是人所能够随意驾驭的，人对自然的敬畏有利于强化人类对于自然环境与生存之间的认识，也有利于限制人们对于自然环境过度利用行为，达到一种人与自然之间的平衡，规范人与自然之间在发展中的和谐关系，因此各民族在历史上对于自然的敬畏，对于平衡人与自然之间的和谐关系有积极的价值。第二，各民族对自然的祭祀表达了人对自然的崇敬，通过这种崇敬的表达，使得人们对自己行为的规范能够代代相传，因此各民族对自然的祭祀活动有较大的价值，在当代仍然是一种保护环境的重要的社会规范，不能等同于落后的迷信活动来加以排斥，相反，对于自然的祭祀有使人们敬水、爱水、保护水环境的重要功能。在当代的水文化建设中，这一传统应该得到充分的尊敬、应该得到积极的恢复、应该鼓励各民族积极恢复对水的祭祀活动，每年举行一些对自然的祭祀活动。政府应该在不同的民族地区设立有关水的节日，这些水的节日可以传统的习俗为基础，也可以在当代进行创新，通过不同的水节日来唤起人们对水的认识，同时使爱水、护水，保持良好的水环境的规范能够在每年的节日中再现，代代相传。第三，建设新的保护水环境的社会规范。水的规范是人们在基于对水与人类生存和发展之间深刻认识之上所形成的用水、保护水的规范，这些规范在各个民族社会中都存在，因此在当代关于水保护的规范仍然可以加以总结利用，同时这些规范还应该适应时代的发展，获得更多的补充，建设可持续发展、全面建设小康社会的目标相适应的新的规范，并将这些规范制度化、条例化，例如制定有关水保护的乡规民约。

课题名称：云南少数民族的水文化与小康社会建设
课题负责人：郑晓云
所在单位：云南省社科院
主要参加人：杨六金
结项时间：2008 年 7 月 15 日

云南少数民族手工文化与旅游资源
开发研究

一、课题研究的目的和意义

云南有着"有色金属王国"、"动物王国"和"植物王国"等美誉，生物多样性特征显著；云南民族种类众多，各民族的文化求同存异，异彩纷呈，文化多样性特征亦十分显著。尽管各民族在发展进程中社会经济发展极不平衡，但都保留着丰富的手工文化，是一种比自然资源和经济资本更为持久的人文资源，也是云南民族文化中最具活力和特色的部分，更是非物质文化遗产的重要组成部分。云南少数民族手工文化作为一种符号，具有实用与审美的功能，它形式上负载和积淀了丰富的民族宗教信仰和乡风民俗等文化内涵，以其多样性吸引着世人的目光，对它的发掘、记录、整理、研究和开发，有助于加快云南少数民族地区经济文化建设步伐。事实证明，手工文化的开发和利用与旅游资源开发的有机结合，将形成一个集自然生态、文化生态与经济生态相结合的有机整体，促进少数民族文化开发与经济水平的整体提高。

目前，云南少数民族手工文化资料的遗存逐渐减少，资料征集手段落后，许多优秀的传统手工文化品类正在逐渐消失。随着现代生活方式的改变，生存于民间的手工艺品诸如编结、纺织、陶瓷、雕刻以及生活用器、生产工具和交通运输工具等，很遗憾地遭受着自然的破坏和人为的丢弃，从而使手工文化在一定程度上呈现出衰退趋势。因此，可以说云南少数民族手工文化与旅游资源的开发，希望与困难同在，机遇与挑战并存。

二、研究成果的主要内容、重要观点或对策建议

（一）主要内容

本课题主要研究云南少数民族手工文化的形成、价值、传承、经济开发与保护机制等内容。

首先，阐释云南少数民族手工文化产生的地理及社会历史背景，文化多样性、生物多样性与环境多样性是云南少数民族手工文化形成、发展的自然条件和社会历史条件。另外，还阐释了手工文化的概念，即人类在生产和生活实践中运用简单的生产工具制作出来的劳动产品，具有实用性、观赏性、审美性和象征性等特征，是民族文化的精粹及民族文化最具代表的一种表现形式，包括手工艺品、制作技术及凝聚于其中的认知图式、审美趣味和价值观念。它最重要的特征是有"形"即"型"，也就是具体的形式、形象和形体。按照手工文化产品加工技法，将云南少数民族手工文化产品分为织、染、剪、绣工艺，雕刻、塑造工艺，锻、打、铸金属工艺，编扎工艺等四类，就各类型的用材、加工工序、地域分布及典型器物进行分析。从而揭示云南少数民族手工文化发展的历史，分析手工文化创造过程中的实用、功利和审美需求相互结合特征。

云南少数民族手工文化的价值表现在以下五个方面：一是蕴涵着生态和谐理念，受天人合一哲学观念的影响，云南少数民族的生产方式、生活方式和文化形态以适应自然为标准，对待自然

的态度是亲近的，人与自然、人与物以及人与自身的关系始终是协调发展的。表现在手工文化的生产中即充分利用大自然的恩赐，尊重自然规律，因地制宜，创造了品类多、构思精巧的手工文化产品。二是科学精神萌生，云南的少数民族民众已注意到科学规律在生产中的应用，认识到不同地理环境下的材料具有不同的特性，在生产加工时因材施工，发挥出材料的最大功效。三是民族认同与交流，少数民族手工文化产品以视觉审美的形式，在民俗活动中促进了群体间、人与人以及人与社会的情感交流，表达了他们对美好生活的共同祝愿，巩固了民族群体的稳定和发展。四是造物理念追求人文关怀，手工文化产品的制作技术及凝聚于其中的价值观念和审美趣味，其造型、款式和图案都蕴藏着深厚的人文关怀。五是市场开发潜力巨大，投资少、收效快，对现代设计有启示。比如马关县和屏边县的一些苗族村寨，利用与国外苗族的关系，把苗族妇女组织起来，加工精美的苗族服饰和蜡染制品，远销到美国和越南，闯出了一条脱贫致富奔小康的路子，这个案例说明国内外市场巨大的开发潜力。从而论证了云南少数民族手工文化产品开发是旅游业可持续发展的必由之路。

云南少数民族手工文化的传承是一个动态环节，主要有以下两大类传承模式，一是传统模式包含家庭（族）传承，师徒传承，群体传承，妇女传承，文字记录传承，技艺口诀传承等。二是现代新型传承模式包含学校教育传承，博物馆传承，行业传承等。还就各种传承模式存在的条件以及传承模式的利弊进行了客观的分析，提出了笔者的见解。

云南少数民族的手工文化具有广阔的经济开发前景，经济开发要注意到家庭或村落的地域背景，以某种最驰名或最具特色的传统手工文化开发为主，实现和推动其他多种经济与文化的共同发展，形成个体—社区—社会多极联动开发模式，管理上实行公司＋农户，商业化是手工文化经济开发的出路。通过调研提出精挑细选，择优扶持；关注传统，注重创新；打造品牌，融入市场；建立工艺村，稳固根基等对策建议。但是，目前手工文化的市场开发喜忧参半，必须努力寻找手工文化的发展规律，层次差异要区别对待，分类指导才能收到实效。

建构有效的保护机制也是本课题研究的重点。目前，云南少数民族手工文化的保护面临着严峻挑战，手工文化资料的遗存逐渐减少，资料征集手段落后，许多优秀的传统手工艺技艺随着一批老艺人的去世而逐渐消失，工艺传承和文化特色保留成为一个沉重话题。在进行开发的同时还要注意到保护的问题，通过研究提出对策与建议，诸如树立品牌意识，加大宣传力度，命名式保护是一种成功实践，在开发中要兼顾经济效益与社会效益，完善制度措施，保护生态环境。就保护机制而言，建构起以档案馆、博物馆和高新技术为支持的静态保护机制，以法律保障、政策倾斜和经费投入为主的硬性保护机制，以保护艺人传承为主体的内部保护机制，以生态文化保护区和艺术之乡等方式的动态保护机制，多种机制有机统一，切实做好对云南少数民族手工文化的保护，使其产生更大的经济效益和社会效益。

（二）重要观点

云南少数民族手工文化形式多样，内涵丰富，成果丰硕，是民族地区发展特色产业的重要资源，尤其可以促进旅游业的发展。但是要将手工文化资源变成经济资源并不是一件容易的事，需要全社会共同关注，建章立制，尊重手工文化发展规律，因势利导，分类指导注重实效。在开发中要坚持科学发展观，坚持走可持续发展的路子，兼顾经济效益与社会效益，注意保护生态环境，做到保护与开发的有机结合。

（三）对策建议

目前尚不能对所有云南少数民族手工文化进行开发利用，在开发中需要择优扶持，加大创新力度，树立品牌形象，融入国内外市场，采用公司＋农户的管理模式，形成个体—社区—社会多极联动态势。针对保护机制而言，提出动态、静态、硬性及内部等多种保护机制有机统一。

三、研究成果的学术价值和应用价值及社会影响和效益

首先，阐释了手工文化概念；其次，在将文化资源转变为经济资源方面提出对策与建议；再次，保护与开发的措施是在实地调研并分析相关文献资料后提出来的，针对性强，对于民族地区发展特色产业有一定的借鉴作用。另外，还提出手工文化开发还要注意处理好社会效益与保护生态环境的关系，走可持续发展的路子，切不可因开发而破坏生态环境，造成资源浪费。

课题名称：云南少数民族手工文化与旅游资源开发研究
课题负责人：王明东
所在单位：云南民族大学
主要参加人：罗晓菲　赵金萍　马殿立　刘　宁　李四玉
　　　　　　马俊超　张亚芝
结项时间：2008 年 8 月 8 日

红河侨乡文化研究

一、课题研究的目的和意义

20 世纪末 21 世纪初，如何评价国家综合实力成为摆在各国人们面前的一个急需回答的重大问题。经过讨论，由单纯重视国家物质硬实力向高度重视国家综合实力（包括硬实力〈物质、武装等〉和软实力〈文化和人脉等〉）的转变，成为世界各国人们的共识。我国在境外的华人华侨无疑是一支具有软实力（具有中国文化和人脉等力量）的队伍，成为日益受到关注的软实力之一。

该课题从中国陆、海疆侨乡文化分类研究视角出发，以云南红河县侨乡研究为例，对中国县域陆疆侨乡文化个案进行探讨。红河县陆疆侨乡文化作为带有红河流域地方民族特色，反映红河县陆疆（迤萨）人在长期多元一体的共同生活和社会实践基础上所形成的具有共性的思想品格、价值取向、道德规范、行为方式、心理特征、生活方式、文化传统、性格特征和情感的深厚积淀。它既是红河文化的组成部分之一，也是中原汉族儒家文化与边疆少数民族文化、商业文化与农耕文化、军政文化与民间自卫文化、西方文化与红河本土文化相结合在红河县陆疆侨乡（迤萨镇）的具体化和生动体现。

红河侨乡文化蕴涵着规律性与目的性，体现着认识、遵从历

史规律和促进人的发展的统一。随着时代背景的转换,对于红河县陆疆侨乡传统文化的归纳和提升,具有重要的理论意义和现实意义:

(1) 开展红河县陆疆侨乡文化——具有"典范"意义的文化研究,总结中华各民族凝聚的普遍经验。云南省有汉族与25个少数民族世代聚居,红河县陆疆侨乡一方面表现为国内各民族互融关系和发展的态势,另一方面始终与东南亚各国各民族保持着罕见多样性共存关系和共同对中华民族的强烈认同。该课题的研究成果,能够为云南省党委政府贯彻党和国家关于侨务工作的路线、方针、政策,在西部云南省陆疆地区的华侨侨务政策的科学决策提供理论依据和事实借鉴,从而对云南省陆疆的侨务工作作出正确决策。

(2) 开展红河县陆疆侨乡传统文化研究,梳理红河县陆疆侨商与东南亚各国传统的商贸互动关系。红河县陆疆侨商与东南亚各国有着天然的长期的传统的商贸互动关系,恢复和保持与东南亚各国各民族的传统商贸关系,能促进红河地方非公有制经济的恢复与发展,对当前中越昆明—红河州—老街省—河内—海防经济走廊建设具有重要的借鉴作用;同时对其他地方陆疆非公有制经济商贸的发展也有重要的借鉴意义和启迪作用。

(3) 开展红河县陆疆侨乡传统文化研究,对中华民族多元一体的形成能提供典型的案例,加速边疆人民脱贫致富具有重要的现实意义,有利于促进西部陆疆地方民族社会全面建设小康社会和模范自治州。

(4) 开展红河县陆疆侨乡传统文化研究,能弥补云南省县域陆疆侨乡传统文化研究的空白点,开拓我国西南陆地边疆华侨研究的新视野,促进西部边境侨乡文化研究的创新,有利于形成人文科学研究的本土特色,打造本土特色文化或学科品牌。

(5) 该课题的研究成果,能够为各级党委和政府在西部陆疆地区的华侨侨务政策的科学决策提供理论依据和事实借鉴的典型参考个案；有利于增进世界各国各民族侨民与本国民众的和平共处、社会稳定、共同发展、边境安全、国防巩固提供可资借鉴的中国经验。

二、研究成果的主要内容、重要观点或对策建议

（一）主要内容

该课题的成果——《红河侨乡文化研究》一书由序言、绪论、正文十二章、附录和后记等组成。

在序言中，云南省侨联副主席李巨涛认为红河学院与红河州侨联、红河县政府合作，完成了云南省哲社规划课题——"红河侨乡文化研究"，开创了"县校"合作模式，有利于弘扬中华文化、促进侨乡精神文明、物质文明建设，发挥"国家软实力"。

绪论中分析了县域陆疆侨乡文化研究中选题的意义、现状评述、基本思路、主要观点、视角、方法、组织保证、努力方向等。

正文十二章从概论、人口、马帮商贸、雕院建筑、土地利用与流转、饮食文化、水文化、妇女婚姻家庭、禁忌习俗、教育、信息传播、民间文学艺术等十二个不同的方面叙述了红河县侨乡文化。主要内容可以概括为：（1）简要概述了红河侨乡传统文化的主要方面。梳理红河侨乡作为中国西南云南省著名侨乡之一形成的历史过程；研究红河汉族侨民与少数民族侨民的居住环境、经济贸易、社会组织方式、传统文化、民族心理、族际交往等因素在红河侨乡文化形成过程中的相互作用的一般机理；概论红河侨乡文化的多元一体结构。（2）深入研究西部云南省红河

侨乡传统文化的深层精神根据。揭示西部云南红河侨乡各族人民在中华民族多元一体结构形成和巩固方面的历史地位和作用；论证红河侨乡以汉族为主的儒家思想与边疆各少数民族思想中的世界观、价值观、人生观的相互认同、融合，是红河侨乡文化的深层精神内核；梳理红河侨乡中主要马帮与国外华侨的精神文化交流的哲学思想，总结他们的共性与个性；研究红河侨乡中主要马帮与国外华侨的精神文化交流互动、互融的历史关系；分析这种互动互融的历史关系在海外华侨自我认同和凝聚于中华民族方面的作用机理。（3）研究当代西部云南省红河侨乡传统文化发展面临的问题，总结经验，探讨在西部地区建设小康社会过程中，如何增强海外华侨及其眷属的中华民族认同和凝聚力的可行性方案。以红河县侨乡为个案，兼及红河州内、东南亚国家的华侨及其眷属，进行民族学（文化人类学）实地调查，研究市场经济大潮冲击下、经济全球化趋势背景下当代西部云南省红河侨乡传统文化发展变迁的特点，分析这种变迁对当代西部云南省红河侨乡华侨及其眷属的中华民族的认同和凝聚力的影响；并进一步探讨华侨及其眷属的中华民族的认同和凝聚力教育的主要内容和方式方法，为党和政府在当代西部云南省红河侨乡传统文化发展的相关决策提供科学的理论根据和事实依据。

该课题认为红河县陆疆侨乡文化的主要特点体现在：（1）内地汉儒文化与边疆民族土司文化；（2）珠江流域与红河流域；（3）军政文化与民间习武自卫传统文化；（4）中国以汉族为主的马帮文化与国外沿途原住民族文化；（5）生物多样性突出，社会和谐，适合人类居住区——长寿之乡等的交汇、碰撞、沉积和沉淀，是充分体现中华民族多元的实例见证。

附录由红河县南门街（大）何氏宗谱和参考文献组成。

（二）重要观点

该课题组在《红河侨乡文化研究》一书中，从全球化的视野，对云南边疆、高原、多民族侨乡的红河县陆疆侨乡进行了全面、长期、深入的调查研究，借助文化人类学、民族学、社会学等多学科，以综合手段来整合社会资源，将在边疆建设中进一步推动县域陆疆侨乡文化和侨联侨务工作的新发展起到积极的作用。

该课题重要观点主要有：

（1）中华民族文化具有其内在的内聚力和共同文化要素，红河侨乡文化是中国民族文化中侨乡文化的重要组成部分之一。

（2）红河侨乡文化形成的历史过程既是红河汉族侨民与少数民族侨民的居住环境、经济贸易、社会组织方式、传统文化、民族心理、族际交往等因素的相互认同和内聚，也是红河各族华侨及其眷属与国外各个民族居民的居住环境、经济贸易、社会组织方式、传统文化、民族心理、族际交往等因素的相互认同和互融。

（3）从社会历史来看，红河侨乡文化的多元一体结构形成的原因和过程是云南民族多样性与中华民族多元一体的典型体现，有利于提高我国的综合国力和国际竞争力。

（4）研究红河华侨与国内外各个民族的互动互融的关系、文化背景、经贸方式、社会结构、精神根据等，总结其中的历史经验，一方面可以为党和政府在西部陆疆地区的华侨侨务政策的科学决策提供理论依据和事实借鉴；另一方面可以为增进世界各国各民族侨民与本国民众的和平共处、共同发展提供可资借鉴的中国经验。

（三）对策建议

（1）研究方法要创新，主要体现在：①研究视角的创新。相对于现有的同类研究而言，该课题从西部云南红河州红河侨乡文化研究着手，与传统较多的偏重于海疆侨乡文化视角不同，这是一种创新。②研究方法上的创新。该课题以西部云南红河州红河侨乡文化为典型个案，兼及汉族侨民与少数民族侨民的关系，华侨与国外原住民族的互动互融的关系，应用比较方法研究红河侨乡文化的历史与现实问题，这是研究方法上的创新。③从红河侨乡以汉族为主的儒家思想与边疆各少数民族思想中的世界观、价值观、人生观的相互认同、融合来研究红河侨乡文化的深层精神内核；分析这种互动互融的历史关系在海外华侨自我认同和凝聚于中华民族方面的作用机理。这是精神层面的提升。

（2）由单纯重视国家物质实力向高度重视国家综合实力（包括物质、武装、文化和人脉等）的转变。纵观我国侨务工作，过去比较重视对国家物质实力有利的工作，长期把华人华侨的工作重点放在争取侨汇、捐资捐物、投资建厂等经济方面，中国海疆侨乡在这方面尤为突出。随着对新时期国家综合实力观念的改变，即由过去的仅仅包括物质、武装等方面的单一硬实力观转变为对物质、武装、文化和人脉等硬实力和软实力两方面的国家综合实力观。云南省地处我国与东南亚各国交往的前沿，是国家与东南亚各国开展 GMS 合作的首要大省，因此，由单纯重视国家物质实力向高度重视国家综合实力（包括物质、武装、文化和人脉等）的转变势在必行，侨乡文化作为具有文化和人脉等方面优势的软实力就有了新的内涵与现实意义，因此，中国县域陆疆侨乡文化在新的历史时期应发挥其特有的作用。

三、研究成果的学术价值、应用价值及
社会影响和效益

（一）成果的学术价值

对于红河侨乡传统文化的归纳和提升的学术价值：

（1）开展红河侨乡——具有"典范"意义的文化研究，总结中华各民族凝聚的普遍经验。云南省有汉族与 25 个少数民族世代聚居，红河侨乡一方面表现为国内各民族互融关系和发展的态势，另一方面始终与东南亚各国各民族保持着罕见多样性共存关系和共同对中华民族的强烈认同。

（2）开展红河侨乡传统文化研究，梳理红河侨商与东南亚各国传统的商贸互动关系。红河侨商与东南亚各国有着天然的长期的传统的商贸互动关系，恢复和保持与东南亚各国各民族的传统商贸关系，具有重要的借鉴意义和启迪作用。

（3）开展红河侨乡传统文化研究，对中华民族多元一体的形成能提供典型的案例。

（4）开展红河侨乡传统文化研究，能弥补云南省红河侨乡传统文化研究的空白点，开拓我国西南陆地边疆华侨研究的新视野，促进西部边境侨乡文化研究的创新，形成人文科学研究的本土特色，打造本土特色文化或学科品牌。

（二）成果的应用价值

该课题对红河县抢救和保护侨乡文化，开发红河县内侨文化和发展具有"侨"特色的旅游业具有一定的参考价值，是红河县在"侨文化"方面的第一部学术专著，它填补了该领域县域陆疆研究的空白。

从科学发展观出发，总结红河县陆疆社会经济文化变迁的经验教训，探讨未来发展，将会起到资政、育人、团结、和谐的重要作用；同时，它对与时俱进地探索和处理好当前红河县在新时期边疆建设中的侨务问题，增强中华民族的凝聚力和"国家软实力"，有着重要的理论意义和现实意义。

红河县又是省级、州级的重点侨乡，境外侨胞众多，独特的侨乡文化成为云南民族文化中一道亮丽的风景。探讨和研究县域陆疆侨乡文化，将有利于促进红河县的民族文化建设，有利于促进红河县对外经济的发展以及社会进步，它将为构建和谐红河作出积极贡献！

（三）社会影响和效益

该课题的研究成果，能够为党和政府在西部陆疆地区的华侨侨务政策的科学决策提供理论依据和事实借鉴；有利于增进世界各国各民族侨民与本国民众的和平共处、社会稳定、共同发展、边境安全、国防巩固提供可资借鉴的中国经验。

课题名称：红河侨乡文化研究
课题负责人：何作庆
所在单位：红河学院
主要参加人：朱　明　卢　鹏　屈燕林　黄明生　许　敏
　　　　　　严　寒
结项时间：2008 年 11 月 22 日

小康社会中云南少数民族村落
文化建设探索

一、课题研究的目的和意义

村落是民族学、人类学研究的样本，自 20 世纪 80 年代以来，中外学者掀起了研究中国村落社会的热潮。许多学者从民族学、历史学、人类学、社会学、经济学等多学科的研究视角出发，在对村落的发展历史进行综合梳理的基础上，从各自的研究角度进行了深入研究，涌现出了一批高水平的研究成果。但对于村落文化建设的理论探讨，则稍显薄弱。该课题对小康社会进程中云南少数民族村落文化建设理论进行了深入思考，在对云南少数民族村落文化变迁的轨迹进行梳理的基础上，总结出改革开放以来云南少数民族村落文化建设的主要类型，分析了云南少数民族村落文化的时代局限性与存在的问题并提出对策建议，课题研究对推动云南农村精神文明建设，加强边疆民族地区的文化安全，促进云南民族文化多样性的保护和云南民族文化大省建设战略具有重要的现实意义。

二、研究成果的主要内容和对策建议

该课题将少数民族村落文化置于现代化、全球化和全面建设小康社会的背景中，对云南少数民族村落文化的地理生态环境、内容、特点及影响因素等进行归纳和研究。在梳理云南少数民族村落文化历史变迁轨迹的基础上，总结云南少数民族村落文化建设的类型，并提出了云南少数民族村落文化的时代局限性与目前存在的问题。主要内容包括：

（1）云南少数民族村落与村落文化。云南少数民族村落文化，是以村落为依托，各少数民族在千百年的生产生活实践中，经过不断积淀、积累起来的生活习俗、道德观念、行为规范、宗教信仰、语言文字、文学艺术、生产技术、民居建筑等方面的总和。受各少数民族社会组织形式、生计方式、生产力发展水平与技术条件、宗教信仰的制约，以及儒家文化影响程度的不同，少数民族村落文化具有聚族而居、多元性、等级性、礼俗性、农耕性、自给性、封闭性等特征。这些特征构成了云南少数民族村落文化的特质。当然，还应该注意的是这些特征是以传统村落为蓝本的。如今，社会发展在很大程度上波及村落共同体，这些特征在不同的村落共同体中发生不同程度的变化。

（2）新中国成立初至改革开放前，云南少数民族村落文化的建设与发展。清朝末年民国初期，随着新式教育的产生，学校教育开始深入到包括少数民族地区在内的基层社会之中，对少数民族的村落文化产生了广泛影响，学校教育提高了少数民族村落人口的素质，产生了一批乡村知识分子，有的在自己的家乡提倡风俗改良，促进地方发展。近代以来，随着基督教和天主教的传入，一些信仰基督教和天主教的少数民族村落文化发生了变革。

新中国成立之初，新的思想文化也传入村落。在很长一段时间，歌唱共产党、讴歌新中国的革命歌曲、舞蹈成为村民娱乐的主要方式。同时云南少数民族村落传统文化得以延续。1957年下半年至1966年上半年，党和政府重视用当地民族的群众文化活动形式进行爱国主义和民族团结教育。电影、幻灯、文工队演出给了边疆民族群众一种新的文化形式和新的思想。1966 年至 1976 年的"文化大革命"时期，少数民族村落文化呈现曲折发展的状况。

（3）改革开放以来云南少数民族村落社会文化的发展。1978 年以来的农村改革，实行了家庭联产承包责任制，确立了农户家庭经营的主导地位，同时也确立了家庭在文化方面的选择权和学习创新的自主权，使村民成为农村文化变迁和发展的主体。改革开放以来，尽管受到全球化和现代化的冲击，云南少数民族村落文化现代化进程大多比较缓慢，从事农业生产的人数仍占劳动力总数的 80% 以上，农业生产方式、农事耕作内容也都是传统的延续，历史上形成的传统文化仍是少数民族村落文化的主流。云南少数民族村落传统文化呈现"复兴、衰退与变异"三种现象并存的状况。云南少数民族村落文化发展主要表现在现代科技教育的传播与普及方面。

改革开放以来云南少数民族村落文化建设主要有三种类型。第一种是政府主导的村落文化建设。第二种是由学者倡导并得到社会各界响应的民族文化生态村建设。第三种是民族旅游村的建设。在云南省旅游村建设中有政府扶持建设和企业投资建设两种模式。

（4）云南少数民族村落文化的现状与存在的问题。少数民族村落文化是村落发展历史的积淀。由于村落传统文化是以自然经济为依托而形成的，再加上地处偏远，与外界交流较少，少数民族文化难以更新为新的成分与内容，传统文化以一种集体无意识支配着村民的生产与生活，形成了较强的惰性力量。表现出了少数民族传统文化某种程度的封闭性、保守性。如在许多少数民族村落中"养牛为种田，养猪为过年，养鸡为换盐"的自然经济观念依然存在；血缘群体意识仍然在某种程度上继续延续和存在着。同时少数民族村落文化还存在着教育科技文化滞后、文化设施缺乏、传统文化失传、民族特色淡化等问题。旅游发展引起的传统文化复兴热潮，对民族文化的继承和保护具有一定程度的实际意义。但是，如果我们将这一现象置于旅游业发展的背景之中，这种文化复兴的实质目的在于经济利益，而不是文化发展。从这一角度观察，随着少数民族村落旅游资源的开发，旅游对村民的价值观和生活习惯可能带来负面影响。在村落文化建设中也存在诸如民族文化生态村不能广泛推广、旅游村建设过分功利化、忽视民族传统组织以及各部门之间缺乏相互协调等问题。为此，在全面建设小康社会进程中迫切需要加强对少数民族村落文化的建设。

该课题对小康社会进程中云南少数民族村落文化建设进行理论思考并提出对策建议。

课题认为，文化建设是小康社会建设的重要组成部分。小康社会的云南少数民族村落文化一是体现社会主义制度性质和目的的主导文化，二是与时俱进地继承和发扬民族传统文化，三是博采世界文化众长的文化。小康社会的云南少数民族村落文化既具有文化的普遍共性，又具有其自身的个性。社会主义初级阶段的属性决定了小康社会中云南少数民族村落文化是社会转型时期的产物，是在我国社会主义初级阶段发展的新时期所形成和发展起来的文化，是与社会主义制度和发展阶段相适应的文化。因此，建设小康社会的云南少数民族村落文化的实质是构建具有如下特质的云南少数民族村落文化：一是具有强烈自觉意识的文化；二是具有民族性与时代性的文化；三是充分体现人民性的人民大众的文化；四是弘扬科学精神与倡导人文精神相统一的文化；五是初级形态的社会主义文化；六是与社会主义市场经济相适应的文化。

课题提出，全面建设小康社会的云南少数民族村落文化建设，必须以村民为对象，以提高村民的文明程度为目标。主要是提高村民的思想道德素质、科学文化素质和适应市场经济的各种能力，促进村民的全面发展；变革村民的生活方式、强化村民的生态保护观念。具体措施包括：

（1）弘扬民族精神，切实加强社会主义思想道德建设。要把依法治村同以德治村有机结合起来，为社会保持良好的秩序和风尚营造高尚的思想道德基础，要建立与社会主义市场经济相适应、与社会主义法律法规相协调、与中华传统美德相承接的社会主义思想道德体系。

（2）切合实际、更新观念、发展教育，提高村民素质。教育要结合本民族实际，弘扬民族优良传统文化，实现家庭、学校、社会教育一体化，传承民族语言，培养民族文化传承人。

（3）加强培育村民文化建设的主体意识，建立健全文化活动设施。在有条件的村落建设科技、文体活动中心，组建村落民间艺术活动队。在没有条件的村落可以以发展文化中心户的形式，带领村民从事科技与文艺活动。为防止文化资源的流失，村落或政府出资，为文化名目注册。

（4）弘扬民族传统，建设具有特色的村落文化。①积极引导传统节庆等民俗文化的健康发展。②发展民族歌舞文化，可采用三种方法：一是利用现代科技手段，将其录制成 VCD、DVD 光碟或电影、电视片。二是繁荣艺术于民间。即广泛组织和大力鼓励各民族自娱自乐的歌舞活动，是永葆民族文化青春的根本办法。三是加工、改进、再创作出文化艺术精品。③传承各族民居建筑风格传统。要使全省少数民族村落民居建筑都有特色，必须有相应的对策：一是把特色浓郁民居保护纳入省传统建筑保护的范围内，省出台《传统民居保护条例》，形成民间自觉保护和法规化保护结合的良好的保护机制。二是加强传统民居保护的宣传，要求媒体对破坏传统民居的情况给予即时曝光。三是根据传统特点，设计新式民居建筑，材料是现代的，房内的布局能满足现代人的生活，但其风格必须民族化。四是建设健康有益的村落民间宗教文化。五是借鉴各少数民族生态保护传统知识，保护和改善少数民族村落生态环境。六是在少数民族村落做好参与性旅游。为了发展经济，改善村民的生活水平，有条件的少数民族村落应该发展旅游，但在少数民族村落发展旅游，不应该是民族村和一般观光旅游点的模式，它必须以保护与发展传统民族文化和生态环境为目标，走一条可持续发展的道路。在村落旅游开发中坚持文化均衡和利益均衡原则。具体是传统性和现代化的均衡；本真性和商品化的均衡；强化参与式旅游，实现当地居民、旅游经营者、当地政府的利益均衡调配。

课题名称：小康社会中云南少数民族村落文化建设探索
课题负责人：杨宗亮
所在单位：云南民族大学
主要参加人：刘　江　雷　兵　郭　愉　赵效牛
结项时间：2008 年 12 月 18 日

民族文化资源开发与云南产业发展

一、课题研究的目的和意义

云南文化资源及其产业的保护和发展问题，本质上是现代化过程中如何保护与弘扬优秀民族传统文化的问题，它不仅具有重要的理论价值，而且具有现实的应用价值。

二、研究成果的主要内容和重要观点

（一）消费社会境遇：民族文化资源开发何以可能

1. 消费社会及其文化逻辑

当下中国社会正在进入特征渐趋明显、形态渐趋完善的消费社会。在这样一种消费已经具有意识形态功能的社会里，商品化是其文化逻辑运行的显著特征之一。

置身于这样一种消费社会中，作为特定族群和地域文化显现样式的民族文化，毫无疑问已卷入到了商品化、符号化和审美化的文化逻辑场景中。面对来自消费社会的强烈冲击和刺激，是被动消融还是主动凸显，是随波逐流还是坚守，不管如何，民族文化的自身存在、显现、传承和接受等各方面都发生了很大的改变。

2. 作为消费文本的民族文化形态

消费社会的兴起和无所不在的渗透及影响，已成为民族文化生存的新语境。面对消费社会，作为生活方式的、文化的和语境化的民族文化在形式上至少表现为景观化、舞台化和娱乐化的现代样式，民族文化在相当程度上已然展演成一种审美化的大众消费文本。

3. 消费文本的修辞策略

民族文化的消费文本转换，不仅是前述文化语境转换的外在因素的驱使，就其转换的过程和维护文本魅力的方式而言还存在着一个与文本本身紧密相关的修辞策略问题。采取一套特定的修辞策略和机制，民族文化才能有效彰显其消费文本特性。对于作为消费文本的民族文化而言，修辞策略是事关文本组织和结构的重要密码。

（二）互动与冲突：民族文化资源开发主体及其关系

1. 政府、民间组织、企业的出场：民族文化的文化资源和经济资本的双重属性、保护与开发的双重需要使然

伴随着传媒技术的发展与普及、市场化进程的加快、旅游业和文化产业的升温，带有明确"现代性"特征的商品、货币、人员、图像、技术、知识和思想等在少数民族地区迅速扩散。时至今日，我国民族地区和各民族都程度不同地卷入了"全球化"的汹涌浪潮之中，都难以逃脱世界政治经济体系之网的覆盖。来自少数民族社区的田野报告不断显示：民族性和地方性的知识和习俗在迅速消逝之中，少数民族传统文化面临着严峻的挑战与危机，包括少数民族文化在内的中华民族文化多样性的保护迫在眉睫！

另一方面民族文化具有作为经济资源运作的可能性对于来自异文化的"他者"来说，民族文化具有"文化展示"的功能，

含有被视为观赏对象的潜质，尤其是其中诉诸感官的歌舞、雕刻以及与"看者"的日常生活相异的服饰、物品、建筑等具有极为容易转化为观赏对象直至消费对象的可能性。当商品生产达到相当的规模，在满足社会再生产需求之外还有相当程度的剩余的条件下，消费就不再是全部或大部分为了满足社会再生产或日常生活的需要，而是为了进一步满足人们的非生产性的消费欲望，其物质属性的消费的比重和重要性渐趋削减，而符号属性的消费的比重和重要性得到提升，符号性消费的需求迅速膨胀、对象不断增多，推动传统的"生产性社会"向"消费性社会"转化。在消费脱离"生产"而进入"生活"、脱离"生存"而进入"休闲"的过程中，民族文化转化为观赏对象和消费对象的可能性具备了现实性——以"闲钱"和"闲暇"为基础的"休闲"消费需求市场开始形成，于是，政府、企业及其他组织启动了将民族文化作为一种经济资源的运作程序。

由此，民族文化的保护和开发的双重需要、文化资源和经济资本的双重属性，吸引着政府、民间组织和企业及其运作者纷纷出场，致使其进入了多种力量博弈的旋涡。

2. 多维的组织目标：政府、民间组织、企业对民族文化干预模式的差异性

政府、民间组织和企业分别属于三种不同的组织类型，具有不同的组织目标和运作逻辑，因而在民族文化的干预模式上呈现出明显的差异性。

就云南省而言，自2000年正式提出建设"民族文化大省"战略目标以来，民族文化的保护与开发被正式纳入全省各级党委、政府的工作议程，掀起了强劲的民族文化产业建设的浪潮。2000年，云南省政府制定了《云南民族文化大省建设纲要》，指出："建设民族文化大省，是充分发挥丰富的民族文化资源优势，弘扬云南优秀民族文化的需要。云南是一个多民族

的省份，独特神奇的民族文化环境，悠久灿烂的民族历史文物，丰富深邃的民族文献古籍，绚丽夺目的民族文学艺术，多姿多彩的民族民间风情，这些积淀深厚的民族文化资源丰富了中华民族文化宝库，构成了建设民族文化大省的基础。通过合理配置文化资源，培育和发展文化产业，可以形成新的经济增长点；通过继承、保护、开发各民族文化传统，取其精华，不断创新，可以团结、鼓舞云南各族人民在中国共产党的领导下去创造美好的新生活。"其内容兼具民族文化的保护与开发两方面的内容。之后，政策的重点和导向明确地转向民族文化的经济开发，相继出台了《云南省加快文化产业发展的若干政策》（2004）、《中共云南省委云南省人民政府关于深化文化体制改革加快文化产业发展的若干意见》（2004）、《关于开展文化产业统计工作的意见》（2004）、《云南省 2005—2006 年深化文化体制改革和推进文化产业发展实施意见》（2005）等一系列政策和措施以推动民族文化开发。

3. 在共同的目标群体相遇：政府、民间组织和企业在民族文化保护开发过程中的互动

自 20 世纪 80 年代初实施改革开放以来，民间资本逐渐出现与壮大，民间组织开始兴起并逐步增多，其中一部分企业和民间组织参与到民族文化的保护与开发的项目，从而促成了政府、企业、民间组织从各自的组织目标出发而在少数民族这一共同的目标群体中相遇，并形成了互动关系。

政府与企业在民族文化方面的互动集中于开发之上，其特征大体上可以概括为"政府搭台，企业唱戏"八个字，即政府运用其"权力资本"，通过将民族文化开发纳入发展规划、投资建设公路等公共性基础设施和改造村容村貌、制定相关鼓励投资的优惠政策以及组织舆论宣传等途径，为民族文化的市场化展演搭建"舞台"；企业则利用其经济资本、经营管理和市场营销策略

等把民族文化纳入"资本化运作"的轨道。企业家们谙熟在中国大陆体制下政府的"权力资本"的力量和"权力符号"的功用，往往会紧紧地依傍着政府，甚至对政府象征性地挂名以营造出体制符号标签都非常重视。在现行政治体制和社会环境下，一部分政府官员因受任期影响而急于制造具有标志性甚至轰动性的业绩，大部分企业主则希望尽可能缩短其投资回报周期，二者的价值取向的短期性共性使其很容易达成共识且共谋。政府—企业互动大都获得了双赢：官员出政绩，老板得利益。

民间组织、政府和企业三者之间的互动主要体现于线性的传递，即民间组织的调查研究与保护，使某民族或某村的民族文化得以传承并形成社会影响；政府把视线投向民间组织项目的实施对象、将其纳入发展规划的开发项目并改善投资环境；继而招徕企业的投资和资本运作，使民族文化转化成商品出售；最后民间组织进行追踪调查研究与分析批评。

4. 不同价值取向的碰撞：政府、民间组织和企业在民族文化保护开发过程中的冲突

民间组织与政府、企业之间的主要矛盾焦点集中于保护与开发之间的矛盾和如何开发的不同选择。一般而言，民间组织主要致力于民族文化的保护工作，倡导保护性开发模式，而政府官员和企业主却大都热心于开发，且有加速开发进程、尽快形成规模化市场的行为偏向。冲突由此而生。企业与政府在民族文化开发方面的冲突主要集中于开发利益的分配上。企业主以企业利益的最大化为出发点，尽可能把更多的民族文化开发利润占为己有。作为一种"公权力"的代表，政府承担着协调企业与文化持有者之间利益平衡的职责，力求达成二者之间的"双赢"结果，这无疑要从民族文化开发商的手中拿出部分利润分配给文化持有者。

5. 讨论：如何建构以文化持有者的意愿和权益为中心的政府、企业、民间组织的良性互动关系

（1）文化持有者的主体地位和族群意愿如何体现。

各民族是其文化的创造者、传承者和持有者，也应是其文化开发的主体和利益的享有者。在民族村寨旅游及其艺术展演的开发过程中，不仅演员是从业者和展演者，事实上所有村民都是从业者，而且是一种最具魅力的展演主体。某种程度上，正是有了这种展演主体的出场，才使得民族村寨旅游和艺术展演在整体呈现出逼真和实在的审美效果和市场需求。这是任何民族文化保护开发的组织都不能忽视的事实。由此产生的问题是：如何让文化持有者从"被看"的被动地位转化为民族文化资本拥有者？他们的主体地位和族群意愿如何得以真实而有效的表达？从总体上看，在政府、企业和民间组织三者之中，民间组织因其项目负责人和实施者主要是具有民族学人类学知识和技能的学者，其运作模式更尊重文化持有者及其文化特征和族群需求，即使实施开发性的发展项目，也大都会采用"参与式发展"的应用人类学方法推进。因此，政府和企业在参与民族文化保护开发上应当与民间组织建立起更好的良性互动关系，充分重视与吸收民间组织的运作模式，尽可能让文化持有者的主体地位和族群意愿得到充分表达与实现，并让其获得应有的文化资本运营回报。

除此之外，培育与扶持属于少数民族村民的民间组织也是解决这一问题的重要途径。受各种因素制约，少数民族村民的民间组织不仅数量少、规模小，因缺乏市场营销经验且极易受到权力资本和经济资本的控制而难以做强做大。

（2）如何认识民族文化保护与开发的关系。

凡是介入民族文化者，都会面临保护与开发关系的价值判断和实践选择。笔者认为，民族文化不是静止不动的死潭，而是奔流不息的河流，它随河床的宽窄与曲直而"随物赋形"不断改

变着自我，"川流不息"地永远创造着自我。包括中国少数民族文化在内的任何一种文化，都是在流动的历史长河中和适应各时期社会文化过程中不断创造的结晶，既包含着继承历史的传统内容，也包含着适应各个历史时期的社会文化环境而再创造的内容。与当下社会文化环境相隔绝的文化，是没有生命力的，因而是难以存续的，所谓"原生态"文化只是文化炒作者的话语，在现存的实际生活中是不存在的。在全球化背景下，保护民族文化最有效的途径，就是让各种文化在与全球化的文化互动中进行自我革新与自我创造，就是通过合理的适度开发使民族文化的价值和意义获得文化持有者和异文化的认可。因此，民族文化的静止性保护很难获得成功，变迁与开发是无法阻挡的大趋势。

（3）民间组织的主体地位如何确立。

政府、企业和民间组织在参与民族文化的保护开发方面的互动案例表明，三者的"势"差异巨大并依次递减，即政府凭借其"公权力"处于最强势的地位，企业则以资本运作的效能处于次强势的地位，民间组织则因缺乏对其民族文化保护开发理念的"刚性"支持和依靠十分有限的资金进行运作而处于弱势地位。从某种意义上说，民间组织的主体地位尚未确立，究其根源，既有中国大陆当下的政治环境、社会环境和制度安排上的原因，也有民间组织发展水平、结构特征以及自身能力方面的原因。从参与民族文化保护开发的民间组织来看，准政府性质的民间组织很少直接参与，学术性的协会因缺乏最基本的资本介入程度很浅，参与规模较大和程度较深的民间组织主要是来自中国大陆境外的民间组织。因民族问题和境外组织具有政治和意识形态的双重敏感性，致使民间组织参与民族文化保护开发过程极易"动辄得咎"而被强制中止或无法推进。

（三）民族文化的再现与重构：村寨旅游开发的个案解读

村里旅游展演艺术的形成是官方、村民、游客等多种主体力量和资源互动整合的结果。在本地人和他者协商共谋的展演场域，本地是为了他者的观看，他者的观看又基于与他者自我相异的本地特色，展演艺术建构中贯通着游客与本地人文化想象间的紧张与互动。展演艺术就是以本地人和他者的关系性存在为轴心，以族性为核心通过四种途径进行建构的。

1. 民族传统作为身份标志

旅游点的文化展演是为迎合游客体验异文化的心理期待制作出来的，展演的目的不在于形式技巧而是本土民族文化的展示，族性的彰显就成为核心，于是，民族文化生活语境中的传统艺术作为不证自明的族性标志进入展演场域成为当代社会中本地人自我身份建构的一种方式和具体表达。

民族生活中传统艺术元素和符号选择放入展演中，作为无须与他人协商的身份确证，成为展演艺术中标志性的符号和亮点，既使本地历史文化得到了激活，增强了本地人身份意识的自省性，也在与游客互动中转变了其能指所指关系，传统艺术符号成为表演性的存在，因此，它承载的民族文化意义以及为展演艺术提供民族传统艺术身份的合法性是值得质疑的。

2. 同族文化强化身份认同

在旅游文化产业中，民族艺术以其感性直观的形式作为文化的标志往往率先进入市场，成为发展文化产业的优势资源。大沐浴村是政府打造花腰傣民族风情体验和自然生态回归旅游品牌的一个基地，村落资源特点决定了民族文化是旅游开发的核心，只能以打造文化品牌创建旅游品牌。在旅游文化产业发展中兴起的展演艺术，以进入市场获取经济利益为目的，族性标志本身就是保证它顺利地取得进入市场的通行证。因此，在建构过程中，人们选取了本地那些具有鲜明族性的传统符号形式，并在有意识地向其他傣族认同以共享某些资源时又竭力突出与其他地方的不同，就是在花腰傣中也如此。

事实上，他们基于日常生活实践加工形成的舞蹈符号使借用中的音乐和舞蹈符号发生了一定的形变，与其他人群的趋同性逐渐模糊，凸显了自我身份。

3. 本地日常生活加工

由于历史原因形成在民族国家场域中不同人群不同的占位，在新时期身份书写中，当地人要写出"傣族"和"花腰傣"双重身份。当传统资源不足以应付市场时，人们就在整合其他文化资源的基础上以花腰傣生活为原型进行模拟加工，把稻作民族捕鱼、栽种、编织等劳作中的肢体语言升华为舞蹈符号。作为花腰傣艺术符号，其能指和所指并非像传统艺术中那样自然统一，而是人们在建构中有意把二者拉合在一起，在符号形式和心理认同相结合的往复运动中，族性不断地被强调和建构。

4. 碎片化符号作补充

碎片化是后现代文化现象，指人们受到了多种知识和信息的轰炸，但又不能转化为一种有意义的整体的经历，指主体性的分裂、身份的破碎、思想和情感的分裂等。[①] 这里碎片化符号是指无助于整合为"花腰傣"艺术、突出其自我身份的那些符号形式。为满足旅游者求同求异交织的消费心理，展演艺术的建构必须异中求同。这样，大沐浴村展演艺术以三种途径和方式有意识建构自我身份，为旅游经济发展提供了工具性文化形式。为了充分发挥其作为本地村民生计活动的工具实用性，还要让带有身份

---

① 参见［英］默克罗比（McRobbie, A.）著，田晓菲译：《后现代主义与大众文化》，中央编译出版社2000年版，第42～46页；罗钢，王中忱主编：《消费文化读本》，中国社会科学出版社2003年版，第291页。

表征功能的艺术符号顺利地进入市场，让大众接受。为此，展演艺术建构中还吸收了一些碎片化的符号形式进行补充，文化展演就获得一定大众性，进入大众消费市场。

（四）从村寨到舞台：民族文化展演化过程的个案分析

20世纪90年代以前，南涧"跳菜"悠然自得地赋存于无量山和哀牢山的彝族社会生活中，世代相传，历史悠久，因其特定的场域和独特的表现形态而成为一种彝族地方性文化资源。

艺术本身就是人类文化的一种重要表现形式，而饮食又包含丰富的文化内涵，所以南涧彝族"跳菜"舞蹈是当地民族独特的审美观和文化价值体系的一种表达方式，在表演的过程中发挥其独特社会文化功能。

跳菜是南涧彝族地方性文化的一种表现形式，因它只是在各村寨宴请宾客的重大活动中才有表现的机会，村民之间娱人娱己的跳菜表演主要是给宴请活动增添喜气，而不是为了赢利赚钱，所以，村寨席间跳菜就像山野中竞相绽放的奇花异草一样，如果没有人欣赏它，没有人把它带到市场上作为商品出售，就只具有作为资源进行开发的潜质，而不具有增值的条件，一旦有进入市场的良机，其资源的潜质就会向增值的资本转化。

1991—2007年的16年，对南涧彝族自治县的跳菜来说是发生历史性变革的16年，村寨席间跳菜在文艺会演的政府指令下，经过文艺工作者的精心加工，从无量山和哀牢山的村寨中经历"断臂再植"的凤凰涅槃羽化辉煌，赢得了千百万都市人的喝彩和掌声，从此跳菜的场域发生了重点转移——从村寨走向舞台，场景由村民自家的场院搬到了观众注目的舞台，维系跳菜的不再是村寨淳朴的乡里乡情，而是都市浓郁的利益分配。

如果说场域的转换、消费社会文化差异性需求、跳菜艺人实现艺术价值的愿望和企业经济利益最大化的追求共同构成了跳菜艺术资本化的动力系统，那么，跳菜文本的再造就是使得动力系统得以运转起来的发动机，而文化变迁就是跳菜艺术资本化的必然结果。

跳菜从村寨到舞台完成的不是一个简单的场域转换，而是地方性"边缘"文化参与都市"主流"文化的过程，这种参与以文艺界和餐饮业为切入点，文艺界赋予跳菜的各种殊荣说明这一领域对跳菜的认可及跳菜已在文艺界有了一席之地，16 年来在各种级别大小舞台上不断地展演证明跳菜的艺术魅力和生命力，舞台跳菜版本是否能成为彝族艺术的一个精品和彝族舞蹈创作某一高度的代表都有待历史的决断，但至少人们一看到跳菜就想起南涧，一提起南涧就有要欣赏跳菜的愿望已足以说明舞台跳菜成功地发挥了其认识功能。跳菜这种民族传统艺术资本化的程度越高，就意味着跳菜世俗化和大众化的范围越广，文化变迁进行得越彻底。

（五）从教堂到市场：民族宗教文化开发的个案研究

在昆明市西北郊的大山里，有许多信仰基督教的苗族村寨，其中有一个村寨名叫小水井，它在这些村寨里无人不知，无人不晓，在昆明乃至全国都小有名气。它的出名，并非因为它是昆明市最大的苗族聚居村，而是因为小水井有一个没有受过专业训练的唱诗班多次获得大型合唱比赛的一等奖。小水井苗族合唱团的名声，由此开始远播各地，经常受邀到外地演出，有些文艺公司也向他们表示了合作的希望。

小水井唱诗班作为一个没有受过专业训练的演唱团体，为何能够在"高手如林"的合唱团体中脱颖而出，多次夺魁呢？又以什么引起社会大众的青睐？对于一个属"灵"的唱诗班受邀到外地演出之事，基督教团体和社会各界看法不一。在大众消费社会到来的时候，那么小水井唱诗班的未来将会往什么方向发展呢？小水井唱诗班所引起的文化现象，是基督教在"中国化"、"本土化"过程中以及基督教信仰下的苗族文化在现代化过程中文化变迁的一个缩影。

在当今的消费社会时代，大众社会群体的生活追求已经不仅仅是满足于吃饱穿暖，而且还要玩好。与传统的生产性社会主要是满足包括物质性生产和社会性再生产的生产性需求不同，消费社会对消费的需求已经不再是单单满足各项功能性的需要，而是将消费的重心放在符号性消费。购买一种商品，大众消费者看中的不是它物理性的使用价值，而是在于通过消费它来建构某种意义。此时，这件商品不是一种实体，而是一种象征性的符号，通过消费这个符号来建构消费者和大众文化所认可的一种类似于"身份"、"地位"性质的意义。消费者购买度假别墅、名牌服装或高级小轿车等，并非他们没有房子住或没衣服穿或没车开，而是他们想通过这种高等级的符号性消费来建构他与众不同的社会身份或地位或生活品位。正是有这种消费性需求，加之无孔不入的电子传媒宣传，旅游热使得"黄金周"制度化，体验异文化的热潮使得"原生态"成为一种时髦。正是在这种时代背景下，小水井唱诗班独具民族特色的"圣乐"之音有可能成为人们厌倦于都市生活的消费性符号。发展旅游，吸引外地人前来小水井聆听唱诗班的"天籁之音"也成为可能。

三、研究成果的学术价值、应用价值及社会影响和效益

本课题通过田野调查，掌握传统民族文化持有人的基本情况，对存在问题进行研究、提出对策，编写研究报告，为政府部门提供科学性与可操作性兼备的决策依据，为云南省的旅游、文化等优势产业的发展，为西部大开发中人文资源的保护与开发，

为中国丰富的人文资源的可持续发展提供科学的理论支持。

民族文化持有者，在现代消费条件下，对民族传统文化所持的态度，将会体现对传统民族文化的思想观念与价值取向，体现民族精神的继承与弘扬。本课题将有助于民族文化持有者建立人文资源的价值评估与成本核算的指标体系，为民族文化资源及其产业的发展提供重要的理论依据和参考价值。

课题名称：民族文化资源开发与云南产业发展
课题负责人：何　明
所在单位：云南大学
主要参加人：吴　晓　魏美仙　秦　莹　钟立跃
结项时间：2009 年 3 月 23 日

社 会 学

大理白族地区商帮文化的比较研究

一、课题研究的目的和意义

商帮是以地域为中心，以血缘、乡谊为纽带，以相亲相助为宗旨，以会馆、公所为其在异乡的联络、计议之所的一种既亲密而又松散的自发形成的商人群体。大理地区自古以来就是云南非常重要的政治、经济、文化中心之一，是云南政治、经济、文明的最早发祥地之一。有史以来，大理地区商品经济的发展就一直领先于云南其他少数民族地区，在云南属于先进之列。到了清朝光绪年间，在大理州境内更形成了具有本土民族特色的驰名三迤的"喜洲商帮"、"鹤庆商帮"两大商帮。大理白族地区的两个重要商帮：鹤庆帮和喜洲帮就是以白族商人和汉族商人、彝族商人为主体而构建的白族地区商帮。从历史的发展角度看，"鹤庆商帮"是白族地区最早形成的一个商帮，主要有兴盛和、福春恒、鸿兴昌、日心德、庆昌和等三四十家商号；"喜洲商帮"则有永昌祥、锡庆祥、义盛源等十余家商号。从地域特征和经济实力看，鹤庆商帮、喜洲商帮都是大理白族地区的本地商帮，也是在大理地区经营的众多商帮中实力最为强盛的大商帮。

本着对历史和现实负责的态度，深入了解和探讨"鹤庆商帮"和"喜洲商帮"崛起的历史文化底蕴和创业思路及经商运作手法，研究"鹤庆商帮"和"喜洲商帮"在近现代白族商业文化中的重要地位，显然是十分必要的。总结经验，继往开来，《大理白族地区商帮文化的比较研究》这一社会科学的研究成果将为云南省私营经济的发展提供样本借鉴和指导帮助。项目研究成果可以产生良好的社会效益和作用，可为建设民族文化大省和经济强省的目标服务，充分发挥社会科学研究成果对经济建设的总结和指导作用，对云南省进一步发展和壮大非公经济和私营企业有借鉴作用。

二、研究成果的主要内容和重要观点

（一）研究成果的主要内容

大理白族地区的"鹤庆商帮"和"喜洲商帮"；探索"鹤庆商帮"、"喜洲商帮"两大商业集团崛起和壮大的历史背景及原因，剖析两大商帮所依赖的经济基础、商业文明与人才储备；两大商帮崛起的缘由和发迹的奥秘；解析两大商帮众商号经营网点商帮扩展的空间和区域分布特点；总结和对比两大商帮不同的经营理念、经商运作手法；深入挖掘大理白族地区商帮飞黄腾达背后的历史文化底蕴和现实价值。解析究竟是什么原因导致此种现象的发生，铸就了大理白族地区商帮文化的辉煌，并进一步挖掘大理白族地区商帮现象背后的文化底蕴、历史作用及影响，探究白族商帮文化的现实借鉴价值与意义。

（二）研究成果的重要观点

"鹤庆商帮"、"喜洲商帮"崛起和壮大的历史背景是非常复杂的，它既有导致滇西地区商帮云集的外围因素，比如：明清时期，政府对云南实行较为宽松的商税政策，培育了云南商业氛围和土壤。而英国、法国等老牌帝国主义国家对云南周边地区如缅甸、印度、越南等国的占领与殖民，大大加剧了中国西南边境的危险，致使云南边境直接裸露在英法等国的眼皮底下。而英法等国为了新占殖民地的建设与安定，破例对云南商人从事的进出口贸易实行最低关税政策，给了云南商帮集团一个较大的盈利空间，对外经商的暴利直接促成云南商帮，尤其是鹤庆商帮和喜洲商帮的快速崛起。毫无疑问，"鹤庆商帮"、"喜洲商帮"所依赖的经济基础、商业文明与人才储备也是一个至为重要的因素。比如：丰富的物产是云南经济发展的前提条件，也是商帮发达的原始动力；繁多的集市和交易方式为商帮的发展提供生存的空间和便利；古代大理地区是云南商品经济发达、兴隆之宝地；大理地区近现代商业有了进一步提升的空间与发展平台；"鹤庆商帮"、"喜洲商帮"拥有自己的人才培养与储备机制。"鹤庆商帮"、"喜洲商帮"迅速崛起的历史机遇与挑战是值得我们去挖掘和反思的。比如：鹤庆由于历史悠久，文化底蕴深厚，人才辈出，区位独特，商贾云集，市井兴盛，手工艺发达，真可谓人杰地灵，是各民族大团结的多民族聚居地区，是白汉藏文化交织的文化圈，在茶马古道上有着重要的地位，是茶马古道上的文化重镇。汉文化在鹤庆的传播较早。元至元八年（公元1271年）境内开始设立庙学，到了清光绪年间，已有书院4所，社学32所，义学12所。各民族中涌现出一大批才华出众的文人学士，其中有翰林3人，进士29人，举人292人。民国时期，先后创办了许多小学，还有县立初级中学、省立师范学校等。从元、明、清至民国，可查到的鹤庆人各类著述目录有70余种。《新纂云南通志·实业传》说"丽江郡领厅、州、县五，其人多习儒，独鹤庆喜治商业，率无所冯藉，卓然有以自立"，喜洲是白族文化的主要发祥地之一，喜洲自古就有"商城"之称，又有富甲南滇的美名。这是与喜洲的政治历史背景和文化教育相联系的。喜洲人有较高的文化素质与修养，在社会生产和生活中有较高的认识能力、判断能力和观察能力以及战胜困难的能力。有较高的文化水平才能立于不败之地。为此喜洲人自古以来就千方百计培养子女吃苦，不仅培养他们在读书上的刻苦钻研精神，而且每做一件事都要舍得流血流汗。

至于"鹤庆商帮"、"喜洲商帮"崛起的缘由，我们认为可从鹤庆、喜洲独有的地缘优势；亲缘、族源等人缘优势；马帮文明的兴盛三个方面考察。比如地缘优势：鹤庆位于大理州的北部，自古以来就是茶马古道上的一个重要驿站。从西汉开始，这块神奇的土地成了历朝统治者北上西藏，南下大理的军事要冲，也是商贸活动重要的集散地。正是由于鹤庆所处区位的特殊性，自古以来就是南方丝绸之路、茶马古道、藏彝走廊等重要交通通道的汇聚交融之地，在云南属于商品经济比较发达的县份。鹤庆的地理条件非常优越，西北可通西藏，东北连接康川，西南可直下缅甸，东南可下昆明。这些造成了鹤庆商帮发展的基础。商帮到处游走，这就培养了鹤庆人的冒险精神，也可以说是一种开拓精神。大理地区物产丰富，又是古今滇西交通要冲，是名副其实的"亚洲文化的十字路口"，从事商业贸易的历史悠久。下关距大理县城十三公里，位于洱海南端，苍山斜阳峰麓。它位置适中，交通方便，是滇缅公路和滇藏公路的交汇点，滇西的交通枢纽。由于下关优越的地理位置，远在明代，这里就有商业活动。汉武帝时代（公元前109年）就有"蜀身毒道"，北起蜀地（四川），中经叶榆（大理），过博南（永平），进寻传（缅甸）到身毒（印度）。在这条古道上，就有贸易来往。到唐宋时期，大理地区已成为"西南丝道"的中心之地，直到明清历久不衰。

亲缘、族源等人缘优势："鹤庆商帮"和"喜洲商帮"的崛起与壮大，除了得天独厚的地理因素和区位优势外，还有一个非常重要的因素值得探讨，那就是两大商帮的人大多拥有婚姻往来，结成较为密切的亲戚关系，人缘优势十分明显。亲不亲，故乡人。他们既是老乡，又是亲戚，彼此之间有着许多复杂的情感和血缘凝结点。由于有了这种独特的人缘优势，使得"鹤庆商帮"和"喜洲商帮"在发展和壮大中彼此相依，互相帮衬，团结协作，同舟共济，共赴灾难，有效地避免了恶性竞争，互相拆台的商业陋习。我们认为这是"鹤庆商帮"和"喜洲商帮"两大商帮能够抗御风险，迅速崛起的一大特点。

说到"鹤庆商帮"、"喜洲商帮"商号创始人与管理者的族源关系，我们可以从书中独创的两大商帮族属表格中看出：两大商帮的创始人和民族族别是有一定区别的。鹤庆帮是以"兴盛和"、"福春恒"等号为代表，是汉族、彝族、白族商人兼而有之的本地商帮；喜洲帮则以"永昌祥号"、"锡庆祥号"为代表，几乎清一色是本地的白族商帮。喜洲商帮人会因同乡、同族以及血缘关系而互相关照，互相利用，形成了共同发展的经济利益关系。"鹤庆商帮"、"喜洲商帮"的崛起、壮大有一个幕后助推器，那就是马帮。云南地处高原，崇山峻岭，交通极为不便。因此，内地交通运输，主要依靠马帮驮运。马帮是随着商品经济的发展而出现的一种民间货运队。其路线分迤南、迤东、迤西三大干线，另有若干支线。由于马帮在商帮发展过程中所起的影响和作用是决定性的，所以，各大商帮都竭力和马帮头目搞好关系，互相依存，共谋发展，马帮成了各商号的重要组成部分。

研究成果对"鹤庆商帮"、"喜洲商帮"商号经营网点的扩展空间和区域分布进行了归纳和总结。

研究成果的第四章以两大商帮中最具说服力的商号中精选"兴盛和"、"福春恒"、"永昌祥"、"锡庆祥"为典型案例，对"鹤庆商帮"、"喜洲商帮"经营理念、商业运作手法、发家绝招进行了整理和探讨。重点挖掘了喜洲商帮的管理模式和经营理念。

研究成果的第五章对"鹤庆商帮"、"喜洲商帮"的历史地位与影响进行了简要介绍。比如：商帮带来的观念更新与社会冲击变革；两大商帮的种种慈善义举以及"商帮"财富对民居建筑风格的冲击与影响。

我们研究成果的最终结论是："鹤庆商帮"和"喜洲商帮"的崛起与壮大有着多方面的因素，是历史发展的必然。云南经济的整体发展，帝国主义的经济侵略步步深入，英国吞并缅甸，法国吞并越南，英法帝国廉价商品自殖民国家输出，进入大理地区，国内贸易和对外进出口贸易的兴盛给两大商帮注入了强大的动力，这是"鹤庆商帮"、"喜洲商帮"能够崛起的重要原因之一。加之大理地区丰富的物产、辽阔的地域、多样的集市和深厚的历史文化底蕴，为"鹤庆商帮"、"喜洲商帮"奠定了坚实的物质基础。另外，鹤庆人、喜洲人的商业头脑和经营理念都是很高明的，他们充分体现了善于经商和管理的才干；这种优势导致两大商帮发展如虎添翼、朝气蓬勃，从而共同创造了大理白族地区商帮文化的灿烂与辉煌，让后人充分感受到了先辈创业的艰辛和成功的快乐！在长期的商业活动中，大理白族地区的商帮把先进的经济管理手段和科技文化，带回云南，带回白族地区，促进本地社会和经济的发展，缩短了与汉族等先进地区的差距。白族商帮善于学习和借鉴，把其他民族先进思想，先进文化带回来，加以利用，又保持鲜明的个性，因此，它在东南亚、南亚等地产生了深刻的影响。大理白族地区商帮的商业活动充分体现出善于学习，敢于拼搏、勇于斗争的民族精神、民族性格，充分挖掘和继承、发扬这种精神将对云南省，尤其是大理地区的对外开放和经济发展有借鉴作用。

三、研究成果的学术价值、应用价值及社会影响和效益

研究成果学术性不算很高，但应用价值会很好，研究成果可以直接为鹤庆县和大理市喜洲镇的旅游项目及文化的挖掘提供一

些成果支持。大理州电视台已计划邀请项目负责人再次登上《大理讲坛》栏目,专门介绍喜洲商帮的发家历史、商业辉煌背后的文化渊源,配合大理州旅游二次创业和喜洲古镇开发项目(投资规模达几个亿)的推介和实施。随着电视栏目的录播和后期成果的出版,《大理白族地区商帮文化的比较研究》课题必将发挥很好的社会效应,并产生较大的社会影响。

课题名称:大理白族地区商帮文化的比较研究
课题负责人:薛祖军
所在单位:大理学院
主要参加人:凡 丽 王 伟 段丽恒 袁登学 黄 涛
结项时间:2008 年 11 月 12 日

云南边疆地区跨境民族艾滋病流行现状、发展趋势及社会控制研究

一、课题研究的目的和意义

自 1981 年美国的同性恋社群首次发现了艾滋病病毒感染者，1985 年一个外国游客因患艾滋病在北京协和医院死亡，之后浙江、广东、福建省陆续发现艾滋病传入病例，1989 年中缅边境的云南省在静脉注射吸毒者人群中大规模地发现了 146 例艾滋病病毒感染者，到 2008 年，艾滋病已经在云南边疆跨境民族地区肆虐了 19 个年头。本研究课题在对边疆民族地区实证研究的基础之上，吸收、参考当地政府对艾滋病防控的实践经验，并在参阅大量相关部门及学者的研究成果的基础上，从社会学的视角对现阶段云南边疆地区跨境民族艾滋病流行现状、发展趋势、艾滋病社会控制的经验，进行提炼和总结。进而探索其有效的防控模式，对于促进云南边疆民族地区艾滋病的社会控制，遏制艾滋病扩散与蔓延对云南乃至全国的防艾斗争都具有借鉴意义。

二、研究成果的主要内容、重要观点或 对策建议

(一) 主要内容

云南边疆民族地区是全国 AIDS 流行程度最高的地区。由于云南边境线长，毗邻毒源地"金三角"，又与当今世界艾滋病急剧蔓延、疫情较为严重的湄公河次区域高流行区接壤，社会经济发展滞后，少数民族人口整体文化素质较低、自我防护意识较差等问题，加上吸毒和性交易现象的存在，少数民族的文化卫生习惯也为 HIV 的传入提供了条件。我们研究的样本地区是与缅甸比邻的德宏、临沧，与越南毗邻的红河三个艾滋病高度流行地区。这三个地区截止到 2007 年底检测数字如下：德宏州共检测血样 492 606 人份，累计报告艾滋病病毒感染者和病人 14 332 例，其中：静脉吸毒传播占 49.4%，性传播占 30.4%，母婴传播占 1.2%，不明原因占 19.0%；红河州共检测 306 816 人份，累计报告艾滋病病毒感染者 8 964 例（感染人数全省第二），其中，静脉注射占 62.49%，性传播占 17.16%，母婴传播占 0.25%，不明原因占 20.10%；临沧市共检测 196 468 人份，累计报告艾滋病病毒感染者 4 127 例，其中，静脉注射占 58.29%，性传播占 25.29%，母婴传播占 0.53%，不明原因占 14.93%。三地 AIDS 感染者数字相加占全省总数的 50% 以上。

本研究分六个部分，第一部分较系统地梳理了 AIDS 在全球扩散的过程，重点对与云南毗邻的东南亚、南亚的印度、缅甸、越南、老挝艾滋病扩散，以及国内外应对艾滋病的研究现状，其中特别对我国防艾的实践以及研究现状进行了重点而扼要的梳理，向读者提供了关于艾滋病流行及治理的概况。

第二部分主要介绍了中西方社会关于社会控制的理论与思想

并进行了相应的比较。通过比较，提出我们在对艾滋病所引发的重大社会问题中，在充分借鉴西方社会控制和治理理念的同时，必须更应重视中国优秀的传统社会治理的本土知识，因为它更具有源于中国社会传承的理念和实践，更深刻地体现了中国的民智与经验，更具有本土的适应性。因此，应该做到的是两者有机地结合。

第三部分、第四部分是实证研究的重点。根据我们调查中掌握的情况和云南省总体 AIDS 流行特点，云南省跨境民族地区 AIDS 流行趋势为：静脉吸毒仍是感染 HIV 的主要途径；性传播艾滋病不仅呈上升趋势，且也逐渐成为艾滋病流行的另一主要途径；女性感染率增加；农民和无业者感染者为主体，多种职业分布不均，由农村向城市蔓延；由边境向内地蔓延。在边疆民族地区，艾滋病迅猛蔓延的势头已受到控制，其中尤以静脉注射吸毒感染者防控效果明显。这些特点与全省和全国的艾滋病流行特点有共性的一面，但更凸显出边疆民族地区独有的个性特征。

在问卷分析过程中，我们得出了有关 HIV/AIDS 和普通家庭户主个人、群体及其家庭的大量第一手数据，例如个体的性别、年龄、职业、民族、宗教信仰、受教育状况，家庭类型及规模，毒品亚文化对当地 AIDS 感染者的社会排斥程度，等等。从而，揭示 AIDS 家庭的户内感染的规律与模式；发现云南边疆民族地区 AIDS/HIV 感染者的社会特征；通过数据模型揭示 AIDS 病防控规律。通过对艾滋病感染者的入户访谈，探寻了其感染艾滋病途径、原因，患病之前来往最密切的伙伴及原因、政府部门实施关爱政策的情况等，从感染者自身经历出发，寻找控制艾滋病扩散的有效方法。普通家庭是家庭内没有 HIV/AIDS 的家户，作为艾滋病家庭分析的参照物，通过入户访谈深入认识边疆地区艾滋病感染的社会环境结构。

第五部分从历史与现实结合上，着重探讨了边疆民族社会艾滋病的社会控制。其中，重点分析了改革开放以及非传统安全因素的凸显，双重作用下一度弱化的边疆民族地区对社会控制，而在禁毒防艾人民战争实践中，边疆民族社会村民自治的创新以及社会控制机制的重构，从而有效实现了对艾滋病等社会问题的防控作用。

第六部分，根据边疆民族地区艾滋病防治实践的特点，在实地调查研究及上文分析的基础上，我们把这些鲜活经验提炼为"一个中心、两个坚持、六个结合"，即以社会主义新农村建设为中心；坚持国内与国外两个战场，坚持禁毒与防艾两条战线；艾滋病预防与治疗相结合、与边疆民族村寨社区自治建设相结合，与扶贫攻坚相结合，与乡村文化建设相结合，与非政府组织建设相结合，与农村社会建设相结合。

同时，根据开展近19年特别是三年人民战争的艾滋病防治工作实践，云南边疆民族地区紧密结合本地实际，创造了独具特色的艾滋病预防和控制模式。在调查研究的基础上，我们对边疆民族社会艾滋病的防控模式作出如下概括，即政府主导下的，以行为干预为主的艾滋病预防与治疗机制、以新农村精神文明建设为中心的道德约束机制、以地方政府领导为中心的多级网络行政管理机制、以生产发展为中心的民生改善机制四个运行机制耦合联动的运作模式。

（二）对策建议

边疆民族地区的 AIDS 流行与蔓延是当前和今后较长时期内云南省最为迫切的民族问题之一。AIDS 流行问题的出现与当地毒品问题、性产业问题以及独特的民族文化交织在一起的，这种种问题的出现表明 AIDS 已不再是纯粹医学上的"病"，而是一种有着广泛社会关联的社会事实，我们更多用 AIDS 感染者群体而非感染者个体来称呼他们，这就表明 AIDS 从个体走向群体，从群体正走向社会。我们所谓的防艾控制做的是对那些已经感染的，感染者周围的，有可能感染的人们进行制度上的安排。并从以下方面进行了研究与探讨：

从传播方式来看，吸毒引起的共用注射器传播与性传播是边疆地区 AIDS 流行的最主要方式。本研究情况表明，在边疆民族地区，有着高度关联的毒品与艾滋病，其源头来自境外。随着经济全球化与对外开放的深化，禁毒与防艾斗争是一场持久的国际斗争。因此，搞好禁毒防艾的国际合作至关重要。从边疆民族地区的实践来看，禁毒的国际合作已经开展，并取得了显著的成效，但仍需要在各层面上继续深入。而防艾的国际合作，则处于起步阶段，还需从国家层面建立合作机制，并在实践层面探索合作的模式。

从国内来看，吸毒传播一直是我国乃至全世界控制的难点同时也是重点，控制吸毒传播的首要任务是禁毒，我国多年来的禁毒斗争经验与实践表明，仅仅依靠打击贩毒活动并不能从根本上解决毒品问题。我们应当清醒地认识到对金三角地区及周边毒品市场的打击是一项国际性事业，也是一项长期的艰苦卓绝的斗争。从防治 AIDS 的角度看，在打击贩毒的同时，建立更为完善的戒毒模式，应对吸毒人员的健康负责，杜绝共用针头的现象发生，发放清洁针具应做到进村入户。性传播是边疆地区继吸毒传播急剧上升的传播形式，其中，以"边婚"为代表家庭户内传播方式应受到各有关部门的重视。目前，边疆民族地区依托村民自发的各种禁毒防艾组织，对吸毒人员及 AIDS 感染者的婚姻进行严格监督，建立严格的婚前、婚后、孕期的婚、孕检制度；同时对边疆地区的性产业应严格加以控制，对性工作者应进行 AIDS 培训，并定期进行检查，起到了较好的作用，还应探讨建立以道德为主的自觉约束机制。为防治危及下一代，应对 AIDS 家庭进行必要的监督，并使用非母乳喂养。

从年龄与性别的角度看，20～39岁青年男性是AIDS感染的主要群体，同时这一时期的女性感染者也在不断增加。加强对这一时期青年群体进行重点教育与引导显得尤为必要。成立由政府号召，由其组成的青年防艾禁毒组织，在其群体中宣传AIDS的危害并扩大组织的规模与影响，创造和增加其就业和增加收入的机会以避免其外流。

从职业的角度看，以农民为主，边民为特征的人群是AIDS感染的主要群体。边民的特性是其流动性，国家在参与国际区域合作、发展经济的同时，加强与西南周边邻国的流行病防治合作，建立严格的出入境HIV检测、管理制度。

从教育与社会化的角度看，AIDS感染群体以文盲半文盲为主，应在各村寨建立扫盲班并普及AIDS知识。做好对下一代的教育工作，从根本上提高人的素质。

从民族与宗教的角度看，傣族、景颇族是AIDS感染的主要群体，佤族感染者正在增加。应充分利用该地区民族与信仰一一对应的关系，发动当地南传上座部佛教和基督教界知名人士来抵制AIDS，并通过其教义教理来宣传防艾知识，让和尚也念防艾经。

从治理贫困和社会保障的角度看，边疆民族社会的实践情况表明，艾滋病的流行、传播与毒品和贫困关联。只有从根本上普遍地改善和提升边疆地区各民族的生存状况，也才有可能遏制艾滋病的传播。当前应拓宽农民增加收入的渠道，鼓励科技兴农，定期派专家到各村寨进行农业知识讲解。对AIDS家庭应给予一定政策优惠和财政补贴，发放小额贷款，低保应迅速覆盖AIDS家庭。对比较困难的家庭应对老人养老、子女上学及就医等保障问题予以解决。建立一套适合边疆民族地区AIDS群体的社会保障体制。

从同伴教育与AIDS人员"圈子"的角度看，同伴教育是业已证明的有效教育模式，我们的实证研究也证明了这一点。应继续实施强制戒毒模式，并通过卫生部门、妇联以及国际 NGO 等组织的密切融合支持 AIDS 感染者、吸毒人员与性工作者通过交往的社会网络，对其亲属和朋友加强禁毒防艾的宣传和教育。

三、研究成果的学术价值、应用价值及
社会影响和效益

（一）学术价值

本课题在实证研究的基础上，基本廓清了云南省边疆民族地区艾滋病流行现状、艾滋病防控中存在的主要问题及其原因，并通过分析和借鉴国外社会控制理论和社会控制思想及有关经验，在经过深入的实证研究和理论升华，对边疆民族社会在禁毒防艾的斗争实践中创造的鲜活经验的总结，以及对禁毒防艾运作模式的理论升华，不仅有利于我省边疆民族地区艾滋病防控的理论框架，为我省禁毒和防治艾滋病的长期斗争提供相应的理论支持，并且对研究非传统安全因素引发的边疆地区其他社会问题的应对具有重要的学术价值。

（二）应用价值

本课题的研究，前后历时一年有余，研究报告达 23 万多字，前后数易其稿。其主要研究发现：

一是通过多年艰苦的禁毒防艾斗争，边疆民族地区抗击艾滋病的整个社会环境已经发生了重大变化。广大的边疆民族地区各少数民族对毒品、艾滋病的知晓率和禁毒防艾的意识大大提高，并已逐步形成一种自觉意识；其次，对艾滋病社会群体提供帮助、关爱也成为多数边疆民众的共同愿望。边疆民族社会应对艾滋病的良好社会氛围已经基本形成且来之不易，应继续在深化禁

毒防艾的斗争中不断巩固。

二是随着边疆民族社会禁毒国际合作的开展，以及国内强有力的禁毒措施的实施，不仅禁毒成效显著，也显示经静脉注射吸毒新感染艾滋病病毒的势头得到有效控制，但贵在坚持。

三是边疆民族地区艾滋病蔓延，从发展趋势上来看，其迅猛蔓延态势已得到控制，但当地经性途径传播的势头已日渐凸显成为主要的传播源，本次的调查对此有进一步的发现：在经性渠道传播的途径中，婚内性行为即夫妻交叉感染是性渠道感染的主要方式之一。从目前的行为干预中，该渠道的感染方式，还未引起足够重视。这是本次研究的重要发现。因此，我们的防控重点应适时进行调整，在不放松禁毒工作的同时，更应关注经性渠道传播的防控。

四是本研究的终极目的是探索和总结边疆民族社会在禁毒防艾斗争实践中的鲜活经验，并试图提炼出其防控的模式。在经过深入的实证研究和理论升华，本研究对边疆民族社会在禁毒防艾斗争中的鲜活经验，提炼出了"一个中心、两个坚持、六个结合"的经验总结，以及政府主导、四个运行机制耦合联动的运作模式。相信对禁毒防艾的长期斗争，以及非传统安全因素引发的其他社会问题具有更广泛的借鉴作用。

上述研究发现，对于政府及相关部门把握我省边疆民族地区艾滋病的防控形势提供了有力的智力支撑，对政府的决策提供了重要的依据。而研究报告的经验总结和防控模式的凝练，不仅具有普遍的应用推广价值，且对边疆民族地区应对非传统安全问题具有普遍的借鉴意义。

（三）社会影响和效益

我国目前正处于社会转型时期，其特征表现为社会结构转型与经济体制转轨的同步进行，即在实现以工业化、城市化为标志的现代化的同时，还要完成从以计划经济为特征的总体性社会向以市场经济为特征的多元化社会的转变。在转变的过程中，存在许多不确定因素使得我们的社会处于"风险社会"之中。如何实现"风险社会"形势下的社会有效控制，是我们面临的重要课题。边疆民族地区位于国家政权辐射的末梢，是多种社会风险集中的前沿地带。云南省三年的禁毒防艾人民战争已经结束，2008年一个以新农村建设为中心、紧密结合禁毒防艾的新的人民战争又广泛展开。

随着禁毒防艾人民战争投入逐渐加大，如何向全省边疆民族地区科学、合理、有效地供给"弹药"，找准着力点等问题，许多领导干部、专家学者都在作不同学科、不同角度的思考和研究，并献计献策。《云南边疆地区跨境民族艾滋病流行现状、发展趋势及社会控制研究》就是这方面的重要研究成果之一。该课题基于实证研究和有关中外社会控制理论，提出了针对云南边疆民族地区的艾滋病防控模式：政府主导、四个运行机制耦合联动的运作模式。该模式如果得到有关部门的采纳和借鉴，将有益于我省最终打赢禁毒防艾人民战争，并促进云南边疆民族地区的又好又快发展。当然，该研究成果公开出版之后，将为我国艾滋病防控和社会控制理论的发展作出一定的贡献，并产生相应的社会效应。

课题名称：云南边疆地区跨境民族艾滋病流行现状、发展趋势及社会控制研究

课题负责人：张金鹏

所在单位：云南民族大学

主要参加人：赵金萍　李东明　李永松　朱海平　阮明阳
　　　　　　明碧琳　李红军

结项时间：2009年1月14日

社会流行病学的理论、方法及其应用研究

一、课题研究的目的和意义

本课题旨在通过系统全面的国内外文献回顾和研讨，结合我国的热点公共健康问题，探讨具有中国特色的社会流行病学的理论、方法和应用。

每个学科都有其局限性和缺陷，面对各种研究问题的复杂性和不确定性，不但需要多学科和跨学科的视角，更需要多学科的实质性合作。社会流行病学关注社会人群的健康，但流行病学在研究健康结局与危险因素关系中的作用是有限的，只有社会学者和公共卫生研究者在理论和方法学上的更多合作才能让该学科在促进人和社会发展中发挥重要作用。

以往的流行病学主要在非社会环境（试验室或狭义的社会环境，如工作场所）中研究疾病和健康的群体水平的危险因素。很多研究结果与把人群置于社会环境中的实际情况并不相符，从而导致基于这些研究结果的政策和干预并不能很好地维系和改善社会人群的健康状况。社会流行病学着眼于社会因素如何影响社会人群的健康，因此需要运用社会观、人群观的综合多层次观点重新审视公共健康问题，社会科学的已有理论和方法及其与医学、公共卫生学结合后产生的新思路必将促进社会流行病学的发展。

从社会流行病学的发展现状看，已有的研究多是经验性的，缺乏系统完善的理论指导，而理论研究进展缓慢，需要社会科学的参与及多学科合作。该学科在国内的发展更加缓慢，相关研究多是基于西方理论的应用性研究，既没有对现有国内研究的系统回顾和总结，更没有相关的理论创新。该课题结合我国实际对现有理论和研究进行系统总结分析，研究成果将填补国内社会流行病学理论研究的空白，为学术同道提供研讨的基础，同时也为该学科的实践提供参考和借鉴。

二、研究成果的主要内容、重要观点或对策建议

（一）主要内容

突出表现在四个方面：（1）社会流行病学的历史发展：该部分梳理了社会流行病学产生的时间、背景和内容，特别是自1950年"社会流行病学"一词最早出现在《美国社会学杂志》的一篇关于歧视与健康的文章中以来，其后的相关研究和相关成果。（2）社会流行病学的理论基础和理论框架：通过对目前国际上众多社会流行病学理论的分析，重点阐述了三个社会流行病学理论框架：心理社会理论（psychosocial theory）；疾病的社会原因（social production of disease）和/或政治经济对健康的影响（political economy of health）；生态社会理论及多水平框架（ecosocial theory and related multi – level frameworks）。（3）社会流行病学的方法学进展：通过对社会流行病学出现至今，不同学科和不同国家学者对方法学的探索和总结，论述了社会流行病学方法学的三个分类：病因推断方法、社会现象测量方法、研究设计和分析方法。（4）社会流行病学在中国人口健康领域的应用案例研究：案例研究可以说是本课题研究除了理论之外的另一项重要内

容。本课题在理论总结的基础上，尝试将社会流行病学的理论和方法应用于"保龙公路筑路工地不同人员艾滋病相关知识与性行为研究"中取得了较好效果，基于此研究的发现提出了"农民工不是艾滋病高危人群"的学术观点，该观点被国家重要部门采用和报道。

（二）重要观点或对策建议

本课题首先查阅和全面系统回顾了国外社会流行病学的专著、论文、研究报告和灰色文献等，以全面了解该学科的主要理论和方法以及目前在国际学术界的发展状况。随后通过电话、电子邮件、面谈、研讨会等方式向社会学、社会医学、流行病学等学科的国内专家咨询社会流行病学的理论和实践问题，探讨社会流行病学的相关概念和观点，明确社会流行病学在中国的应用范围和关注重点，探索中国社会流行病学的发展趋势及多学科合作模式。此外，通过专家研讨和实际应用，课题组深入研究了社会流行病学在中国的应用范围（社会流行病学在哪些公共健康问题研究中有用武之地）、应用方式（社会学、流行病学等学科的哪些观点、理论、方法可能用于及如何用于解决中国的实际健康问题）及应用效果（评估社会流行病学在研究公共健康问题中有何独特作用）。

社会流行病学主要是采用流行病学手段研究人群健康状态和社会因素关系的一门侧重研究"原因"的流行病学分支，它旨在探索社会结构中人际关系在疾病流行中的作用。运用社会流行病学的理论和方法，可对与疾病/健康密切相关的社会行为等现象作出深入、中肯的分析。社会流行病学的主要理论之一是生态社会理论及多水平框架，其实质是依据某一标准或尺度研究社会差异或不平等现象，该理论观点可用于描述和分析不同人群、亚人群的社会特征和健康状况，强调多水平因素间的联系，为疾病病因及影响因素的研究拓宽视野。通过系统学习和实践，课题组认为可充分应用本理论的优势和长处，深入探索和分析影响人群健康重大疾病的病因及影响因素，如高血压等慢性病。

本课题梳理的另一重要观点是社会网络理论和分析方法。社会网络是以个人为中心的社会关系网以及这些社会关系相互联系的特征，其包含人和社会关系两个基本要素。目前，社会网络的研究存在很多分支，其中最重要的是运用社会网络分析方法测量人群之间关系的结构、密度及质量，分析社会网络和社会支持。该方法是社会流行病学研究最具有特色的方法之一。通过研究和实际应用，课题组认为该方法特别适用于在我国分析不同人群在某些重大传染病中的流行趋势和特征，例如艾滋病。课题组成员就将此理论和研究方法运用到了生殖健康、艾滋病预防等研究中，以新颖的视角发表了多篇学术论文，并积极申报了国家自然科学基金和社会科学基金项目。

通过本课题的开展，课题组首先在《中华流行病学杂志》上发表了我国第一篇该学术领域的奠基性论文，另外在其他国内学术刊物上发表理论研究论文 2 篇，应用性研究论文 1 篇，并被特邀为教育部待出版教材撰写章节。最终产出的论文集填补了国内全面介绍社会流行病学的空白，具有较高的学术价值。此外，基于本研究成果，应用社会流行病学理论与方法，课题组开创了一个新的研究领域，为后续项目的申请奠定了良好的基础。

中国的医药卫生体制改革关系着中国 13 亿人民的福祉。酝酿多时之后，新一轮医改方案终于在 2009 年 4 月面世。这个方案寄托着亿万人民的希望，也承载了很多不切实际的幻想。现在，从政府到民间终于达成了一个共识：深化中国的医改是一个长期渐进的过程，不可能一蹴而就。医改方案提出了我国医药卫生体制改革的中长期规划，而这个宏伟目标的实现任重道远。中国的人口多、沉积的问题大，注定了医改不可能是"速效救心丸",只能逐步推进,这样就为社会流行病学研究带来了新的机遇。

社会流行病学作为一门新的流行病学分支,虽然在概念、理论、方法、运用等方面尚不完善,但在以下研究方向中可能有所突破:(1)探索新因素。目前许多研究仅能说明已知危险因素和健康结局间在统计学上相关。已知危险因素往往是一个抽象概念,或是一组相互关联的因素所产生的综合效应。把"独立"因素或其他尚未充分研究的因素从因素网中剥离出来,是今后社会流行病学的一个研究方向。(2)空间研究。有关空间对人群健康的影响目前最缺乏理论。"空间"是个复杂概念,需要界定清楚,才能测量空间中的暴露因素。在环境暴露影响研究的基础上,社会流行病学有望拓展空间研究的深度和广度。(3)多水平研究。通过加强人群水平的生态学研究,考虑整合个体水平的研究结果,逐步形成多水平的研究框架和模式。(4)国际健康研究。目前很少有研究针对全球/国际大环境对人类健康的影响。社会流行病学既可以研究健康的社会影响因素,也可以研究这些因素在多大程度上依赖于国际大环境。除了生态学研究外,跨国的系统调查和队列研究也有助于社会流行病学在国际健康研究中发挥积极作用。(5)健康保健研究。健康保健是一个影响健康的潜在社会因素,其影响随不同的健康问题而异。已有的研究至多提示良好的医疗保健对促进健康有积极作用。社会流行病学有望回答健康保健影响健康的具体机制。(6)政策与健康关系研究。流行病学很少涉及社会经济政策与健康关系的研究。社会流行病学通过提供人群健康相关资料,可进一步说明纯社会科学所观察到的政策因素与健康的关系。

三、研究成果的学术价值、应用价值及社会影响和效益

该课题以求新务实的态度对已有成果进行消化吸收，结合我国实际，取得了一些有中国特色的成果，积极推动更多社会流行病学的理论研究和实践应用。

形成了国内第一本本土化的社会流行病学理论专著的雏形。该专著内容涉及社会流行病学的总论、社会流行病学相关重要概念、社会流行病学理论基础和理论框架、社会流行病学方法学以及社会流行病学的案例研究等，在一定程度上填补了我国社会流行病学理论研究的空缺。

形成了一个稳定的社会流行病学研究方向。通过该项目的执行，本机构科研教学人员在学术理论和学术方法上都得到了足够的锻炼。目前，以本机构的科研人员为主，逐渐在公共卫生研究领域推广和应用社会流行病学的方法和理论。利用研究人员所在的大学教学机构，在研究生中开设选修课程，促进本学科方向的继续建设和发展。

建立了一支社会流行病学学术队伍。以本课题三个学习研究小组为基础，通过长时间的学习交流和探索，一批志同道合的研究者（包含中青年教师、研究生）对此学科产生了浓厚的兴趣，逐渐形成了一个以社会流行病学为中心的学科团队。这些星星之火有望为社会流行病学这一新兴学科在卫生领域发扬光大作出应有的贡献。

在研究方法上，课题组超越以往独立研究为主、或偏重于流行病学研究、缺乏社会学研究的现状，开始了社会流行病学的多学科合作研究。这些社会学理论和方法的创新性应用也将极大地促进该学科的发展，有望继续探索形成一个独特的研究方法。

　　本课题应用社会流行病学理论开展的案例研究，运用社会网络理论和分析方法，在全国范围内首次提出了"农民工不是艾滋病高危人群"的学术观点，该观点被国务院防治艾滋病领导小组办公室（SCAWCO）采纳，IHDS 被遴选为国家级流动人口的艾滋防治和 SRHR 资源中心。同时，"中国青年报"等国家级报刊集中进行了全面报道，具有较高学术价值和积极的社会影响。

课题名称：社会流行病学的理论、方法及其应用研究
课题负责人：张开宁
所在单位：昆明医学院
主要参加人：李　俊　严朝芳　邓　睿　贾贤杰　张　桔
结项时间：2009 年 6 月 2 日

法　学

中国—东盟建立自由贸易区进程中的
"金三角"毒品经济转型研究

一、课题研究的目的和意义

本课题主要对在中国—东盟建立自由贸易区进程中的"金三角"毒品经济转型与跨区域合作的现状开展调查研究，找出其中存在的问题和困难，提出相关可行的对策和建议。

世界最大毒源地之一的"金三角"处于澜沧江—湄公河次区域的腹地，毒品生产以及由此而导致的局势动荡使其日益贫困化、边缘化，加大了合作开发的难度；毒品经济具有流动性、隐蔽性等特点，如不及早采取有效的措施进行遏制，伴随着区域内交通、通信、旅游、商贸、金融、市场的沟通和发展，人流、物流、信息流的快速运动，将会出现更大范围、更大规模的毒品泛滥，给该区域的经济社会发展带来更大的负面影响。

长期的禁毒斗争实践，使"金三角"地区及周边各国深刻认识到，仅靠一国之力，难以从根本上铲除已存在100多年的"金三角"的毒品问题。"罂粟替代种植"，这一被联合国称为"全球禁毒史上一大创举"的做法，已经成为中国与其亚洲邻国开展禁毒合作的一个重要内容。面对严峻的毒品形势，加强替代发展的禁毒国际合作，从根本上预防和控制毒品犯罪已成为国际社会的共同愿望和要求。中国政府十分重视禁毒国际合作，积极参与和推动境外毒源地的替代发展。

促进"金三角"地区毒品经济转型，推动我国跨区域合作，对于用和平发展的方式铲除毒源，减少毒品生产和毒品对人类的危害，对于深化中国—东盟自由贸易区进程和发展中国与东南亚国家的睦邻互信伙伴关系等，具有重要的意义和深远的影响。尤其是在新的历史背景之下，我们应该运用科学的发展观来研究该问题，要改变过去那种只把"金三角"毒品问题看做一个单纯的禁毒问题的观念。因此，将"金三角"毒品经济转型问题置于中国与周边国家跨区域合作的大背景下研究，寻求新的、更加有效的解决方案是非常重要的。通过该课题研究，我们可以提升对"金三角"毒品经济转型问题的认识。

二、研究成果的主要内容、重要观点或对策建议

（一）研究成果的主要内容

1. 中国—东盟自由贸易区的建设和境外"金三角"毒品经济转型的关系

在中国—东盟自由贸易区的建设进程中，境外"金三角"的毒品问题直接关系到中国跨区域合作、国家安全、社会稳定和经济发展等重要问题。境外"金三角"地区毒品经济转型，是中国—东盟国际禁毒合作的重要内容，有利于中国—东盟自由贸易区的建设。二者之间是一种互动、相融的关系。

2. 境外"金三角"毒品经济转型的现状、存在的问题及其原因分析

从 1998 年东南亚地区罂粟种植面积占全球罂粟种植总面积的 67%（据估计罂粟种植面积共达 157 900 公顷），到 2007 年这一比例数字降至 13%（据估计罂粟种植面积共达 29 400 公顷）。

在短短九年时间内,该地区的罂粟种植总面积大体上已减少了近81%。尽管自2003年以来,东南亚地区已不再是世界上罂粟种植面积最大的区域。但是"金三角"地区的替代种植和替代产业的发展还处于粗放阶段,仍然存在着尚未形成完善和成熟的替代经济体系,替代种植业不巩固,复种罂粟的现象时有发生,替代发展风险大,成本高,罂粟替代种植成功率较低,效益不高,规模不大,缅甸农民缺乏替代种植的技术、资金、种子、农药和生产资料,替代经济产品的市场化程度低,产品销售、收购难等问题与困难,尤其在替代经济管理方面存在以下问题:一是次区域禁毒国际合作机制不健全,合作程度不高;二是缺乏统一的规划管理;三是替代经济项目申报程序复杂,难以适应替代经济的发展;四是产品入境手续费过高,运距长,加大了生产成本;五是缺乏必要的资金,推动做大种植项目;六是发展替代经济的政策不完善,缺乏灵活性,缺乏有序的法规制度,给企业具体操作带来困难。造成以上问题的主要原因有:一是对替代经济的长期性、艰巨性和复杂性认识不足;二是境外国家复杂的政治因素,给替代经济的发展造成一定的阻力;三是替代经济与替代发展的合作受到东盟地区国际关系方面各种不确定因素的制约;四是本区域各国均为发展中国家,各国都面临自身发展经济的难题;五是澜沧江—湄公河水及水能资源的开发利用矛盾尖锐,影响"金三角"地区替代种植业的发展与资源管理;六是经济全球化给"金三角"地区替代经济的发展带来巨大压力和挑战。

3. 中国—东盟自由贸易区建设进程中的"金三角"毒品经济转型模式,即发展替代经济和替代发展

毒品经济,是一种地下经济或违法经济,具有社会性、破坏性等特性。曾经是"金三角"地区的主要经济支柱,是"金三角"地区地方民族武装势力的主要财政来源和广大烟民生活的唯一经济来源,具有根深蒂固的基础和传统。

替代经济，具有合法性、对毒品经济的替代性及对合法经济的诱导性、比较效益性、经济合作性、综合性、系统性和周期性等特性。它是遏制毒品经济，发展"金三角"地区国民经济，改善该地区人民生活水平的根本措施。

替代经济的发展将促进该地区经济与社会的全面替代发展，使当地政府和群众主动参与到禁种罂粟和发展替代经济的活动中来，通过合法的能够解决毒品种植区人民生活的手段替代毒品的种植、生产、加工与制造，促进罂粟种植区的经济社会文化结构向健康社会转型，促进经济的可持续发展和社会的全面进步，从根本上解决毒品种植、走私问题。

4. 中国、云南促进境外"金三角"毒品经济转型的实施对策和保障措施

主要结合构建中国—东盟自由贸易区和云南"国际大通道"建设战略，围绕着如何维护国家安全、加快边疆经济发展和减少"金三角"地区毒品危害提出替代经济发展对策和建议以及相关法规、政策与机制等方面的保障措施。

（二）研究成果的重要观点或对策建议

1. 实行毒品经济转型是解决"金三角"地区毒品问题的根本对策

解决"金三角"地区毒品问题的根本对策在于遏制毒品经济，发展替代经济，以替代经济取代毒品经济。

2. 把实行"金三角"地区毒品经济转型纳入中国—东盟和澜沧江—湄公河次区域经济合作战略之中

替代经济的发展将促进中国与东盟两大市场的融合，而中国与东盟两大市场的融合又将促进次区域替代经济的发展。发展"金三角"地区的替代种植、替代产业，可以使该地区形成一个崭新的良性发展的格局，可以使次区域由过去的边缘地带变为前沿地带。

3. 实施"金三角"地区毒品经济转型需完善国际合作机制

一是要建立健全"金三角"地区毒品替代经济宏观管理的国际合作体制和机制。（1）建立替代经济管理的国际合作协调机构；（2）健全中国—东盟与次区域国家发展替代经济的国际合作协调机制。二是要建立健全"金三角"地区替代经济的国际融资体制。（1）引入与亚洲开发银行和其他国际基金组织的合作机制；（2）利用联合国及其他国际基金，吸引其他基金机构及私人的投资援助。

4. 制定与完善替代经济发展战略规划，明确发展目标

一是要制定中缅、中老开展替代种植、发展替代产业的规划，在双边中央政府签署的"替代发展合作协议"框架下完善替代产业发展规划。二是与缅老沿边的云南省六州（市）要积极地与缅甸、老挝北部边境地方政府商签上述内容的地方合作协议，切实做好开展替代种植、发展替代产业的计划。三是继续支持鼓励企业做好替代发展规划。四是制定中国云南澜沧江—湄公河流域实施"双重替代"战略的规划、方案、步骤和措施。

5. 完善我国支持境外替代经济发展的政策机制

一是完善发展境外替代经济管理的法规。二是完善扶持境外发展替代产业企业的财政政策。三是从国家战略层面，完善对境外毒品替代经济进行政策性金融扶持的一系列配套政策。四是推行替代经济产业化、国际化和市场化机制的相关政策，推进综合发展，形成全面的替代发展格局。

6. 注重发展当地交通、通信与能源，为替代种植的发展提供良好的基础条件

基础设施建设也是替代发展的重要内容，它不仅对改变"金三角"地区的经济结构和生产能力、取缔毒品经济有重要的保障作用，对该地区文化教育的发展和落后传统习俗的改变有极大的促进作用。因此，必须改善该地区的基础设施，加强该地区

的交通、通信、能源建设。

7. 切实加强替代经济管理

一是要进一步建立健全领导机构，完善替代种植协调管理机制。二是全面执行《云南省境外罂粟替代种植发展管理促进办法（试行）》，加强对在境外实施替代发展的企业的资质审核。三是发挥国家、省、州（市）、县四级替代种植管理协调机构的作用。四是建立境外罂粟替代种植发展管理信息体系。五是进一步完善替代种植项目返销产品进口计划申报执行的公示制度和监控制度。

8. 加强示范，建立健全服务体系

一是发挥替代发展项目的示范作用，加快境外罂粟替代种植发展。二是建立切合实际、坚强有力、运作高效的服务体系，确保境外罂粟替代种植和替代产业的"可持续"发展。第一，建立境外罂粟替代种植发展技术、信息咨询服务体系，建立替代经济专家咨询委员会，为企业开展境外罂粟替代种植和发展替代产业提供技术咨询、信息服务和立项论证服务；第二，完善替代项目技术指导体系，指导企业和农户实施好替代发展项目，提高替代项目的科学技术含量；第三，建立境外替代经济发展信息网站，为替代种植企业提供有关管理法规、政策、行业发展状况、企业经验、管理理论与经济理论等信息以及各类替代经济技术信息。

三、研究成果的学术价值、应用价值及社会影响和效益

（一）研究成果的学术价值

（1）完善了区域发展的战略理论：一是区域发展战略包括区域经济合作与发展战略、区域安全战略和区域国际禁毒战略；二是这三个战略互相促进，相辅相成，构成区域发展的整体战略。

（2）填补了区域经济理论的空白，提出了毒品经济、毒品

经济转型和替代经济理论的主要概念和较为系统的替代经济发展路径与措施。

（3）深化了解决毒品问题的根本对策理论，弥补了目前禁毒学理论的不足。提出毒品问题的实质是社会经济问题与社会发展问题，要解决一个地区的毒品问题，肃清毒源的危害，必须从经济发展上寻求根本的出路，全面实施替代经济与替代发展。

（二）研究成果的应用价值及社会影响和效益

（1）研究成果对根本上解决"金三角"地区毒源对中国及国际社会的危害、促进"金三角"地区毒品经济转型具有直接的指导意义，对"金三角"地区各国全面实施禁种罂粟，推行替代经济与替代发展提供了可操作性的对策措施。

（2）研究成果对推动中国—东盟自由贸易区及澜沧江—湄公河次区域经济合作与地区安全、国际禁毒合作具有切实的政策依据和理论支撑作用。

（3）研究成果能够为云南省各级政府决策机关在加大云南—东南亚大通道建设、扩大对外开放和发展对外经济合作方面提供科学决策的依据，并在扫清构建"中国—东盟自由贸易区"中的非传统安全领域的障碍，稳定我国西南边陲，调整云南经济产业结构，促进云南境内外双方区域经济发展、加强境外禁毒合作、促进西部大开发等方面发挥积极的参考作用。

课题名称：中国—东盟建立自由贸易区进程中的"金三角"
　　　　　毒品经济转型研究
课题负责人：杨丽君
所在单位：云南警官学院
主要参加人：张文东　陈鸿雁　张义平　孙斌昌　沈世斌
　　　　　　冷宁　李光懿　郑云生
结项时间：2008 年 11 月 25 日

云南非公有制经济发展中的法律问题研究

一、课题研究的目的和意义

云南非公有制经济的发展，是近年在我省引起高度重视的一个发展战略问题。本课题认为：非公有制经济是较为适合云南省现阶段生产力发展水平，极具活力的经济成分，也是加快云南省生产力发展的需要。要使云南省的经济社会快速健康和谐发展，让一切创造源泉充分涌动，培育新的经济增长点、调整并改善经济结构，提高开放水平、增加就业岗位等，这需要我们从法律上为非公有制经济提供良好的法律制度保障。本课题针对云南非公有制经济发展中的制约与保障问题进行了深入的法律研究，如对云南非公有制经济发展的法治环境进行的全面深刻的分析；对云南非公有制企业具体的设立、经营行为、技术创新、信用担保、创业投资等法律问题均进行了系统的探索性研究，提出了进行地方立法的意见与建议；对非公有制经济发展中的基本问题的法律范畴的确定与构建具有建设性。因此，我们对云南非公有制经济发展中法律问题的系统研究，对促进、加快我省非公有制经济的发展，完善其相应的法律制度，填补经济法理论研究中的不足与缺陷有积极的理论价值与现实意义。

二、研究成果的主要内容、重要观点或 对策建议

云南非公有制经济法律问题的研究，为云南省非公有制经济的快速健康发展，提供符合其发展规律的制度框架。本课题从云南省社会经济发展的客观现实出发，对非公有制经济发展中的一般过程与特殊问题进行法律上的深入分析，即我国现行法律制度所提供的制度资源有哪些，我们可以运用的范围有多大；我们将针对云南的社会经济发展实际，研究非公有制经济的法制需求是什么；我们还需要补充完善哪些法律制度。我们这一课题研究的主要内容为：

（一）云南非公有制经济发展的现状

云南改革开放所面临的新环境与新挑战，要求我们为社会全面发展搭建经济平台，并为经济快速发展做好应对准备。在"十五"期间，非公经济在推动云南经济增长、增加就业、增加税收、增加居民收入、扩大消费市场、改善人民生活等方面，发挥着越来越重要的作用，其表现在：第一，非公有制经济已成为支撑市县经济的主体。第二，各类非公有制企业活力增强。第三，非公有制经济规模不断壮大，不仅使我省国民经济自主发展能力明显增强，也给全省经济带来较大活力，有力地推动了全省经济的快速发展。

但云南目前从社会经济发展的整体上看，仍处于社会主义初级阶段低层次，生产力水平处在工业化初期向工业化中期过渡阶段；经济结构不合理，非公有制经济占的比重小、发展不充分，经济发展缺乏活力；投融资机制不活，民间投资增长缓慢等制约经济社会发展的深层次矛盾依然突出。因此，我们仍需把大力发

展个体、私营等非公有制经济作为云南省国民经济发展的重要增长点。

（二）云南非公有制经济发展与法制互动

首先，云南非公有制经济发展中应具有的法治理念。其次，应真正确立与保障非公有制经济的法律地位。再次，构建云南非公有制经济发展的法律框架。

（三）云南非公有制经济发展的法治环境分析

云南非公经济的发展，从改革开放至今，其中起伏曲折，波浪前进。从纵向上看，它有发展但力度不够；从横向上看，尤其是与全国其他地区相比仍有严重滞后之嫌。究其原因，除思想解放程度不够、产业结构不合理、政策法律不配套等因素外，一个重要的制约因素就是非公经济发展中的合法权益得不到切实的保护，宪法和法律所赋予他们的基本权利受到来自各方面的蚕食侵害，致使非公经济主体在政治上、经济上和社会生活方面无法享有与国有企业、集体企业平等的权利。因此，优化云南省非公有制经济发展的法治环境在目前就显得尤为重要。我们认为云南省非公经济法治环境的打造，主要应围绕：（1）法律地位明确化；（2）经营环境的法治化；（3）商业信用的法治化；（4）政策环境的法治化。

（四）非公有制企业设立中的法律问题

我们认为，要改善云南省非公有制企业设立的法律环境，必须做好以下几个方面的工作：（1）对现行的关于非公有制企业的规范性文件进行清理、汇编、编纂。（2）深入研究国家相关法律法规和云南省的实际情况，使关于非公有制企业设立的规范性文件更具有操作性。（3）提升关于非公有制企业设立的规范性文件的效力层次，树立必要的权威。（4）扎实开展法治本位教育，清除我省行政执法人员的"崇洋"和"官本位"思想。（5）切实提升非公有制企业设立行政立法、执法透明度。（6）加强非公有制企业设立行政执法人员的培训，提高其业务能力和执法水平。

（五）非公有制经济主体经营行为的法律规制

企业的一切经营活动必须严格按照国家的法律法规和标准，进行规范和约束。要切实做到知法、懂法、守法，严格依法管理、依法经营，杜绝有法不依、违法经营的现象；为规范市场行为、净化流通环境、开展公平竞争创造良好的条件。针对以上所讲的违法经营行为，我们应该从以下几个方面来对非公企业的经营行为进行规制：从宏观法制环境来说，应该清理法规，促进非公有制经济的发展；我省政府应该积极制定和实施非公有制经济发展的相关政策，以促进我省非公企业的发展；彻底贯彻诚实信用的法律原则；加大对不正当竞争行为的惩罚力度；从消费者的角度对经营行为进行规制；从产品质量上来对经营行为进行规制；对偷税漏税行为的处罚；企业要加强与工商、质监、物价、卫生等政府部门的配合，严格按照国家法律、法规和规定的标准，自觉接受执法监督，要广泛发动新闻媒体舆论监督的作用，对企业促销活动中的违法行为予以揭露和曝光。

（六）非公有制企业技术创新的法律对策研究

目前我省非公有制企业技术创新也存在明显的不足，为此，我省在对非公有制企业技术创新建立全方位社会支撑体系时，其支撑体系中的法制因素至关重要，法制是社会体系中具有稳定性、明确性的规范体系，有了法律的保障，企业技术创新才会有一种稳定的预期，非公有制企业技术创新的机制也才能真正的良性运行起来。具体为：（1）建立健全我省非公有制企业技术创新的法律保护体系。（2）模仿创新要坚持合法性。（3）加强对我省非公有制企业技术自主创新的保护。（4）把专利作为保护非公有制企业技术创新的法律手段。（5）形成有利于云南非公有制企业技术创新的知识产权法制环境。

技术创新既需要利益机制的刺激，更需要营造有利于技术创新的知识产权法制环境和氛围。技术创新的知识产权法制环境建设是一个庞大的法治系统工程，它需要企业、政府、社会的共同努力。通过知识产权法制环境建设，弘扬其创新精神，激励人们去创新，有效保障人们创新的知识产权成果。

（七）非公有制企业信用担保的法律机制研究

建立和完善非公有制企业信用担保体系是一个系统工程，需要政府、企业、银行和信用担保机构和社会中介机构多方的努力，尤其需要政府的引导和支持。我们认为，解决云南省非公有制企业信用担保问题的法律途径：（1）制定和完善有关法律法规。如制定《云南省非公有制企业信用担保管理暂行办法》、《云南省信用征信管理办法》等地方法规，使担保业切实做到有法可依、规范发展。（2）政府应该对担保体系给予必要的引导和支持。建议成立云南省非公有制企业局主管、统筹、协调云南省促进非公有制企业发展工作。（3）大力推进商业性担保机构的建立。（4）鼓励建立民间信用互助担保机构。政府应鼓励民间互助担保机构的建立。（5）促进银行和担保企业协作。应促进商业银行与担保公司建立共担风险的协作关系。在对非公有制企业贷款中，一旦出现企业不能偿付的情况，担保机构和银行按比例共同承担损失。（6）建立和完善企业非公有制信用体系。目前的社会信用体系不足以为银行提供准确的企业信用报告，使非公有制企业融资成本增加，融资难问题加剧。建议积极探索建立和完善云南省企业信用体系，包括信用记录、信用征信、信用评介和信用担保等信息。（7）建立风险补偿和准备金制度。我国非公有制企业信用担保业务开展几年来，相当一部分地区担保业务发展停滞，风险补偿不到位是一个重要原因。因此，建立担保机构的风险补偿机制非常有必要。

（八）非公有制企业创业投资的法律问题研究

创业投资是一种独特的投资模式，是高风险、高回报、高规模专业化的投资。创业投资企业进行投资的方式有三种：一是直接投资获得被投资企业的股权。二是提供贷款或银行贷款担保。三是提供一部分贷款或担保资金同时投入一部分风险资本购买被投资企业的股权。云南省应在地方立法方面即在立法权限范围内，力所能及地给非公有制企业参与创业投资创造一个较好的法制环境。包括：（1）制定相应的地方性法规，鼓励非公有制企业参与成立创业投资机构。云南省应该健全这方面的法规规章，制定《创业投资企业投资办法》、《创业投资企业资本退出办法》、《创业投资被投资企业经营指导意见》，等等，使创业投资企业在云南不仅能够灵活的使用多种投资方式向云南省的非公有制企业投资，而且可以自由合法的退出被投资企业。（2）吸引外地的创业投资企业对本地的非公有制企业进行投资。吸引越来越多的创业投资企业来滇投资，从而促进非公有制企业的发展，同时也有利于本地非公有制创业投资企业的产生和发展。（3）健全有关促进非公有制高科技企业发展的地方性立法体系，从而促进非公有制创业投资产业在云南省的发展。创业投资企业主要投资高新技术企业，高新技术企业也最有利于创业投资企业的发展。因此，为发展非公有制的高新技术企业提供地方法规规章等规范性文件的支持其实是为推动非公有制创业投资企业的发展提供支持。

在研究方法上，我们运用了结构分析法、比较分析法、微观分析法、社会调查法等研究方法进行多角度、多层次的研究。为云南省非公有制经济发展的基础理论研究、为经济法学的基础研究寻找一条系统全面的路径。我们在研究内容上力争达到科学性、系统性和独创性的统一，体现出跨学科的综合特点。

三、研究成果的学术价值和应用价值及社会影响和效益

非公有制经济的发展作为制约云南省经济社会发展的深层次问题之一，它是云南社会经济整体发展中的重大理论与实践问题。云南目前仍处于社会主义初级阶段低层次，生产力水平处在工业化初期向工业化中期过渡阶段；经济结构不合理，非公有制经济发展不充分，比重小，经济发展缺乏活力；投融资机制不活，民间投资增长缓慢等制约经济社会发展的深层次矛盾依然突出。要使我省非公有制经济快速健康发展，让一切创造源泉充分涌动，培育新的经济增长点、调整并改善经济结构，提高开放水平、增加就业岗位等，这需要我们从法律上为非公有制经济提供良好的制度保障，即对非公有制经济的法律地位；非公有制企业设立中的法律规制；行政执法的公开化与规范化；非公有制经济主体经营行为的法律规范；非公有制企业技术创新、信用担保、创业投资等法律机制的建立与完善等，在理论上说深说透，在法律上构建一个规范与保障的体系。我们认为，没有一个保障非公有制经济健康稳定发展的法律环境，就没有非公经济的大发展；没有非公有制经济的大发展，就没有云南经济的大发展，云南经济就缺乏生机与活力。

课题名称：云南非公有制经济发展中的法律问题研究
课题负责人：耿　明
所在单位：云南民族大学
主要参加人：李红武　潘素梅　陈明圆　孙　烨
结项时间：2009 年 1 月 4 日

其他

中国少数民族档案编纂学概要

一、课题研究的目的和意义

本课题严格按照项目申请书的设计要求，认真开展研究工作。充分采用和吸收了民族史料学、民族文献学、民族古籍学以及档案文献编纂学等方面的研究成果和学术观点，重点参考了《档案开发与利用教程》（刘耿生编著）、《民族古籍学》（乌谷著）和《档案编研概论》（国家档案局编）等书中论述的有关内容和方法，以及在论文集、学术刊物、网络上发表的一些文章，并详细调查了满、蒙古、回、藏、彝、白、纳西、傣、壮、瑶、羌、撒拉等民族的档案史料编纂历史、现状、近况及其所取得的成就；通过对少数民族档案史料这一珍贵民族文化遗产的初步调查和摸底，对边疆民族地区少数民族档案史料编纂经验的总结和理论概括，对少数民族档案史料编研成果的研究和评介，达到初步构建"中国少数民族档案编纂学"这一民族档案学的分支学科，并在档案学硕士、博士学位点开设"中国少数民族档案编纂理论与实践"课程的预期目标。其研究成果可以为地方史、边疆史、民族史的研究提供档案资料方面的指南，并推动社会各界提高对少数民族档案编研利用工作重要性的认识，具有较强的现实意义。

我国少数民族档案史料编纂活动源远流长，数千年来积累了丰富的实践经验和编纂成果。除二十四史中的《西南夷列传》、《蛮夷传》、《土司传》等都是民族档案史料的专篇外，还有各史书的本纪、列传和地理志亦分别有民族档案史料散见其间。30年来，新中国成立后，特别是改革开放30年来，各级各类档案馆和民族、文化、科教部门加强了少数民族档案史料编译工作，取得了一批令人瞩目的成果。但迄今尚未编出一部宏观论述中国少数民族档案史料编纂学的著作，专门论述某个民族档案史料编纂公布的专著也尚未见到，对少数民族档案文献编纂工作的现代化研究更是一项空白。因此，该课题不仅是一项具有原创性的选题，也是一项填补学术缺憾的工作。

二、研究成果的主要内容、重要观点或创新之处

（一）主要内容

在明确什么是史料、档案史料、少数民族档案史料、少数民族档案编纂公布工作、少数民族档案编研利用工作、民族档案史料编纂学等概念的基础上，探讨了史料、档案史料、少数民族档案史料的种类、内容以及它们之间的关系，回顾了我国民族档案史料编纂的历史、现状、近况及其所取得的成就，阐述了民族档案史料编纂工作的方法与技术、译注与出版，并对从古至今我国满、藏、彝、白、纳西、傣、蒙古、回、壮、瑶、羌、撒拉等少数民族档案史料编纂公布的实践经验及其重要编研成果作了概括性总结和介绍，此外还探讨了少数民族档案文献数据库的建设问题。

书稿共分12章33节，约28万字。

第一章少数民族档案史料。阐明了史料的四大种类，即书籍、文件、实物、口碑；叙述了档案史料的两大种类，即口碑档

案、文字档案（文物档案、纸质档案）；分析了史料与档案的关系；概述了少数民族档案史料的五大种类，即少数民族口述档案、少数民族原始记事档案、少数民族金石档案、少数民族贝叶档案、少数民族古文字档案；评述了几种有代表性的云南少数民族档案史料。

第二章少数民族档案史料编研。简述了少数民族历史档案编研的内容、类型、方法等问题。

第三章少数民族档案史料编纂的历史与现状。简要回顾了我国古代、近代、现代、当代少数民族档案史料编纂的优良传统、历史现状及其所取得的巨大成就，并专门略述了云南少数民族档案编纂的历史发展过程。

第四章少数民族档案史料编纂的方法与技术。具体阐述了民族档案史料的选题、查找、选材、转录、点校、标题、编排等一系列重要的编纂环节，探讨了少数民族档案编研的方式方法以及网络环境下民族档案文献专题数据库的建设等问题。

第五章少数民族档案史料的译注与出版。论述了少数民族文字档案译注与出版的内容、意义和方式；刍议了我国少数民族历史档案翻译工作的回顾和现状、存在的问题和困难以及对今后的展望；探讨了少数民族文字历史档案译注的方法论和文献档案、金石档案、口述档案、原始记事档案的出版以及民族档案信息的网络出版问题。

第六章满族档案史料的编纂与公布。论述了明清两朝、民国时期、新中国成立以来满清档案史料编纂的历史、现状、近况及成就，重点介绍了一史馆编纂清代档案，服务清史工程所作的突出贡献。

第七章藏族档案史料的编纂与出版。论述了古代藏汉族对藏汉文文献的编译、现代国内外对藏族档案文献编研的现状、近况及成就，并对近年来出版的重要藏族档案文献汇编作了介绍。

第八章彝族档案史料的编纂与出版。分别论述了古代、当代对西南彝文档案文献的编译出版；古代、目前对西南汉文彝族档案史料的编研利用。重点介绍了新中国成立以来云贵川三省在收集、整理和研究彝族档案史料方面取得的可喜成绩。

第九章白族、纳西族档案史料的编纂与出版。论述了白族在白文档案文献、碑刻、民间文学、音乐、舞蹈、绘画、雕塑等方面取得的编研成果；纳西族在东巴经典大破译、丽江木氏土司史料文献编纂方面作出的贡献。

第十章傣族档案史料的编纂与出版。论述了解放前后傣文古籍、傣文贝叶经、傣文文书、傣文官印和金石铭文的译注出版以及汉文傣族档案史料的编纂与公布。

第十一章蒙古族、回族档案史料的编纂与出版。论述了元明清、民国和新中国成立后蒙古族档案史料的编纂出版；元明清时期回族档案史料的编纂、新时期回族档案史料的汇编、云南在回族金石档案、谱牒档案、印章档案等史料的编纂方面取得的重大突破和进展。

第十二章壮族、瑶族、羌族、撒拉族档案史料的编纂。论述了新中国成立后壮族档案史料编纂取得的突破性进展和重要成果；瑶族石刻档案和史料文献的编纂；羌族档案史料编研的概况；明清、民国和新中国成立后撒拉族档案史料编纂所取得的丰富成果。

（二）重要观点

（1）少数民族档案史料是直接记述和反映各少数民族问题和内容的各个历史时期、各种载体形式的有保存价值的原始记录。

（2）少数民族档案史料编纂开发是编纂者按照一定的选题要求，对少数民族档案信息进行选题查找、选本取材、转录点校、加工编排、公布出版，主动、广泛地向社会各方面提供民族档案信息服务的一项专门工作。

（3）民族档案史料编纂学是民族档案学的分支学科之一，它有一套完整的理论、原则和方法，有丰富的内容、多样的形式和鲜明的特点，有悠久的编纂历史和广阔的发展空间，有自己独立的学科体系和客观规律，从理论上、实践上都能自成体系地独立存在。

（4）少数民族档案编纂工作是民族档案整理的高级阶段，对于民族档案的开发和利用有着举足轻重的作用，是今后开发利用民族档案信息资源，克服在民族档案利用方面的诸多不便因素的有效途径，尤其是使民族档案的开发利用工作与建设民族文化大省（区）相结合的重要途径。编纂的实质不是从形式上对档案实体的整理，而是从内容上对档案信息的深层次加工和整理，所以属于知识信息的整理工作。开发是针对信息社会而言，围绕档案信息资源的开发推进档案文献编纂已成为新时期档案文献编纂工作的主题，过去档案文献编纂更多地停留在编史修志上，而现在档案信息要为更广大的社会公众服务。因此应充分利用现代信息技术多层次、全方位地开发档案信息资源以满足社会需求。

（5）新中国成立以来，特别是改革开放30年来，边疆民族地区档案部门在少数民族档案编研方面取得了显著成绩，公布出版了一批重要的档案编研成果，但要做的工作还很多，如何更好地编纂公布、研究利用这笔巨大的财富，为民族地区政治、经济和文化服务，为社会主义"三个文明"建设服务，是对新时期档案编研工作提出的新课题。

（6）数字化和网络化是少数民族档案编研工作现代化的主要内容，其成果形式表现为电子出版物、档案数据库、网上出版等，这对传统的编纂方式产生了巨大冲击，也促使民族档案编纂学必须不断调整和充实自己的研究领域和范围，为它的发展带来新的生机与活力。

（三）创新之处

（1）在总结前人研究成果和实践经验的基础上，以马克思主义认识论的科学理论为指导，力求在少数民族档案编纂的理论基础、原理原则方法、内容形式特征、编研成果数字化等重要问题的研究中提出新的观点。

（2）在调查研究的基础上，以党和国家的民族理论和宗教政策为指导，在充分运用档案文献编纂学原理和方法的同时，注意理论性与实践性相结合，历史性、现实性与前瞻性相结合，注意吸收民族古籍文献整理研究的手段和经验，力求从深层次上挖掘民族档案史料汇编的内在价值，使之更好地为民族问题研究提供可靠材料，探索发掘民族档案史料编纂公布的丰富思想和理念，使之更好地指导实践活动。

（3）从边疆民族地区档案史料编纂工作的实践经验出发，充分运用档案史料编纂的原理和方法，包括材料的查找、挑选、转录、加工、编排、公布、出版等编纂公布的方法，对各民族地区少数民族档案开发利用的丰富实践经验进行思想总结和理论概括，对少数民族档案编研成果进行研究和评介；分析少数民族档案文献编纂开发与信息服务的重大意义，研究新的档案史料编纂原则和方法，阐述我国少数民族档案史料编纂的历史、现状、近况、成就及发展规律，探讨信息化背景下少数民族档案编纂开发的现代化。

（4）力求以民族档案史料编纂公布的全部环节及其编研成果为研究对象，探讨如何运用创新的档案史料编纂方法和技术，有计划、有重点、有步骤地编纂开发我国丰富的少数民族档案信息资源并实现信息资源共享，以利于档案信息理论的社会传播；充分借鉴、吸收信息资源开发理论、信息服务传播理论、信息资源共享理论、现代信息技术等有关领域的技术和方法。通过广泛调查，在收集掌握大量编研成果和工作经验的基础上进行分析研究，得出结论，对少数民族档案编纂工作进行新的定位与思考。

（5）力求突破以档案馆（室）所藏档案信息为物质对象，以档案编研人员为编纂主体的狭窄范围，总结各相关部门甚至个人编纂民族档案史料的实践活动及其丰硕成果，以便为这项工作的深入开展提供一些参考和借鉴。

（6）突出了少数民族档案史料编纂工作的现代化——数字化和网络化的内容，探讨现代信息技术对传统编纂模式的巨大冲击，电子出版物、档案数据库、网站公布、网络出版的特点和优势以及网络环境下少数民族档案史料的编纂公布等新问题。

三、成果的学术价值、应用价值及
社会影响和效益

（一）学术价值

研究成果不仅能为民族档案学的学科构建增添一个新的分支学科——民族档案编纂学，而且对拓展档案文献编纂学理论与实践的特色领域，推动我国当代档案学理论的创新建设也具有学术意义。

（二）应用价值

研究成果对完善民族档案史料学的学科体系和丰富档案文献编纂学的知识结构具有特别重要的意义，对于进一步促进少数民族档案史料的编纂公布和开发利用，从理论和方法上指导当前各民族地区档案文献编研工作的开展具有实际应用价值。

（三）社会影响

从学术上看可促进广大档案工作者对民族档案编纂学的深入探讨和研究，从实践上看可引起政府和学术界对民族档案编纂工作的重视与支持，以便更好地抢救与保护许多珍贵、濒危、重点的少数民族历史档案原件，更好地提供民族档案史料服务于社会、服务于清史编纂工程；对于社会各界了解、研究和利用边疆民族地区编辑出版的少数民族档案编研成果，也将起到重要的引导作用。

课题名称：中国少数民族档案编纂学概要
课题负责人：陈子丹
所在单位：云南大学
主要参加人：杨　艺　吴　强　龙　岗　段丽波
结项时间：2008 年 10 月 28 日

云南图书馆专业人员技能素质的
现状、问题与对策研究

一、问题的提出

　　1949 年以后特别是改革开放以来，云南省的图书馆事业有了巨大发展，无论是文献资源建设、人才队伍建设，还是文献资源的开发利用和服务质量的提高都有了长足的进展。但是，同国外先进国家和国内发达省区相比，云南省的图书馆事业仍然存在许多亟待解决的问题，与我省社会经济的发展相比相对滞后，究其原因，有体制和观念的因素，也与专业队伍建设和人力资源的开发利用不能适应社会主义市场经济和全球经济一体化的新形势有着密切的关系。可以说，专业队伍建设和人力资源的开发利用是制约云南省图书馆事业发展的重要因素。从目前国内已有的文献看，研究和讨论图书馆队伍建设和专业人员技能素质培养的文献很多，但大多是在理论上从微观角度进行研究和探索，针对云南省实际，从整体上和实践角度全面探讨云南省图书馆专业人员技能素质的现状、问题及对策的文献极少；国外报刊文献也很少对云南省图书馆专业人员技能素质的现状、问题及对策进行研究。总的来说，国内外对云南省图书馆专业队伍建设和人力资源的开发利用没有系统的研究成果。本课题是对社会主义市场经济和经济全球化条件下云南省图书馆专业人员技能素质现状、问题及对策的一次初步探索，也是一次从整体和实践角度对云南省图书馆专业人员技能素质的全面、综合、系统的调查统计和分析研究，课题的研究从云南省文化事业繁荣和文化产业发展的新角度进行研究和探索，对我们准确、全面的了解云南省图书馆专业人员队伍的现状、问题具有积极作用。课题还是第一次从文化产业发展的高度对云南省图书馆事业的改革和发展问题进行研究。课题还结合高新技术的发展和云南省文化产业的建设，结合先进文化的建设与和谐社会的构建，结合社会主义市场经济和经济全球化，对今后一段时期云南省图书馆专业队伍建设和人才技能素质的培养提出相应的对策和建议。课题对促进云南省图书馆事业全面发展、促进我省文化事业的繁荣和文化产业的快速发展、建立民族文化大省和构建和谐社会主义先进文化具有积极意义。

二、发展与局限

课题组对云南省图书馆作了一个较全面的统计调查，主要从人员基本组成情况、馆领导基本情况、人员进修培训和参加研讨会及科研成果情况等方面进行了统计调查。课题组发现，云南省图书馆事业在57年的发展过程中取得了长足的发展，但面对社会经济文化的迅猛发展，云南省图书馆事业在人员素质方面仍具有历史的和客观的发展局限性。从调查中看出，当前云南省图书馆人员的基本情况并不理想。主要存在几方面的问题：

（1）从性别结构看，男女比例严重失调。在云南全省图书馆2 762名馆员中，男性馆员为906人，占总人数的32.8%；女性馆员为1 856人，占总人数的67.2%。

（2）从学历结构看，高学历层次馆员偏少。在全省图书馆2 762名馆员中，本科以上学历人数为983人，占总人数的35%，但博士研究生仅有7人，硕士研究生也仅有44人，硕、博士研究生人数只占总人数的 1.8%。

（3）从专业结构看，专业配置不尽合理。在全省图书馆 2 762 名馆员中，图书馆专业人数为 498 人，占总人数的 18%，计算机专业和外语专业人数共为 209 人，占总人数的 7%，其他专业人数为 2 055 人，占总人数的 74%。

（4）从职称结构分析看，人才层次结构不合理。具有高级职称（含正、副高职）馆员人数为 273 人，占总人数的 9.8%；中级职称人数为 1 092 人，占总人数的 39%；初职及其他为 1 397 人，占总人数的 50%。

（5）图书馆领导状况调查分析。在现任图书馆馆长（包括正、副职）305 人中，从学历方面看，具有博士学位的 5 人，具有硕士学位的 12 人，具有本科学历的 102 人，具有专科学历的 143 人，具有中专以下学历的 43 人；从专业方面看，图书馆专业的 83 人，其他专业的 221 人，计算机及外语专业 1 人；从职称方面看，有研究馆员 0 人，教授 8 人，副研究馆员 62 人，馆员 168 人，其他 9 人；从履职年限看，1～5 年的有 171 人，11～15 年的有 96 人，16～20 年的有 38 人。

（6）从科研角度看，科研能力较弱。2000—2005 年云南省图书馆馆员从事图书馆专业科研工作量统计如下：六年共完成课题 282 个，出版专著和编著图书 65 本，出版教材 39 本，发表论文 3 356 篇。

三、讨论与思考

图书馆人员素质问题是长期困扰图书馆健康向上发展的一个重要问题。问题的长期存在，有社会大环境的因素，也有人们的认识和行为意识的原因。

1. 社会公共形象淡化

由于受国家经济发展水平和国民综合素质的限制，国家对图书馆事业投入有限，劳动密集型的生产方式和落后的教育水平又制约了人们对知识的追求，从而形成了目前图书馆在国家和社会上的评价还远未能达到应有的高度，其事业价值的认可度和社会尊重程度还远远不够；尤其是在市场经济大潮之下，与经济密切相关的行业其社会和经济地位不断快速提高，而图书馆这类提供精神产品和公共服务（需要国家大力投资和社会大力关注）的事业则显得受到了冷落，以至于认为图书馆工作技术含量很低，什么人都可以胜任，可有可无，淡化了图书馆的社会公共形象。

2. 决策者认知程度的冻结

从现实情况看，由于图书馆事业在社会中的地位是支撑性的，但毕竟还不是主体，决策者将有限的人力、物力、财力投入到主体工作中，希望提高社会发展速度和市场经济健康发展的能力。因此，将相对减少对图书馆各方面的投入。对传统图书馆与现代的图书馆事业中对人的技能和素质要求没有清楚和深刻的了解，认为图书馆员的工作只不过是图书的借借还还而已，这样造成的一个结果是，对现有图书馆馆员素质的结构调整和技能培训工作重视不够。

3. 加速发展的信息技术与静态素质结构的反差

长期以来，一些单位领导对图书馆是什么？图书馆应该是什么？缺乏深刻的认识，对图书馆的重要性认识不足，对于馆员的知识结构、业务素质和能力是否适应图书馆发展的要求，馆员能否适应工作深层次信息服务的需要，以及如何完善他们的工作技能、丰富他们多方面的知识，长期缺乏思考，更缺乏完善的长远规划。忽视对人的培养提高；培训经费投入不足，致使馆员素质提高缓慢，多数馆员擅长对传统文献资料的处理与初加工，面对日新月异的信息技术则显得知识陈旧、老化，对信息工作中出现的新问题、新情况应变能力不强。

4. 制度层面的断裂

主要表现在：图书馆人员岗位和编制管理意识淡薄；图书馆

人员聘用制未能实施；图书馆人员教育和培养制度薄弱；图书馆激励机制不健全。

5. 时代的紧迫感与图书馆馆员的自闭

一方面是知识爆炸带来的文献信息剧增对图书馆传统服务观念、服务方式的挑战，另一方面是读者需求增长对图书馆传统服务观念、服务方式的挑战。传统图书馆业务活动范围长期囿于馆内，导致人员思想僵化，习惯于按部就班，墨守成规，因此不适应社会主义市场经济的深入发展。导致图书馆员普遍缺乏以创新为目标的开拓意识，使馆员更新知识结构、提升业务素质的紧迫感不强，动力不足，致使馆员知识更新、素质提升缓慢。

6. 馆员自我价值取向的错位

面对日渐实用功利化的社会现实，图书馆员面临人格重塑和角色重新定位的困顿，面对市场经济浪潮的冲击，图书馆员在物质与精神、知识与金钱的关系中，出现了价值选择的矛盾性。据有关资料统计，目前在图书馆工作的中青年干部中，有 11% 的人明确表示对图书馆工作不感兴趣，准备调离；16% 的人表示"有机会就走"，特别是近年分配的图书馆专业的毕业生有 80% 以上对图书馆工作不感兴趣；50% 的人已跳槽。一部分人心理自卑、工作倦怠、情绪焦虑。他们对图书馆职业评价从内心深处不予尊重，认为这种职业在社会上地位不高，工资低，馆内大多数工作无技术可言，无法发挥自己的才能并实现自我价值。

四、希望与进步

飞速发展的时代对图书馆馆员提出了新的要求，新时代需要高素质的图书馆员。

1. 时代发展需求与馆员素质升华

未来图书馆的发展，要求图书馆员既要具备与高科技产品相应的素质和技能，也要成为某类或几类学科博而不专，但对知识的规律性具有把握和驾驭的能力，对知识具有分类、研究、综合分析、辨伪、检索、传递等一系列专业知识和技能的图书馆工作者。

2. 公共形象与社会认知度的提升

21 世纪，是知识经济与信息社会的时代，随着社会对知识信息需求的不断增加和科学的飞速发展，知识信息日益成为现代社会重要的资源，许多重复的非创造性劳动正被创造性劳动所代替，知识的发现、创立和利用将成为新的经济增长点。知识、信息、文献在经济和社会生活中的重要性比以往任何时候都更加明晰，图书馆迎来了前所未有的发展机遇与挑战，图书馆的重要性因此更加突出。

3. 制度创新与人才再造

加快图书馆立法进程，实行行业管理的科学化、法制化建设。深化文化体制改革，建立有利于人才发展的管理、竞争、激励机制，建立科学的管理机制，充分发挥各类人才的积极性和创造性。建立职业资格证书制度和馆长任职认证制度。积极对现有人员进行继续教育，提高馆员的专业创新能力。推进行业内人才流动，积极从行业外引进图书馆急需人才。探索与国内外一流大学、科研院所合作建立图书馆人才培养基地。

4. 专家治馆与科学管理

图书馆馆长既是领导者，又是管理者，更应是懂图书馆学的专家。馆领导应该积极参与图书馆学的研究，成为图书馆业务的行家里手。在馆领导的人员结构上，馆长层由图书馆和情报学专家及计算机专家和管理人才三方面组成是比较理想的。馆长年龄层次上应注意到老、中、青的结合，馆领导要与时俱进，把握时代跳动的脉搏，遵循现代图书馆事业发展的内在发展规律，前瞻、科学、创造性地掌好图书馆前进之舵。

五、结　语

随着全球经济的发展，高素质的人才成为竞争取胜的关键。在全球复杂的竞争中求生存、求发展，急需培养和造就高质量的人才。现代图书馆理想化人才，应是具有较高的政治思想觉悟、高尚的道德品质、较高的学历和学术、业务水平；有真才实学，能实事实干；有信心、有爱心、有善心；具有较强的信息意识、竞争意识、创新意识、与时俱进意识、终身学习意识；具有应变能力、抓住机遇能力、独立获取信息能力、科研能力、沟通能力、开拓创新能力。

图书馆的工作性质需要一批人员保持相对稳定的骨干人才队伍，这支队伍的素质高，图书馆工作一定会搞得好。领导班子和骨干队伍的稳定与否与素质高低，决定着图书馆工作的水平和事业的发展。图书馆事业发展需要经费投入，需要设施设备的改善，需要有一支作风硬、业务技术精的人才队伍，更需要有思想觉悟高，理论学识水平高，领导艺术高，有远见卓识的火车头式的领导和一把手。高素质人才的培养和造就已经是当前图书馆事业健康持续发展的第一要素。

课题名称：云南图书馆专业人员技能素质的现状、问题与对策研究

课题负责人：马武仙

所在单位：云南财经大学

主要参加人：胡　刚　李彦华　陆为群　张友双　钱　凤
　　　　　　王　梅　陆升华　龙燕春　杨　清　王　怡
　　　　　　黄金光

结项时间：2008 年 10 月 29 日

突发公共事件中政府的舆论
引导策略研究

一、课题研究的目的和意义

2003 年以"非典"爆发为起点，我国应急管理体系正式纳入政府公共管理的范畴，经过五年来的不断推动和完善，应急管理在政府公共管理各个领域发挥着越来越重要的作用。本课题是以应急管理理论为中心，结合新闻传播学、舆论学、管理学、宣传学等多学科的理论和实践，强调跨学科的运用和实践，使政府管理者在复杂的公共突发事件中找准自身的定位，合理地在公众、媒体（舆论）关系中保持整个管理系统的稳定，努力应用舆论和媒体的力量，组织、动员全社会来共同应对危机的挑战。从这个意义上说，本课题将力争为应急管理理论研究者提供实践例证，为政府管理者提供突发事件实践操作指南，为应急管理理论的跨学科、跨领域研究提供新的视角，从而化危为机，更好地科学执政、民主执政，提高政治文明。

二、研究成果的内容、方法、创新

在本研究报告重点对现代大众传媒时代政府在处理突发公共事件中如何正确处理与媒体的关系、如何引导新闻舆论进行研究，并结合云南近年来发生的一系列突发公共事件的实际处理的实践过程，归纳政府和新闻部门的舆论引导操作办法，在如何组织突发公共事件新闻发布会、如何引导公众舆论的组织、总结出带规律性的问题并结合案例进行点评，为政府在今后处理各类突发事件提供参考和帮助。

研究报告分为九章：（1）导论；（2）突发公共事件；（3）突发公共事件中政府的媒体观念；（4）政府领导人在突发公共事件中的舆论引导策略；（5）突发公共事件中舆论引导实务；（6）突发公共事件的政府新闻发言人；（7）突发公共事件的政府新闻发布会；（8）学会应对新闻炒作；（9）突发公共事件中政府形象的塑造和修复。

创新点：一是提出政府在社会转型期、全球化及大众传媒时代政府领导人应该具备新的媒体观念。政府对传统意义上的"媒体"、"新闻"、"记者"在这个大背景下的新的语境和观点，提出了重视媒体、借助媒体、引导媒体和善待媒体的思维方式。二是提出了政府在大众传媒时代的政府处理突发公共事件的舆论引导策略，提出舆论引导的"选择性"、"兼容性"以及新闻舆论引导"前置"等一系列引导策略，分析了目前在政府部门中常见的媒体应对及错误和问题，提出了改进的意见和对策。三是根据工作实践和近五年来云南发生的突发公共事件的案例，总结和提炼了在危机事件发生后政府新闻发布的机制、体制和工作方法。四是提出了应对新闻炒作的方法，剖析了新闻炒作的实质和特点，为政府领导人提供应对新闻炒作的基本思路和工作方法。

三、研究成果的主要内容和观点

1. "危机"的属性，是事件还是状态

把危机定义为一种"状态"，比定义为一个"事件"更能反映危机的本质。这是一个涉及危机定位的根本性问题，如果把危机定义成为一个（或多个）事件，那么危机处置的关键内容就可能限定在事件的应对和冲突的调节，反之，如果把危机定义为一种状态，相应的危机处理将被明确为状态的修复和系统的重建。但危机往往表现为一定的突发事件，所以，透过事件现象看本质，我们就可以清晰地看到，处理完事件本身，并没有达到处理的全部目的，而是举一反三，找到发生这一突发事件背后的真正原因：政府的管理中有没有缺陷，制度上有没有漏洞，做法上有没有错误，我们在态度上是不是存在主观，等等。

2. 舆论引导是突发公共事件中政府的首要责任

重大突发公共事件发生后，各级党委和政府不仅是事件处置、救援的主体和第一责任人，同时也是新闻舆论处置和引导的第一责任人。党委、政府具有信息资源的天然和绝对优势，必须为公众提供及时、准确、客观、全面的权威信息，坚持正确舆论导向，提高舆论引导能力，营造良好舆论环境。在各类突发公共事件发生后，使主流舆论能积极宣传党委政府主张、弘扬社会正气、通达社情民意、引导社会热点、疏导公众情绪、搞好舆论监督，维护党和政府形象、促进事件高效处置、确保社会稳定。

3. 舆论引导的"选择"与"兼容"

长期以来，在我国舆论引导的理论和实践中是缺乏"选择"和"兼容"概念的。公众习惯性把舆论引导看成是舆论引导者单方面的意志实现——党和政府的意志实现和目标追求。因此，单一的目标设定、整齐划一的报道模式、最大限度的资源投入，

便成了相当一段时期以来较为典型的舆论引导的操作模式。这种模式表现为声势浩大、旗帜鲜明、没有任何不和谐音，但问题就在于它只是单方面地考虑了引导者的目标追求，没有将舆论引导看成是一项需要综合考虑多方面社会因素存在及其作用的极为复杂的信息传输过程，忽略了构成舆论引导过程的多种社会阶层的价值实现和目标追求，简单地把舆论引导理解为是一种单向传输、"注射"式的灌输过程。因此，较大程度地影响了这部分公众参与的主动性和积极性。实际结果是，舆论引导虽然声势浩大、旗帜鲜明，但却往往流于形式，缺乏效益，甚至会出现"正面宣传、负面效果"的负效益。公众对政府的舆论引导采取相反的、对立的情绪来分析判断，甚至用"脚"投票，不再相信这些媒体和舆论，转而让位于小道消息式的其他传播途径，甚至转而信任一些敌对势力的宣传和蛊惑。因此，我们认为，在突发公共事件发生后，应该科学地认识舆论形成、传输、接受过程，进而科学选择传播模式、时机，使舆论引导的诸要素有机、合理、高效配置起来，进而求得最佳的引导效果的一种操作程序和方法。这种舆论引导的选择性核心在于充分地认识到舆论引导的过程实质上是一个科学选择和兼容的过程。

舆论引导的"选择性"在于，从国家层面上看，宪法和法律已认可并保障社会阶层有不同的利益诉求，多种社会利益因素和利益变量存在着广阔的选择空间和丰富的引导模式。舆论引导目标、内容、组合、手段都存在着多种选择。其次，而舆论引导之所以是必须的，是因为在存在激烈传播竞争的现代传播条件下，一切形式粗糙、内容乏味、一相情愿的舆论引导，正日益受到来自受众的严格挑剔。同时，在市场经济条件下，政府对任何社会性的资源投入都应该具有效益观念。如何最大限度地提高舆论引导的"投入产出"比，以优化传播资源在社会信息流通中的合理配置，事实上也是对舆论引导事业的基本要求之一。

舆论引导还需要具有"兼容"性。就是要使党和政府舆论引导的实际操作建立在适度、可行、有效、兼顾的基础之上，从实际出发，摈弃那种一相情愿式的安排与做法。有效的舆论引导，应当使其成为政府、媒体、受众三个维度上的价值追求都得到相应满足的过程。一个成功的舆论引导是三方的共同满足，而不是某一方的个别满足，即要实现"三赢"。

4. 政府突发事件新闻舆论引导工作中存在的问题及分析

一是在舆论处置内部环境上，突发事件舆论引导工作越来越受到重视，但也存在体制和机制上的障碍和缺陷。二是在舆论处置外部环境上，突发事件发生后党委常委议事规则、事件信息归口报告制度等问题还没有从制度上根本解决。三是在对舆论引导认识和实践上，各级舆论处置部门对新闻舆论引导高度重视，但对新闻舆论的源头——公众舆论引导还重视不够。四是在对舆论引导操作上，引导模式陈旧，缺乏对舆论引导的"选择"与"兼容"。五是新闻舆论引导的话语方式还需要进一步改进。

5. 突发公共事件中的舆论引导策略

一是让主流媒体发出第一声音，充分发挥主流媒体的主导作用。二是及时、主动发布权威信息。三是尊重舆论传播规律，前移舆论引导的重心。四是完善处理突发事件的新闻舆论工作预案。五是高度重视对突发事件的舆论引导议程设置功能。六是善于从负面报道中谋求正面效果。七是加强对县级党委班子成员和宣传部门干部培训。

四、主要研究方法

本研究报告广泛使用资料文献法、案例分析法，结合实地研究、定量资料的整理与分析，辅助以抽样调查、个别访谈等研究手段。在研究设计时，注重突发事件实际案例的分类研究，我们结合国家突发公共事件总体预案的划分体系，做到在类型上、等级上对所发生的案例进行分类研究。从 2003 年到 2008 年底，国内外媒体共报道云南省发生各类突发公共事件 120 多起（可在公共媒体上查询到），其中我们按重大自然灾害（主要包括水旱灾害、气象灾害、地震灾害、地质灾害、海洋灾害、生物灾害和森林草原火灾等）；事故灾难（主要包括工矿商贸等企业的各类安全事故、交通运输事故、公共设施和设备事故、环境污染和生态破坏事件等）；公共卫生事件（主要包括传染病疫情、群体性不明原因疾病、食品安全和职业危害、动物疫情以及其他严重影响公众健康和生命安全的事件）；社会安全事件（主要包括恐怖袭击事件、经济安全事件和涉外突发事件等）进行分类，对其中有较大社会关注度和影响力的 8 个事件进行了案例分析和点评，提出了上述案例在处置过程中的政府的舆论引导工作的成功之处和不足之处。通过这些案例的分析，我们可以清晰地看到，由于社会转型期和大众传媒时代的到来，特别是网络、手机新闻的快速传播，政府、组织、个人面临一个前所未有的传播环境，靠过去堵、删、瞒的做法越来越不可能阻止事件的对外传播，反而是先声夺人，先入为主，主动发布权威信息，把被动的事件变为主动引导，"负面消息"的权威传播可以得到正面反馈，我们把孟连县"7·19"群体性事件与贵州瓮安 6·28 事件进行了对比，由于政府媒体意识的不同，在舆论影响中得出了完全不同的媒体形象，教训和经验都由此而生，从我们精选的案例中也得到了清楚的展示。

五、研究成果的学术价值和应用价值

（1）为应急管理理论研究提供实践例证。

2003 年以来，我国的应急管理体制随着"SARS"的肆虐也应运而生。在过去的五年里，应急管理和突发事件的研究取得了长足发展和进步，在各行各业发挥了重要的作用，特别是重大突发事件发生后，应急预案起到了"突发事件应对法"所不能涵盖的作用，发挥着明显的规范、机制的保障作用。从全省角度看，到目前为止，以省级预案的形式发布了23个不同类别的应急预案，在新闻传播领域，本课题组成员也是《云南省突发公共事件新闻发布应急预案》的起草人员。从理论到实践我们可以看到，在目前突发事件的研究工作中，缺少实证的检验，缺乏实际案例的支撑，理论研究走入了一个瓶颈期。本研究课题正是汇聚了丰富的一手工作资料，对应急管理理论和舆论学、传播学研究提供了研究佐证和新的思路。

为政府管理者提供突发事件实践操作指南。政府作为公共管理者，必然面对多方利益的博弈。对政府而言对媒体的关系从直接管理者到合作者的角色转变，要求政府管理者的媒体思维、舆论思维有一个大的转变，本课题通过理论和案例分析直接为政府管理者提供一个突发公共事件新闻舆论引导的操作指南，包括从新闻策划到新闻发布会组织、组织媒体采访、回答记者提问、防止媒体炒作、修复和矫正被损坏的政府形象等全过程的操作方法，相对于云南省突发事件频发的现实，相信对各级政府管理者会有较强的指导意义和实践帮助。

（2）为应急管理理论的跨学科、跨领域研究提供新的视角。

应急管理工作目前主要围绕在应急状态下应对事件复原（恢复到常态状态）而展开的救援、修复、组织、协调，强调人力、物力、信息的快速配置，而作为应急管理的主角——政府，则时常被媒体和新闻舆论所困扰，应急状态下的新闻报道的高度关注性和复杂性，需要对以应急理论为中心，跨学科跨领域进行深入研究。本课题就是以应急管理理论为中心，结合新闻传播学、舆论学、管理学、宣传学等多学科的理论和实践，强调跨学科运用和实践，使政府管理者在复杂的公共突发事件中找准自身的定位，合理地在公众、媒体（舆论）关系中保持整个管理系统的稳定，努力应用舆论和媒体的力量，组织、动员全社会来共同应对危机的挑战。从这个意义上说，本课题为应急管理在各个领域和学科中建立了新的视角，为政府管理者以这个视角来客观看待危机事件的舆论引导工作，从而化危为机，更好地科学执政、民主执政，提高政治文明。

六、课题研究存在的不足

受课题研究的条件所限，课题组认为，本课题研究主要存在以下不足以及努力的方向：

（1）在舆论引导的受众接受程度的调查上，缺乏客观评价体系和指标。当前舆论引导工作中，受众作为舆论引导的三个主要因素之一，需要有权威客观的评价体系。由于当前传播环境的高度分化，文化和价值的多元并存，受众对新闻舆论传播效果的客观评价是本课题的不足，也是需要完善的重要内容。

（2）对涉及突发事件中新闻舆论的形成过程的源头：公众舆论的研究还存在不足。公众舆论的形成通过网络形成对新闻舆论的源头：民意，再由传统媒体对"民意"二次提升，成为系统化的新闻舆论，这个二次传播和提升的过程构成了目前突发公共事件舆论引导的主要模式，但公众舆论中个别"意见领袖"的意见是基于什么，怎样形成？这个过程是政府管理者和新闻传播者应该搞清楚的，在本课题的后续研究中我们将致力于这方面的研究。

（3）政府管理者如何与公众的话语语境进行对接的问题，由于受到研究者局限，没有深入探讨。受传播环境的影响，目前不同程度存在的政府的声音在普通受众中影响力下降的问题，由于部分受众的流失而导致话语权的丧失及边缘化引起了各级政府的高度重视，也引起课题组的高度关注。我们注意到政府在危机事件中说群众听得懂、爱听的话非常重要，也是增强影响力和舆论引导能力的重要因素，但如何把政府与公众的话语语境进行有机地连接是一个需要认真研究的问题，在这个方面还有很多工作需要做。

以上是课题组对本课题研究的基本情况综述，我们认为，突发公共事件新闻传播和舆论引导问题，是一个理论性和实践性都很强的课题，涵盖了应急管理理论和相关学科的交叉问题，具有很强的理论创新意义和实践指导意义，同时也是各级政府的急需，课题组将以其他形式，继续对该领域的问题进行深入研究，以期指导实践，推动各项工作的开展。

课题名称：突发事件中政府的舆论引导策略研究
课题负责人：郑　明
所在单位：云南省文学艺术界联合会
主要参加人：李　琦
结项时间：2009 年 2 月 1 日

"十一五"规划课题
马列·科社、哲学、党史·党建

云南民族地区社会主义新农村
建设中的文化生产力研究

一、课题研究的目的和意义

（一）研究目的

该课题以云南少数民族农村地区为切入口，通过对社会主义新农村建设中的云南民族地区农村文化生产力的研究，印证"文化生产力"理论的正确性和普遍意义，并使这一理论得到进一步深化和拓展；从理论与实践的结合点上探寻云南民族地区农村文化生产力的特殊性和发展思路，为推动云南民族地区农村文化生产力的解放和发展，为社会主义新农村建设提供有益的参考和积极的借鉴。

（二）研究意义

云南省委明确指出："文化在构建农村和谐社会中起着核心作用，进一步解放和发展文化生产力是加快推进社会主义新农村建设的必由之举。"文化对于农村的全面、协调发展不仅具有特殊的精神价值，还有重大的经济价值。特别是在云南少数民族农村地区，自然条件恶劣，基础设施严重滞后，经济基础薄弱，人口素质低是其发展的不利因素，但其丰富多彩的人文资源、独特深厚的民族文化正是其发展的优势和有利条件。解放和发展文化生产力，能促进农村文化与农村经济、政治协调发展，实现"生产发展、生活宽裕、乡风文明、村容整洁、管理民主"的目标，对云南民族地区社会主义新农村建设具有重要的现实意义。

二、研究成果的主要内容及对策建议

（一）主要内容

主报告（文化生产力基本理论；曲靖市陆良县发展农村文化户、大理市鹤庆县新华村民族工艺品加工生产、文山州丘北县仙人洞村"民族文化生态村"建设的基本情况介绍；三地发展文化生产力的主要做法；对三地文化生产力实践的体会；云南民族地区农村文化生产力发展中存在的问题；发展云南民族地区农村文化生产力的建议）；分报告（曲靖市陆良县农村文化户情况调查报告、大理市鹤庆县新华村启示、文山州丘北县仙人洞村文化生态村建设纪实）。

（二）对策建议

发展农村文化生产力是加强农村精神文明建设的一个重要载体，是社会主义新农村建设的内在要求，是丰富活跃农村文化生活、满足农民群众精神文化需求、实现农民文化权益的好形式，是少数民族地区农民脱贫致富奔小康的重要途径。

必须处理好民族地区农村文化产业与文化事业的关系。没有高度发达的文化事业为基础，文化产业不可能上水平；没有发达的文化产业，文化事业的发展就会缺乏动力、资金和发展后劲，二者是相互依存、互为作用的关系。在解放和发展云南民族地区农村文化生产力中，文化事业和文化产业可以共生互动，协调发展。

各级政府的重视和支持是发展民族地区农村文化生产力的关

键，它能为农村文化生产力的发展提供保障；各级部门加强管理和业务指导，能够提升农村文化生产力水平。

观念的落后、体制和基础设施的滞后、人才和资金的匮乏、发展的不均衡、市场竞争力不强等是云南民族地区农村文化生产力发展中存在的主要问题。

云南民族地区农村文化生产力的解放和发展，首先要强化全民特别是领导干部的文化生产力意识，营造重文化生产力这一"软实力"的氛围。破除只注重文化产品的意识形态属性，忽略其产业属性和商品属性的陈旧观念，确立文化的双重属性的观念；破除就文化论文化、文化部门是非生产性单位的观念，确立文化经济一体化的思想；破除面向市场就会导致意识形态失控的观念，确立抓市场份额就是占领意识形态阵地的思想；破除单纯依赖政府投入和政策保护的观念，确立发展文化产业必须多元化投入的思想；破除就经济抓经济、就发展抓发展的观念，确立起"发展要吃文化饭，文化要吃市场饭"和"文化就是财富，文化就是生产力"的思想，充分认识文化也能发展成为一个地方的支柱产业的作用。

转变政府职能，加快文化体制改革的步伐。文化行政主管部门应进一步转变职能，从办文化的具体事务中解脱出来，着重搞好调查研究，制定文化发展规划，加强工作指导，为农民提供优势服务，抓好市场监管。就提供政策保障方面来说，政府的职能是调整相关的财政政策，加大财政对少数民族文化事业和文化产业的投入；制定各种资金筹集政策，筹集少数民族文化产业发展资金，主要用于少数民族文化产业建设项目的贴息或补助，吸引银行信贷资金和社会投入。并设立少数民族文化保护专项经费，用于少数民族文化保护区的保护与开发，制定相关鼓励政策，坚持"谁投资，谁受益"的原则，动员社会力量投入，制定扶持少数民族文化产业发展的税费优惠、减免政策，保护和激发人民群众兴办少数民族文化产业的热情。

政府要在新农村文化建设中发挥主导作用。政府应大力发展农村公益性文化事业，积极构建农村公共文化服务体系，提供公共文化服务，确保农民文化活动的经常性和有序性，保证广大农民应该享有的文化权益和应该获得的文化实惠，满足农民的基本文化需求。要加大加快对农村文化建设的投入，加强文化基础设施建设，尽快改变文化事业的发展滞后于经济发展的局面，繁荣文化事业。

加强各少数民族文化队伍建设。大力发展科学技术和教育，为云南民族地区农村文化生产力的发展提供人才资源，为社会主义新农村建设提供精神动力和智力支持；要通过大胆引进和加强培训等方式建设文化人才队伍；要重视文化管理型人才和文化经营型人才的培养和使用；把培养、挖掘本土人才与大力引进外来人才结合起来。

建立多元化的投融资渠道。农村文化生产力的发展需要大量的资金投入，仅靠当地政府和村民的投资是不能做大做强的，特别是在不具备经济实力的云南少数民族农村地区。因此，积极大胆地引进外资、社会资金和民营力量来投入文化领域，这是加快云南少数民族地区农村文化生产力发展的关键之一。

大力发展少数民族地区农村文化产业。云南各地的实践已经证明，文化产业可以率先实现突破，解决农民增收难的问题，是农民脱贫致富的有效途径。同时，发展文化产业的终极目标之一，就是促进人的全面发展和社会的全面进步。

由于历史和地域的原因，云南民族地区农村自身存在着明显的独特性，其文化生产力也就带有多样性和复杂性。因此，在发展农村文化生产力时也就必须因地制宜，不可盲目效仿，更不可搞一刀切。应突出各地、各民族特色，着力培植有浓厚地方民族特色的多姿多彩的文化产业，努力形成"一村一业、一户一品"

的民族文化产业格局，促进民族文化产业的持续发展。

整合资源，提高质量，走规模化、产业链发展之路。云南民族地区农村文化产业的发展应该注重进行资源整合，由单一的开发走向产业链发展的模式。应抓龙头产业，抓支柱产业，走集团化、规模化道路，并注重注入科技含量，提高文化产品和文化服务的品位和质量。

三、成果的学术价值和应用价值及社会影响和效益

（一）学术价值

该课题把文化生产力理论放在云南民族地区农村范围内，放在社会主义新农村建设的大背景中进行系统、具体的研究，揭示了文化生产力在云南民族地区社会主义新农村建设中的重大意义，阐述了农村文化生产力的发展与社会主义新农村建设的内在关系，对云南民族地区农村文化生产力的观念、体制创新及云南民族地区多样性农村文化生产力进行了研究，填补了文化生产力研究在云南民族地区社会主义新农村建设中的空白，以研究成果来印证其理论的正确性和普遍意义，使"文化生产力"理论得到进一步深化和拓展，凸显理论研究的特色和创新。

（二）应用价值

该课题通过对云南民族地区农村文化生产力实践的针对性的研究，通过对典型个案的分析、总报告所提出的七条具体的建议和三个分报告中所总结的成功经验，提出一些新的思考，这将对其他民族地区农村文化生产力的发展起到指导、示范和借鉴作用，为推动云南民族地区农村文化生产力的解放和发展，为社会主义新农村建设提供有益的参考和积极的借鉴，因而具有较强的

现实意义。

该课题强调针对性，突出实效性。紧扣云南民族地区农村的实际，选择不同地区、不同民族进行深入的调查，不论是实地调查还是论文和研究报告的撰写都体现出鲜明的针对性，内容具体实在，避免了泛泛而谈，使课题的实效性得以体现；注重典型性，突出以点带面的效果。以三个典型案例为佐证，选择了农村文化户、民族工艺品、民族文化生态村这三种在云南民族地区行之有效的文化发展模式，通过其实践的总结和分析，旨在揭示其指导性和借鉴性，发挥以点带面的效果；讲求系统性，突出说服性。用三个分报告辅之以主报告，构成一个互为印证、互为补充的系统，增强了说服性，较全面地论证了主题。

（三）社会影响和效益

云南是一个典型的农业大省，又是一个多民族的边疆省份。云南民族地区农村经济的落后实质是文化的落后，是其文化生产力的滞后影响了社会主义新农村建设目标的全面实现。该课题具有普遍的指导意义，对云南民族地区农村文化生产力的发展和社会主义新农村建设将产生积极的社会影响和良好的社会效益。

课题名称：云南民族地区社会主义新农村建设中的文化生产力研究
课题负责人：樊泳湄
所在单位：中共云南省委党校
主要参加人：郑　群　吴　静　杨子东
结项时间：2008 年 6 月 28 日

云南省在校大学生婚恋生育问题的
调查与对策研究

一、课题研究的目的和意义

根据新的法律规定，在校大学生只要不违反《婚姻法》和《婚姻登记条例》，可以在不告知学校的情况下，进行婚姻登记、结婚和生育孩子。新规定实行后，在校大学生怎样看待和选择恋爱、婚姻、生育问题，学校应该采取什么样的教育引导方式和制定哪些管理规定，这是高校普遍面临的现实问题。然而就目前全国高校对此问题的研究情况来看，还没有形成系统成熟的理论成果，也没有具体可行的教育引导策略和管理规定。针对这一迫切的现实需要，该课题对云南省在校大学生的婚恋生育问题进行深入系统的专题研究，试图通过研究，摸清云南省在校大学生的婚恋生育现状及其看法，探寻出合理有效的教育引导策略和管理模式，为云南高校做好在校大学生的婚恋生育教育和管理提供一些有益的帮助。

二、研究成果的主要内容和主要观点

该课题的研究内容主要包括三个方面：一是云南省在校大学生婚恋生育观念的现状调查；二是云南省在校大学生婚恋生育问

题的利弊分析；三是云南省在校大学生婚恋生育问题的教育引导策略及管理措施。具体观点概括如下：

1. 云南省在校大学生婚恋生育观念的现状

（1）通过调查研究，课题组发现，云南省在校大学生对恋爱的态度和观念是：①多数学生具有正常的恋爱心理，对恋爱现象持比较开放的态度，少数学生则表现得比较理性和现实；②部分学生有过恋爱经历，恋爱的比例略高于中学时代；③少数学生的恋爱倾向和目的具有不确定性，多数学生的恋爱选择具有正态发展性，择偶标准基本正确；④大学生的网恋行为较少，对网络的虚拟性和网恋的虚假性有较充分的认识；⑤多数学生对不顾场合的过分亲昵行为持反对态度，并希望借鉴西方爱情表达方式，建立自己民族的情人节；⑥部分大学生愿意有条件地接受西方"性解放"和"性自由"的观念，并对同居、异性性行为以及在校内设置避孕套自动取用箱等持开放态度。

（2）通过调查研究，课题组发现，云南高校学生对在校学习期间结婚和生育的态度是：①多数学生对取消大学生结婚限制的条款持肯定态度，且能冷静、慎重地对待在校期间的结婚问题；②表示愿意在校期间结婚生育的学生只占极少数，而且绝大多数学生无法给出明确的结婚生育理由，同时不少学生因个别学生结婚生育被学校开除而引发的法律维权意识正在逐渐增强。

2. 云南省在校大学生婚恋生育的利弊

通过调查分析，课题组认为，在校大学生的恋爱、婚姻、生育是一把双刃剑，有利也有弊，其利弊主要表现在对大学生人生、理想、道德、学业、事业等方面的影响。

（1）从正面影响来看，如果学生能正确处理婚恋问题，则会减轻他们的思想压力，激发他们的青春活力和创造潜能；会给他们带来情感归属和精神激励，使他们感到精神愉悦，生活充实；会促进他们走向心理成熟、提高修养、完善自我，使他们学会与人相处，学会理解、忍让和克制；会增强他们的事业心、责任感，使他们懂得如何去关心、爱护他人，正确处理婚恋、家庭与学业、事业的关系，等等。

（2）从负面影响来看，如果学生不能正确处理婚恋问题，则会增加他们的心理压力、思想包袱和精神痛苦；会导致他们的交往局限于两人世界，失去更多的与社会和他人接触的机会，不利于学生的健康成长；会增加他们的经济开支，给家长和学生本人带来生活压力；会分散他们的注意力和学习精力，浪费宝贵的学习时间，影响学业；会使他们沉溺于庸俗的婚恋生活而不能自拔，丧失理智，失去正确的人生目标和奋斗方向，成为精神空虚、生活庸俗、一事无成的人；甚至还会出现极端行为，导致悲剧的发生。为此，加强对在校大学生婚恋生育的教育和管理就显得尤为必要。

3. 云南省在校大学生婚恋生育的教育引导策略及管理措施

（1）通过调查研究，课题组认为，首先应加强对大学生婚恋观、性知识、性道德、婚姻法、生育法、家长素养等方面的教育引导。具体引导策略可从三个方面入手：①课堂教育，即以课堂教育为主渠道加强教育和引导。第一，可在高校开设婚恋、生育、性教育等方面的限选课或任选修课，对大学生集中进行系统的知识教育；第二，通过法律课对大学生进行婚姻法、生育法和性行为的法律意识与道德责任教育；第三，将婚恋、生育观念和性行为的法律意识与道德责任教育有机地融入学校开设的社会科学、文化知识等课程中，潜移默化地对学生进行教育和引导；第四，组织知名专家、学者定期举办各种婚恋生育、心理健康、社会交际等讲座，引导学生正确认识和处理婚恋生育中遇到的各种困难和问题。②自主教育，即有意识、有目的地引导学生通过自主学习、自主教育达到自我提高的目的。第一，可组织编印相关书籍、资料，发放给学生进行自主学习；第二，创办相关刊物，建立相关网站，有目的、有重点地引导学生学习相关知识，定期安排专家进行网络在线咨询和辅导答疑，引导学生自觉认识婚恋、生育方面的问题。③实践教育，即通过实践教育活动，引导学生在活动中得到教育和启发，在实践中得到升华和提高。针对青年学生的交往特点，广泛开展能吸引学生积极参与的校园文化实践活动，培养学生健康高雅的生活情趣，引导学生正确认识和处理各种人际关系，树立正确的交往观和婚恋观。

（2）通过调查研究，本课题组认为，在加强云南省在校大学生婚恋生育教育引导的同时，还应切实加强对他们的婚恋生育管理。

①对大学生恋爱的管理，高校应制定相关规定，约束和制止学生在恋爱中的不礼貌、不文明、不道德行为。第一，高校不允许学生在校内一切公共场所发生过分亲昵行为，严禁学生在校内一切场所发生性行为；第二，高校师生员工有权对学生在公共场所发生的过分亲昵行为进行批评、教育、制止；第三，高校不主张学生婚前发生性行为，不宜在校园内设置避孕物品取用箱；第四，高校不为已婚学生提供校内夫妻生活住房；第五，高校严禁学生在校内外传播任何黄色信息，严禁学生在校内外发生"一夜情"、"三陪"、"二奶"以及卖淫、嫖娼等不道德行为和违反法律法规的行为，一经发现，应严肃查处，涉及违法的，交由公安机关依法处理。

②对大学生婚姻的管理，高校应制定相关措施。第一，关于学生请婚假的问题：学校不给予婚假。理由是：学生的结婚时间可以安排在假期进行，没有必要在正常的上课、学习期间结婚；学生如果请婚假，所耽误课程和考试学校无法另行安排；学校可以同意学生休学结婚，但不同意给予结婚假。第二，关于学生婚姻生活用房的问题：高校没有义务向在校大学生提供任何形式的婚姻生活用房；学生集体宿舍严禁夫妻同室居住；高校现在不宜

在学生社区或宿舍区建盖学生夫妻房，避免对学生结婚产生诱导；学生在校外租借房屋居住，必须向学校提供学生双方父母同意的书面意见，并向学校提交安全责任自负的保证书，学校方可同意。第三，关于学生婚姻信息档案管理问题：学生应在学籍管理信息中如实填入婚否的相关信息；学生在校期间结婚，应当告知学校。第四，关于对已婚学生的学制、学籍管理的问题：已婚学生与其他学生一视同仁。学生因婚姻问题申请休学，延长学制，学校可以同意，但一律按照教育部关于延长学制年限的规定处理。第五，关于对已婚学生的服务问题：高校没有义务向学生提供结婚和生育的相关服务，已婚学生在校内享受与其他学生相同的教育和服务，不享受别的任何特殊待遇。第六，关于学生结婚的法律责任问题：学生因结婚引起的所有法律问题和法律责任由学生全权承担。

③对大学生生育的管理。高校应明确规定：第一，学生生育一律按照《婚姻法》、《人口与计划生育法》、《妇女儿童权益保障法》、《母婴保健法》、《婚姻登记条例》等法律法规执行。第二，学校有义务向已婚学生宣传介绍计划生育的有关政策法规。第三，学生如果想生育，必须按照计划生育法规和政策所规定的程序进行申请。第四，女生怀孕和生育，学校只同意休学，不同意请假（因为产假是国家对在职职工的一种福利），休学年限按照教育部关于在校大学生休学的规定执行。

④对大学生所生小孩的管理。高校可按照2007年7月国家人口与计划生育委员会、公安部、教育部联合制定的《高等学校在校学生计划生育问题的意见》执行：学生在校学习期间是集体户口，不同意孩子的户口落在学校，建议将孩子的户籍落在父亲或母亲的原籍，也就是孩子的爷爷奶奶或外公外婆的户籍所在地。同时，要求学生在学籍管理信息中注明是否已生育小孩及小孩的相关信息。

⑤对大学生生育、堕胎医药费用的管理。学校应明确规定：学生因为生育、堕胎发生的医药费用，不是因疾病或不可抗拒的灾害、灾难而发生的医药费用，而是学生自愿产生的医药费用，不属于学生医疗费用报销的范畴。

⑥对学生在校哺育婴儿的管理。学校应明确规定：学校严禁学生在上课、实习期间将婴儿带入教学和学习的公共场所，不支持学生在学习的公共场所进行哺乳。为了保证其他学生正常的学习、休息和生活，保持学生宿舍的正常秩序，高校的集体宿舍不允许留宿婴儿或其他人；高校没有义务为学生提供育婴咨询和服务工作。

三、成果的学术价值和应用价值

该研究成果对云南高校具有较强的应用价值和社会效益：一是调查摸清了云南省在校大学生关于婚恋生育问题的思想观念及选择倾向，有利于引起高校学生管理工作者的重视，有针对性地做好教育管理工作；二是本课题研究提出的关于在校大学生婚恋生育问题的教育引导策略和管理措施，为云南高校做好这方面的工作提供了直接的理论依据、教育引导方法和管理策略；三是课题研究成果已在昆明理工大学学生教育管理工作中得到成功运用。

课题名称：云南省在校大学生婚恋生育问题的调查与对策研究

课题负责人：曹建军

所在单位：昆明理工大学

主要参加人：潘先银　殷国禺　徐绍华

结项时间：2008 年 7 月 31 日

落实社会主义荣辱观宣传教育的
探索与实践

一、课题研究的目的和意义

精神文明建设是社会主义现代化建设的重要组成部分，是改革开放和社会主义现代化建设的思想保证、精神动力和智力支持。随着社会的发展变化，人们的思想、价值、道德观念也在随之发生改变，经济利益的多元化，社会生活方式的多样化，人与人、人与社会间各种关系的复杂化，无疑给精神文明建设带来了新的考验和挑战。课题在对精神文明建设的时代意义进行分析阐述的同时，重点对以"万名老人讲和睦、万名妇女讲礼仪、万名少儿讲孝道"活动（简称"三万三讲"活动）为代表的保山市思想道德建设和群众性精神文明建设创建活动进行了系统研究。课题围绕"三万三讲"活动这一社会主义荣辱观宣传教育的成功个案，从活动开展的基本情况，以及取得的经验、成效、启示等方面展开了具体的论述分析，为如何深入贯彻落实科学发展观，推进社会主义和谐社会建设进行了有益探索。

二、研究成果的主要内容、重要观点或 对策建议

课题总结了"三万三讲"活动开展的基本情况，主要包括：

（1）"万名老人讲和睦"活动。共设 16 个示范点，通过关心老同志身体健康、为老同志订书订报，支持老同志上老年大学，增长知识、开阔视野；让老同志发挥余热，组织老专家、老学者到社区和农村进行义诊、义演，到学校为小学生讲革命先烈的故事等活动的开展，弘扬了中华民族尊老敬老的传统美德，使老年人的地位得到进一步的提高。

（2）"万名妇女讲礼仪"活动。共设立了 37 个示范点，主要通过妇女学礼仪行业风采展示，举行妇女学礼仪知识竞赛，组织广大妇女认真学习《公民道德实施纲要》、《实用日常礼仪》等活动，把"万名妇女讲礼仪"与文明创建相结合，开展"五好文明家庭"、"巾帼文明示范岗"、"学习型家庭创建"、"十星级文明户创建"、"家庭助廉"等创建评选活动。

（3）"万名少儿讲孝道"活动。共设 28 个示范点，通过在青少年中开展以孝道为主题的各种实践教育活动，依托"雏鹰行动"、"小公民道德建设"等品牌，组织以孝道为主题的书画、征文、海报设计、文章诵读，创作"孝道歌"在全市中小学传唱，用中华民族的优秀传统文化教育青少年。在青少年中传承中华文明，开展爱国主义教育，培养民族精神，切实提高青少年的思想道德素质。

课题从六个方面对"三万三讲"活动的具体做法进行了分析总结。

（1）领导重视，周密部署。一是在广泛深入调研基础上，市委下发了组织开展社会主义荣辱观宣传教育的相关文件，明确

提出要以"三万三讲"活动为载体来践行社会主义荣辱观。二是及时召开全市"三万三讲"动员大会，对开展活动进行了全面的动员部署。三是把"三万三讲"活动写进市第二次党代会报告，以及《中共保山市委关于〈中共中央关于构建社会主义若干重大问题的决定〉的实施意见》中，把它作为构建和谐文化、建设经济繁荣的社会和谐新保山的重要内容加以部署。四是把"三万三讲"活动纳入到创建文明单位测评体系中，作为考评文明单位的一个重要指标。

（2）强化责任，狠抓落实。一是各级党组织牢固树立不抓活动是失职、抓不好活动不称职的责任意识，切实把开展"三万三讲"活动作为一件事关建设经济繁荣的社会和谐新保山的大事来抓，纳入各单位的具体工作之中。二是各级党委书记切实履行第一责任人职责，进一步健全书记亲自抓、一级抓一级、层层抓落实的活动责任机制。建立领导干部"三万三讲"工作联系点制度，健全抓点、管线、包片的工作机制，加强对"三万三讲"示范点活动的指导工作；建立健全"三万三讲"活动联席会议制度，定期研究活动等各项工作，着力构建在党委统一领导下，上下联动、分工负责、密切配合、齐抓共管的工作格局；三是以"三万三讲"活动为抓手，通过评选表彰等形式，激发广大市民参与活动的热情。四是把"三万三讲"活动作为群众性精神文明创建活动的有效载体，认真研究解决活动中遇到的困难和问题，加大对活动的支持，为"三万三讲"活动的深入开展提供必要的保障，使一切有利于社会进步的创造愿望得到尊重、创造活动得到支持、创造才能得到发挥、创造成果得到肯定。五是各牵头部门周密部署、科学组织、良性互动，把思想发动与党政推动相结合、长远规划和近期安排相结合、整体推进与典型引路相结合、全员提高与培养模范人物相结合，根据不同单位、不同行业、不同层次，分类指导，以点带面，重点突破。

（3）找准主线，形成特色。一是以"万名老人讲和睦"为主线，举行各种专题报告会，举办"讲和睦、促和谐"大型文艺晚会，开展"忆过去、看现在、讲和睦、促和谐"系列活动，编撰"讲和睦"歌曲在全市老人中传唱，组织老年文艺"讲和睦"宣传队到社区、工厂、农村演出。二是以"万名妇女讲礼仪"为主线，开展各具特色的礼仪知识读书培训活动，请礼仪专家举办礼仪知识讲座，举办"学习社会主义荣辱观、建设和谐文化、展示巾帼风采"演讲比赛，开展"万名妇女讲礼仪"知识竞赛；认真组织征订《实用日常礼仪》读本、《职场礼仪》VCD 碟片。三是以"万名少儿讲孝道"为主线，在全市学校广泛举行了"万名少儿讲孝道"活动启动仪式。依托"雏鹰行动"、"小公民道德建设"固有品牌，组织以孝道为主题的书画、征文、海报设计、演讲、歌唱会、孝心经典文章诵读等活动，其中，"万名少儿讲孝道——朝晖映夕阳"活动，创作"孝道歌"在中小学广泛传唱。

（4）典型引路，形成热潮。活动启动仪式后，全市确立了81 个活动示范点。"三万三讲"活动领导小组和各牵头单位按照职责分工，紧密结合各地、各部门的实际情况，切实加强了对各示范点的分类指导。

（5）舆论引导，形成声势。市（县、区）各级既充分发挥新闻媒体主阵地的作用，又发挥宣传橱窗、宣传栏、板报及文娱表演等在社会中的宣传作用，吸引广大干部群众以主人翁的姿态参与活动。《保山日报》、保山人民广播电台、保山电视台、保山新闻网开辟了"知荣辱、树新风、讲正气、促和谐"大力开展"三万三讲"活动专栏。利用重要时段、重要版面，通过新闻报道、言论评论、专家点评、群众讨论和公益广告等多种形式，广泛宣传"三万三讲"活动的重要性、必要性，宣传报道各县区、各部门开展活动的举措和成效，宣传各地涌现出来的先进典型和经验。

（6）健全机制，完善保障。一是逐步建立了党政推动、市县区联动、各方位协同、齐抓共建的工作机制，按照"三贴近"的要求，有计划、有重点、分阶段、分层次地开展教育活动，使活动深入实际、深入生活、深入群众。二是建立了组织协调机制，由市、县区"三万三讲"活动领导小组对活动的开展进行统筹协调，各项活动的牵头单位、参加单位以及市委办、市委宣传部、市文明办等部门切实加强了信息的采集和交流，实现了横向、纵向的信息互动共享。三是建立了运行保障机制，不断增加活动投入，市和各县区也相应的安排了工作经费，保障了活动的深入开展。四是强化督促检查，把督察结果纳入到对各县区、各部门工作的考核评介体系中，同时，强化责任追究，对思想上不重视、工作上不扎实、实效上不明显的单位要进行督察通报，确保工作落到实处。

在全面分析总结的基础上，课题对"三万三讲"活动的经验进行了提炼，从以下五方面加以阐述：

（1）齐抓共建、形成合力是搞好活动的基础。社会主义精神文明建设活动要取得实实在在的效果，就必须充分发挥各方面、各部门的职能作用，必须建立起互相配合、协调运转的有效机制，必须集中力量解决突出问题。保山市建立起党政部门推动、市县区联动、各方密切配合协同的齐抓共建的工作机制，有计划、有重点、分阶段、分层次地开展"三万三讲"活动。建立了组织协调机制，市和各县区建立活动领导小组，负责对辖区活动进行统筹协调，各项活动的牵头单位、参加单位以及市委办、市委宣传部、市文明办等部门加强对活动信息的采集与交流，实现横向、纵向的信息互动共享。建立运行保障机制，不断增加活动投入，市和各县区安排相应工作经费，保障活动的深入开展。建立检查督促机制，市委督察室和各级活动领导小组以及各牵头单位定期或不定期对各县区及相关部门就活动的开展情况进行检查督促，形成层层有人负责、人人自觉关心活动的良好局面。

（2）结合实际、突出重点是搞好活动的关键。保山市开展的"三万三讲"活动，坚持从保山干部群众的思想实际出发，从老年人、妇女、青少年所处的社会角色的实际出发，重点抓老年人、妇女和青少年这三个特殊群体，着力提升他们的思想道德素质，着重抓示范点建设，全市确立了81个示范点，以这些示范点带动活动在面上的开展，整体推进了"知荣辱、讲文明、树新风、促和谐"新风尚在全社会的形成。

（3）与时俱进、改革创新是搞好活动的根本。保山市开展的"三万三讲"活动，就其内容来说，就是把社会主义核心价值体系建设纳入国民教育、精神文明建设全过程的有益尝试，体现了鲜明的时代特征与改革创新精神。就其形式来说，通过各种专题报告会、文艺晚会、表彰活动、比赛活动、捐款活动、走访看望活动的举办，"和睦歌"、"孝道歌"的编写及在老人、少儿中的传唱，实现了传统形式与创新形式的有机结合，极大地激发了广大老年人、妇女、少儿参加活动的积极性和自觉性。就其手段来说，既采取召开动员会、提出目标要求等灌输启发的手段，又采取群众现身说法的办法，通过报纸、广播、电视和宣传单、墙报、板报全方位的宣传和立体性的展示，进一步增强了广大老年人、妇女和青少年"讲和睦、讲礼仪、讲孝道"的意识。

（4）从小事抓起、持之以恒是搞好活动的基础。保山市开展的"三万三讲"活动，就是遵循了精神文明建设要从小事抓起、持之以恒地抓这一基本规律，从老年人讲和睦、妇女讲礼仪、青少年讲孝道这些再平凡不过的日常小事抓起，而且不搞"毕其功于一役"，从而真正推进了和谐文化建设。

（5）模范引领是推进道德建设的重要条件。活动中，保山市紧紧抓住先进模范人物示范引领这个重要环节，注意从各地区、各行业、各类人群中发现树立先进模范人物，充分展示积极、健康、向上的社会主流，使党政军民、男女老幼都学有榜样，赶有目标。广泛开展形式多样的学习活动，在增强吸引力、提高参与度上下工夫，把先进模范人物的崇高精神转化为全社会共同财富和指导实践、推动工作的强大动力。热情关心爱护先进模范人物，体现崇尚先进、尊重模范的鲜明导向，营造学先进、赶先进、当先进的浓厚氛围。引导人们从自己做起，从点滴做起，在社会上做一个好公民，在工作中做一个好建设者，在家庭里做一个好成员。保山市定下制度，每两年开展一次"三万三讲"活动模范人物、先进单位和集体的表彰。

课题名称：落实社会主义荣辱观宣传教育的探索与实践
课题负责人：蔺斯鹰
所在单位：中共保山市委宣传部
主要参加人：潘先银　殷国禹　徐绍华
结项时间：2008 年 11 月 14 日

云南社会主义和谐社会的构建研究

一、课题研究的目的和意义

云南目前的改革与发展正处于关键时期，利益调整凸显出新的矛盾，云南又是一个集边疆、民族、贫困、山区"四位一体"的省份，发展不够、质量不高、实力不强制约了其经济持续快速发展和社会全面进步。构建民族团结、充满活力、安定有序的和谐社会，是云南社会发展的一项长期的历史任务和不懈追求的目标。该课题在科学发展观指导下，分析了构建云南社会主义和谐社会的制约因素并探讨实现途径及应对措施。

二、研究成果的主要内容及对策建议

该课题紧密结合云南实际，从三农问题、城乡差距、弱势群体、民族边疆问题等七个方面，深入研究了构建云南省社会主义和谐社会的不利因素：

第一，云南75%的国民收入、70%的财政收入和60%的创汇收入都直接或间接来自农业。但长期以来，云南一直面临着农业基础设施薄弱、农业产业结构不合理，农业科技开发能力不强、农村贫困面大，贫困人口多，农民收入低、农村社会事业发展滞后等问题。因此，构建云南社会主义和谐社会，最为关键的问题就是农业发展、农村建设和农民增收。

第二，2000 年云南省城乡收入差距为 4.27:1，2003 年曾扩大到 4.7:1，2005 年为 4.54:1，2006 年为 4.47:1。云南城乡居民收入差距虽有缩小，但尚未得到根本缓解。地区、城乡、产业间及占有资源不同的人群间的收入差距呈现出拉大的趋势，并将在一个较长时间内持续，这直接威胁到社会稳定和和谐。

第三，近年来，云南省弱势群体不仅在数量上呈现出增长的趋势，而且一些弱势群体的弱势程度进一步加深。这部分社会弱势群体往往会因为自己的境遇而对社会怀有敌对或仇视心理，导致社会冲突可能性的增加。因此，要构建社会主义和谐社会，弱势群体问题就成为一个回避不了的亟待解决的现实问题。

第四，县域经济作为国民经济的重要组成部分，其发展程度不仅直接关系到民生，而且影响着一个省的经济发展水平。受各种因素的影响，云南缺乏强县支撑，县域经济发展滞后，成为构建和谐社会的一个瓶颈问题。在云南现有的 129 个县区行政单位中，共有县和县级市 119 个，占全省国土面积的 95%，拥有全省 96% 的耕地面积和全省 84.7% 的人口，却仅创造了全省 60.1% 的国内生产总值。

第五，云南虽然有丰富的自然资源，但由于长期以来云南的经济发展主要依靠资源消耗及输出，在资源节约和环境改善上面临着巨大压力。由于生态环境遭到破坏，云南的经济成果在很大程度上已被抵消，云南的生态环境对经济社会的积极效应正日渐弱化，负面效应将日益突出，这不仅制约着云南绿色经济强省目标的实现，也制约着社会主义和谐社会的构建。

第六，云南作为一个集边疆、民族、贫困、山区"四位一体"的边疆省份，民主法治建设的基础薄弱、《民族区域自治法》得不到很好的贯彻执行、自治制度流于形式、民族地区干部、法制队伍的素质不能适应发展需要，民族地区的现代民主法治意识淡薄。

第七，云南省民族地区发展呈现出"四低四高"的特点，即社会发育程度低、生产力发展水平低、劳动者科学文化素质低、人民生活总体水平低，自然经济比重高、贫困人口比重高、文盲半文盲比重高、地区发展不平衡程度高。此外，由于云南省一些跨界民族历史上长期存在的民族压迫和阶级压迫，加之与发达地区经济发展差距拉大，境外敌对势力以此为突破口，挑唆、破坏各民族之间，尤其是与汉族的关系，严重影响着云南省边疆民族地区的社会稳定和和谐。

在分析制约因素的基础上，该课题紧密围绕科学发展观的要求，探讨了构建云南社会主义和谐社会的途径和对策：

第一，大力推进社会主义新农村建设，切实解决"三农"问题。首先，要破解农业发展瓶颈，提高农业综合生产能力，加大"三农"资金投入力度、加快以水利为重点的农业基础设施和生态环境建设，做大做强农业特色优势产业、切实增加农民收入，加强农业社会化服务体系建设、推进农业现代化进程。其次，要深化农村改革，加强农村基础设施建设，切实改善农民生产、生活条件，构建农村社会服务新体系，大力改善和提高农村公共服务水平，大力倡导健康、文明、科学的文化和生活方式，促进乡风文明。最后，要积极探索有效途径，通过推进农业产业化经营，做好农村劳务开发和劳动力转移工作，拓宽农民增收渠道，加大对农业和农村的投入，建立农民增收减负长效机制，千方百计增加农民收入。

第二，要采取有效措施，统筹城乡和区域发展，缩小城乡收入差距。首先，要大力发展县域经济。通过发挥比较优势，培育和壮大县域特色经济；通过实施工业强县战略，以新型工业化大力推进县域经济发展进程；通过大力发展第三产业，培育县域经济发展新的增长点；通过壮大非公有制经济，增强县域经济发的活力；通过加快城镇化建设，实现县域经济规模化集约化发展；通过积极扩大对外开放，提升县域经济综合竞争力。其次，要建立可持续扶贫的有效模式和长效机制，坚持开发式扶贫和政府主导、全社会共同参与的方针，打好扶贫攻坚战。最后，要建立起城乡统一的产权、价格、户籍、就业、福利保障和教育制度等，构筑缩小城乡差距水平的制度平台。

第三，加快推进以改善民生为重点的社会建设，努力提高人民生活水平。首先，要坚持把教育放在优先发展的地位，坚持教育的公益性质，统筹城乡和区域教育协调发展，努力促进云南省贫困山区、民族直过区和边境地区的教育公平。其次，要实施积极的就业政策，鼓励自主创业，推进就业体制改革，建立城乡统一的劳动力市场，建立促进就业的长效机制，千方百计地扩大就业。再次，要继续深化收入分配制度和社会保障制度的改革，加快形成合理有序的收入分配格局和加快健全完善覆盖城乡、多层次的社会保障体系。又次，要在坚持公共医疗卫生公益性质的前提下，建设覆盖城乡居民的基本医疗卫生制度，逐步实现基本医疗卫生服务的均等化。最后，要完善社会管理、加强社会治安综合治理，在全社会构筑起大防控格局，建立起有效的矛盾预防和疏导机制，正确处理人民内部矛盾，确保社会和谐稳定。

第四，要致力于建设资源节约型、环境友好型社会，实现人与自然和谐发展。首先，要加强水、大气、土壤等污染防治，高度重视生态环境功能的恢复，以遏制产生新的重大生态破坏，全面改善城乡人居环境。其次，要坚持保护优先、开发有序的原则，做好全省的生态功能区划工作，并按照建设绿色云南、生态云南的要求，转变开发思路，实现生态建设由事后治理向事前保护的转变。最后，调整和优化产业结构，转变经济发展方式，走新型工业化道路，大力发展循环经济，提高能源资源综合利用效率。

第五，要加强精神文明和民主法制建设，构筑社会和谐的思想和政治基础。首先，要努力推进和谐文化建设，为构建和谐社会提供坚实的文化基础。其次，要通过加强公民意识教育，树立起全社会民主政治、自由平等、公平正义的理念。通过健全民主制度，推进社会主义民主的制度化、规范化和程序化。最后，加强廉政建设，旗帜鲜明地反对和惩治腐败，完善促进社会和谐的调节机制。

第六，加快少数民族地区经济社会发展，促进民族团结与边疆稳定。首先，要按照"分区研究、整合力量、连片开发、合力攻坚"的思路和"因族制宜、因区制宜"的原则，分族、分区、分类规划，有针对性地对民族地区进行连片开发，帮助这些地区实现又好又快发展。特别是对于民族直过区要通过采取超常规的政策措施予以重点扶持。其次，要巩固和发展和谐民族关系，加强民族团结、保持边疆稳定。最后，要采取有力措施进一步做好少数民族的宗教工作，坚决扼制境外敌对势力的渗透，坚决防范和打击各种敌对势力的渗透破坏活动，维护边疆稳定。

三、成果的学术价值和应用价值

该课题明确了云南构建和谐社会面临的主要问题，基本把握了云南社会发展的基本趋势和走向，较为完整地提出了构建云南社会主义和谐社会的总体思路和发展方向，为制定具体政策提供了理论依据。其研究对象以云南为指向，课题探索紧紧围绕云南这个主题展开，一切从云南的省情出发，实事求是、求真务实，因此，研究成果具有较强的实践应用性，对于相关部门制定构建云南和谐社会的具体政策和措施具有一定的参考价值。

课题名称：云南社会主义和谐社会的构建研究

课题负责人：李耀平

所在单位：昆明理工大学

主要参加人：杨春玲 孙 锐 彭 颖 姜家雄

结项时间：2008 年 12 月 22 日

云南边疆民族地区干部教育培训机制创新研究

一、课题研究的目的和意义

我们党始终把干部教育培训作为一项关系党的事业兴旺发达的战略任务来抓。但我国学者的研究仅限于干部教育培训的某个环节和方面，成果散见于一些论文中，系统的成果并不多见，对干部教育培训机制尤其是对边疆民族地区干部教育培训机制的研究也比较少，这与党中央提出"大规模培训干部"的理念需求差距还很大。该课题的研究，就在于从应对新的历史条件下各种挑战的战略高度，以科学发展观为指导，把干部教育培训机制纳入党的执政体制以及提高执政能力的高度，深入实际调查研究，认真总结长期以来各地创造出的成功经验及其制度创新成果，探索边疆民族地区干部教育培训机制的基本理论、创新路径，形成具有一定现实针对性，对正确分析和解决我国特别是边疆民族地区干部培训机制中所面临的新情况、新矛盾、新问题，具有一定实际应用价值的理论成果和具有一定创新意义的干部培训机制理论体系。

二、研究成果的主要内容和重要观点

该课题以邓小平理论、"三个代表"重要思想为指导，深入贯彻落实科学发展观，紧紧围绕中央和省委关于干部教育培训工作的一系列精神要求，紧密联系云南及省内各边疆民族地区经济社会发展的实际以及近年来特别是党的十六大以来干部教育培训工作的实际，紧扣新世纪新阶段全面建设小康社会和加快社会主义现代化建设对干部教育事业提出的历史使命，对干部教育培训的基本原理、我国干部教育培训的发展历程、云南边疆民族地区干部教育培训的实际、体制机制和培训模式创新等方面进行了全面系统深入的论证。对各个问题的论证，都始终注意把《干部教育培训工作条例（试行）》作为贯彻始终的主线，根据《条例》的要求找差距、提对策，全面分析了有关问题。

该课题研究成果为专著，共分七章。

第一章，绪论。首先重点论证干部教育培训机制创新的重要意义，这是整个课题的一个基础，就是按照党的十七大关于"世情国情党情"发生了深刻变化的阐述，从国际环境发生广泛而深刻变化、国内形势发生广泛而深刻变革、党的建设面临新考验三个方面对"大规模培训干部、大幅度提高干部素质"进而对创新干部教育培训机制提出了迫切的要求；其次是对全国和云南省近年来干部教育培训所取得的成绩进行简要的梳理，并对云南干部教育培训中存在的制约或障碍因素作了分析；最后就以改革创新精神推进干部教育培训工作进行了思考，从创新理念、创新机制、加大投入三个方面进行了探讨。

第二章，我国干部教育培训的发展历程。通过对不同时期干部教育培训事业发展的回顾，特别是对近年来干部教育培训的鲜明特点和新鲜经验的总结，以求为今后更好的推进干部教育事业的发展、干部教育培训机制的创新提供可资借鉴的经验。

第三章，干部教育培训工作体系。主要从内容方面研究干部教育培训机制的基本原理，重点围绕《干部教育培训工作条例（试行）》，对照《条例》要求，来构建干部教育培训的工作体系，一是干部教育培训指导思想，二是干部教育培训坚持的原则，三是干部教育培训对象，四是干部教育培训内容，五是干部教育培训方式。这些内容是云南边疆民族地区干部教育培训机制创新的重要依据和重要内容，这是从干部教育培训内容方面来构建干部教育培训机制。

第四章，干部教育培训体制。主要从制度、体制方面来研究干部教育培训机制的基本原理，重点也是围绕《干部教育培训工作条例（试行）》，对照《条例》要求，来构建干部教育培训的体制及框架。首先是对现行的干部教育培训体制的特点进行分析，也就是说，现行的从计划经济条件下沿用过来的干部教育培训体制仍然带有计划经济体制的色彩，这是边疆民族地区干部教育培训机制创新中迫切需要突破的方面。其次是探讨干部教育培训管理体制，其中主要是宏观管理体制，明确管理部门和各自的职责。再次是干部教育培训机构以及加强机构建设的制度规范，包括准入制度、市场制度和评估监控制度。当然还包括管理者队伍的建设。最后是从宏观层面探讨创新干部教育培训机制的思路，要从理念、宏观管理、资源配置、市场调节、组织领导等方面进行突破。第三章、第四章的内容，都是从宏观上对干部教育培训工作进行全面把握。一方面，可以为边疆民族地区干部教育培训机制的创新作理论上的铺垫以及提供政策上的依据；另一方面，也是对边疆民族地区干部教育培训工作的直接指导。

第五章，云南边疆民族地区干部教育培训机制。首先，根据实地调查中所收集的第一手资料，全面总结云南边疆民族地区干部教育培训在近年来的一些做法，特别是一些具有边疆民族地区特色的做法，比如说加强民族宗教知识的培训以及对民族宗教工作领导干部进行培训的做法、"走出去"异地培训的做法、学习培训积分制的做法以及加大对民族干部教育培训力度的做法，等等。其次，全面分析边疆民族地区干部教育培训机制存在的问题，主要是干部教育培训运行机制不规范、干部教育培训内容更新机制不健全、干部教育培训方式单一、干部教育培训激励约束机制不健全、宏观管理滞后，等等。最后，提出创新干部教育培训机制的要求和原则以及具体途径。要求和原则是基于云南地处边疆民族地区的自身特点而有针对性地提出的，又具有可操作性。具体途径是根据干部教育培训机制存在的诸多问题而提出的，一是加强统筹协调和宏观管理，其核心就是要发挥好干部教育主管部门的职责。二是建立健全调查研究机制，这是适应中央召开的全国干部教育培训工作会议上提出的"缺什么、补什么"的要求而提出的，也是适应《中国共产党党校工作条例》的要求，提高教育培训的针对性、实效性而提出的对策，其核心就是要加强干部教育培训需求的调研，并形成制度。三是建立健全培训供需机制，其核心是确保那些希望培训、需要培训的干部能按质按量参加培训、切实避免一方面是多头培训、多头调训，另一方面是有的关键岗位的干部多年得不到培训的矛盾。四是建立健全考核激励机制，就是按照《干部教育培训工作条例（试行）》的要求，通过对干部教育培训情况进行了解、核实和评价，将结果运用在干部的考核、任职、晋升等环节，激励干部自觉参加教育培训，提升自身素质和能力。五是建立健全竞争机制，就是要发挥市场机制在干部教育培训中的作用，以适度市场调节方式推进干部教育培训，有效解决现行干部教育培训活力不够、师资不强、投入不足等问题，提高培训效益。在这一方面，要培育市场化观念、优化资源配置、调节供需关系，要推行优胜劣汰机制，要建立适应市场经济的投资机制，要建立培训项目的市场竞争选择机制。

第六章，中外干部培训理念与机制比较。通过中外干部教育中理念与机制两方面的比较可以看到，国外干部培训的一些先进的理念和机制，对边疆民族地区干部教育培训机制的创新也是一种很好的借鉴。

第七章，边疆民族地区干部教育培训模式创新。首先，从微观的角度阐述了边疆民族地区干部教育培训模式创新的重大意义。其次，对边疆民族地区干部教育培训模式的构成要素和主要特征进行了论证，并从历史、现实、未来三个角度深刻探讨了边疆民族地区干部教育培训模式的构成。再次，对当前和今后一段时期边疆民族地区干部教育培训的任务作了阐述。内容结合云南的实际，具有很强的可操作性和可行性。最后，提出了边疆民族地区干部教育培训模式创新的路径选择，就指导思想、总体思路、基本原则进行了阐述，在此基础上，从观念和思维的创新、目标导引管理模式的创新、教学内容模式的创新以及技术模式的创新等方面提出了构想。

三、研究成果的学术价值、应用价值及社会影响和效益

该课题对边疆民族地区干部教育培训机制创新问题进行研究，对干部教育方面的研究在理论上做了一定的填补，具有一定的学术价值。研究既紧紧围绕中央关于干部教育培训的精神要求，又根据云南及边疆民族地区的实际，从创新党的执政体制以及提高执政能力的高度，以马克思主义政党学说，特别是以科学发展观为指导，坚持国内问题的分析与国际问题的分析相结合、历史与现实相结合、理论研究与实践探索相结合、普遍性问题与特殊性问题相结合，深入探讨边疆民族地区干部教育培训机制创

新问题。从形成制度创新成果的高度，就创新干部教育培训观念和思维模式、目标引导管理模式、教学内容模式、教育培训技术模式等方面，在深入调研的基础上，探索符合少数民族干部教育规律的教育培训机制，推进边疆民族地区少数民族干部教育培训理念的创新和机制的创新，逐步构建具有边疆民族地区特色的干部教育培训机制，加快少数民族干部培养的步伐，提高少数民族干部的综合素质，培养造就一大批高素质的少数民族干部，为边疆社会经济的全面发展、民族团结、边疆稳定提供强有力的组织保障，夯实党在边疆民族地区强有力的执政基础和执政合法性基础。

课题名称：云南边疆民族地区干部教育培训机制创新研究
课题负责人：鲁彩荣
所在单位：中共云南省委党校
主要参加人：吴家骥　张光雄　王玉梅
结项时间：2009 年 4 月 2 日

社会主义新农村建设进程中的
云南农村基层党组织建设研究

一、课题研究的目的和意义

党的农村基层组织是党在农村执政的组织基础，是农村各类组织和各项工作的领导核心，承担着贯彻落实中央和省委重大部署、团结和带领广大农民建设社会主义新农村的重要职责，是社会主义新农村建设的直接领导者、具体实践者和有力推动者。

社会主义新农村建设事业是一项崭新的事业，农村基层党组织要站在时代前列带领农民群众不断开创农村发展新局面，必须以改革创新精神加强自身建设，优化组织设置，扩大组织覆盖面，创新活动方式，发挥农村基层党组织推动发展、服务群众、凝聚人心、促进和谐的作用，始终成为社会主义新农村建设的领导核心。社会主义新农村建设既给农村基层党组织注入了巨大活力，也使农村基层党组织面临许多前所未有的新课题、新考验。认真研究云南社会主义新农村建设进程中的农村基层党组织建设问题，找准存在的问题，提出针对性较强、切实可行的对策措施，为省委、省政府提供决策参考，对全面加强云南省农村基层党组织建设，提高农村基层党组织的创造力、凝聚力和战斗力，发挥好农村基层党组织的领导核心作用和党员的领头雁作用，全面推进云南农村的经济、政治、文化、社会建设和社会主义新农村建设具有十分重要的现实意义。

二、研究成果的主要内容及对策建议

（一）新形势下云南农村基层党组织建设存在的主要问题

1. 农村基层党组织对经济工作的领导不适应

从调查情况看，目前农村基层党组织领导发展经济和驾驭市场的能力普遍较弱，一些基层党员干部素质不高、知识老化，开拓创新能力偏低，谋划经济发展的思路不活、缺乏有效办法，致使集体经济"空壳村"占全省建制村总数的50%以上，边远山区比例高达80%。

2. 农村基层党组织的思想认识和精神状态不适应

部分农村基层党组织和干部，片面认为社会主义新农村建设就是村庄改造和改变农村"脏、乱、差"。有的认为现在的农村基础比较差，社会主义新农村建设在短时期内很难见效，缺乏拼搏进取精神；有的对新农村建设存在着急于求成、短期见效的"跨越思想"。

3. 农村基层党组织的设置形式不适应

大多数农村基层党组织仍然沿袭传统的设置方式，组织设置形式跟不上经济社会发展的实际需要，在新生经济、社会组织中设置党的基层组织的工作极为滞后。

4. 农村基层党组织做群众工作的方式方法不适应

部分农村基层党组织对建设社会主义新农村感到茫然和无所适从，既不知如何实现"领导核心"作用，又不会用经济、政策、法律手段开展工作，存在着"老办法不顶用，新办法不会用，硬办法不敢用，软办法不管用"的问题；一些党员干部还习惯于传统的工作方法，搞强迫命令、行政干预。

5. 农村基层干部的报酬与工作任务不适应

农村基层干部面向广大农民群众，任务重，工作辛苦，而与此不相适应的是报酬少、待遇低，致使一些能人不愿意当村干部，在职村干部不安心。

6. 农村党员队伍的素质结构不适应

农村党员队伍的整体结构、思想观念、致富能力，还远远不能适应带领群众致富奔小康的时代需要，农村党员队伍还存在着文化程度低、科技素质低、致富能力偏低和年龄相对偏高的"三低一高"情况；一些老党员政治素质过硬，但思想观念和工作能力不适应形势发展的要求，他们虽有富民之心，却无富民之策和富民之力。

（二）加强农村基层党组织建设的总体思路、目标任务和原则

1. 加强农村基层党组织建设的总体思路

全面贯彻落实科学发展观，以推进社会主义新农村建设为目标，以加强农村基层党组织的执政能力建设和先进性建设为主线，以村级领导班子建设和干部队伍建设为重点，以健全农村基层党组织为保证，以深化农村党建工作"三级联创"活动和实施"云岭先锋"工程为载体，以改革创新为动力，充分发挥农村基层党组织在推进发展、服务群众、凝聚人心、促进和谐的作用，解放思想、更新观念、改革创新、提高能力，不断增强农村基层党组织的创造力、凝聚力和战斗力，充分发挥农村党员的先锋模范作用，把农村基层党组织建设成为推动科学发展、带领农民致富、密切联系群众、维护农村稳定的坚强领导核心，为推动农村改革发展和社会主义新农村建设提供坚强的组织保障。

2. 加强农村基层党组织建设的目标任务

积极推进农村基层组织体系建设网络化、党员干部教育管理科学化、党的制度与活动规范化、作用发挥经常化、组织领导机

制化建设，充分发挥农村基层党组织在统筹城乡发展、推进社会主义新农村建设的领导核心作用，使农村基层党组织真正成为建设社会主义新农村的组织者、推动者和实践者，将农村党员干部培养成为推动科学发展和建设社会主义新农村的带头人，经过3～5年的努力，使全省"五个好"农村基层党组织达80%以上。

3. 加强农村基层党组织建设的基本原则

（1）围绕中心，服务大局原则。把农村基层党建工作放到全省发展的大局中谋划，坚持用党建工作推动服务成效，用服务成效检验党建工作。

（2）党要管党，从严治党原则。从思想上、组织上、作风上全面加强农村基层党组织建设，严格党的组织生活，严肃党的纪律，纯洁党的组织。

（3）与时俱进，不断创新原则。认真研究农村基层党建工作中出现的新情况、新问题，及时总结、推广新经验和新方法，创新体制机制。

（4）因地制宜，分类指导原则。要因地制宜、分类指导、切实解决农村基层党组织建设中存在的突出问题，用农村经济社会发展和社会主义新农村建设实际效果，检验农村基层党建工作成效。

（5）全面推进，务求实效原则。全面落实农村基层党建工作责任制，不断创新组织设置形式，建立健全城乡基层组织互帮互助机制和党内激励、关怀、帮扶机制。

（三）加强农村基层党组织建设应采取的政策措施

1. 调整和优化农村基层党组织设置

（1）创新党组织设置形式。在坚持按地域、按建制村为主设置党组织的基础上，积极探索村村联建、村企联建、村居联建的农村基层党组织建设新方式，逐步形成以工促农、以城带乡新的组织格局。实行以强带弱式的镇镇、村村联建，成立联合党委或党总支，在组织上实行统一领导，在经济发展上实行优势互补。突破行业界限，将镇村骨干企业与经济薄弱的村联合建立党组织。对近郊农村和小城镇建设较好的社区，可将党组织合并，建立党支部（党总支、党委），促进城乡统筹发展。

（2）把党组织建在产业链上。积极探索把党的组织建立在农村经济发展的产业链、行业协会和各种形式的农村合作经济组织上，促进生产要素的合理配置和优化组合。对市场发育好、链条比较健全的产业，单独建立党组织。抓好在合作经济组织、外出务工组织、中介服务组织中建立党组织的工作，对党员人数较多、经营规模较大的农民股份公司、协会及其他新生经济组织，应跨区域建立党的组织，实行双重领导体制。

（3）不断改进党组织活动方式。丰富"三级联创"活动内涵，形成县（市）、乡（镇）、村三级联动、相互衔接、相互促进、环环紧扣、整体提高的工作格局；创新农村基层党组织的活动内容、活动方式和活动载体，探索新形势下联系群众、组织群众、发动群众的有效方式和工作手段；按照"四有"（有活动室、有图书资料、有电教设备、有宣传栏）的要求，加大投入，完善功能，规范管理；按照小型、分散、业余的原则，依托产业党组织、各类新生经济组织党组织开展党的活动；在一些符合条件的农村"两新"组织中及时建立党的组织和开展党的活动；不断改进党组织的领导方法，积极参与经济组织的生产经营和重大问题决策，推行"双向进入，交叉任职"机制，实行党组织书记与协会会长"一人兼"。

2. 切实加强农村基层领导班子建设

（1）坚持用科学发展观统领一班人。深入贯彻落实科学发展观，引导农村基层领导班子成员树立科学发展观和正确政绩观，增强推进社会主义新农村建设的责任意识，形成加快发展的科学态度、科学精神和科学方法。

（2）按照社会主义新农村建设要求选配好农村基层党组织领导班子。加大"公推"力度，把那些真正热爱农村、熟悉农业、年纪轻、素质高、懂经营、政治强、能带领群众致富的优秀人才选拔进村级党组织领导班子；要从农村致富带头人、复转军人、回乡青年、外出务工经商人员、乡镇企业职工、专业协会负责人中选拔农村基层党组织的负责人，选配好村党支部书记。扩大选人视野，面向社会公开选聘、选派机关优秀年轻党员干部和优秀大学生到村任职，逐步建立起一支以能人和优秀大学生为主体的新型农村基层党组织书记队伍。

（3）加强村级组织配套建设。依法选配好村民委员会主任，提倡村党支部书记和村委会主任"一肩挑"、村"两委"班子成员交叉任职。加强工、青、妇等群团组织的配套建设。

3. 认真抓好党员队伍建设

（1）着眼于改善党员队伍结构，抓好农村党员的发展工作。积极探索在青年农民、外出务工人员、专业协会负责人、致富能手中培养党员，重点发展一批农民企业家、农产品生产经营大户、流通大户和妇女党员。

（2）着眼于提高管理效能，实施分类管理。根据农村发展和党员的不同特点，探索对农村贫困党员、年老体弱党员和外出务工党员的分类管理办法，进行分类管理。

（3）着眼学习教育，提高队伍素质。充分利用农村党员干部现代远程教育网络、党校、农函大、农广校等有效载体，采取举办培训班、播放电教片、实地参观学习等灵活多样的方式，不断提高农村党员学用科技、带头致富和带领群众致富的能力。

（4）着眼搭建平台，积极为群众服务。积极推广党员承诺制等成功经验，完善和落实流动党员活动证制度，逐步构建以流入地党组织管理为主、流出地党组织和流入地党组织有机衔接、共同负责的管理机制，切实为广大党员搭起服务群众、干事创业的平台。

4. 多向培养农村基层干部

（1）强化村干部学历教育。在充分运用现有教育培养机制基础上，战略性地建立起农村基层干部教育学院，把对农村基层干部的培养纳入国家定向学历教育的范畴，解决农村基层干部学历低、水平低、能力低的"三低"状况和村干部后继乏人问题。

（2）把党员培养成致富能人。将具有发展潜力的农村党员与致富能人结成"帮带"对子，形成先富带后富、一户带多户的结对帮扶新机制。对致富无项目、缺资金、少技术的贫困党员，除结对帮扶外，主要通过帮助确立致富项目、提供信息技术、帮扶资金等办法，促其脱贫，成为致富能人。

（3）把致富能人培养成党员。把政治觉悟高、带动能力强的种植、养殖大户和科技示范户确定为重点培养对象，吸收他们参加党组织的学习和有关活动，将他们培养成为党员。

（4）把致富能人培养成村干部。强化对政治觉悟高、致富能力强的能人的教育培训和实践锻炼，采取群众代表推荐、村党支部审查、乡镇党委批准的办法，将他们培养成村干部。

（5）把村干部培养成致富带头人。采取交任务、压担子的办法，使村干部围绕自身致富项目搞示范、做样板，成为推动农村生产力发展的勤劳致富带头人。

5. 完善民主管理制度

（1）改进领导方式和工作作风，增强民主管理意识。坚持把群众的呼声作为第一信号，把群众的需要作为第一选择，把群众的满意作为第一标准，健全和完善干部进村入户、结对帮扶、记民情日记等一系列密切联系群众的制度和措施。

（2）建立健全农村基层党组织领导下充满活力的村民自治运行机制。完善村民会议或村民代表会议制度，规范村"两委"

的具体职责和工作程序。村党支部要切实履行对村委会实行政治领导、工作指导、思想引导的职能，支持村委会依法开展工作，帮助村委会成员牢固树立党领导的观念。

（3）大力推进村务公开和民主管理。健全和完善村务公开、民主管理的各项规章制度，建立和完善"一事一议"制度，规范基层党组织和基层干部的施政行为，做到所"议"之事确实符合大多数村民的意愿、议事过程充分发扬民主、实施过程和结果接受群众监督。

6. 强化机制建设

（1）建立领导机制。各级党委每年至少专题研究一次农村党建工作，在向全委会报告工作时，要把农村基层党建工作的情况作为重要内容之一；党建工作领导小组每年至少要听取两次农村基层党建工作情况汇报，研究解决工作中的困难和问题，党委领导班子成员要建立联系点。

（2）建立责任机制。建立州（市）负责、县主抓、乡实施的农村基层党建工作责任制，州（市）委要进一步加强宏观指导；县（市、区）委结合实际制订好年度工作计划，分阶段抓好落实；乡（镇）党委要切实抓好规划、计划和各项任务的贯彻、落实，形成县乡党委书记是第一责任人、分管领导是直接责任人、班子成员齐抓共管的良好责任机制。

（3）建立投入机制。要把农村基层党建工作经费纳入年度财政预算，保障农村基层党组织有正常工作运转经费，确保农村党员培训经费每人每年不少于30元。各级党委管理的党费要向农村党组织倾斜。

（4）建立激励保障机制。坚持从优秀村委会干部中定向考录乡镇公务员，对其中特别优秀的可以直接担任乡镇领导干部；帮助他们解决生活上的困难，逐步提高他们的报酬待遇，解除他们的后顾之忧。建立健全村干部社会养老保险和医疗保险制度，妥善解决任职时间较长、实绩比较突出的退职村干部生活保障问题。

（5）建立无职党员设岗定责机制。按照"自我认岗、民主推荐、支部定岗和公示明岗"的设岗程序，科学合理地设置岗位，确定岗位职责、设岗对象和岗位职数，做到"一名党员有一个岗位，一个岗位明确一份职责"。

（6）建立考评机制。把抓农村基层党建工作纳入上级领导班子和领导干部考核内容，把考核结果作为领导班子及其成员工作实绩评定和领导干部选拔任用、培养教育和奖励惩戒的重要依据。完善奖惩机制，积极营造"争先创优"的浓厚氛围。

三、研究成果的学术价值、应用价值及社会影响和效益

（1）研究成果得到有关领导的批示。省委常委、省委组织部部长辛桂梓批示："这个研究报告很好，提出建议很有针对性和操作性，我们将认真研究，以加强和改进基层党建工作。"省委副秘书长李森批示："经过课题组同志艰苦细致工作所形成的此课题研究，对在新形势下加强农村基层党建工作的重大意义及当前现状，论述较为充分、较为深刻和透彻，对加强此项工作的思路、目标、工作原则和提出的对策建议，针对性、政策性和可操作性都很强，是一个比较好的研究成果。建议以内刊报送省领导及有关部门参阅。"省委组织部常务副部长张百如批示："研究成果有的已被省委办公厅、省政府办公厅有关文件采用。"

（2）本课题研究成果已被中共云南省委政策研究室主办、供省委、省政府领导及各州市领导参阅的《领导参阅》摘刊。

（3）本课题研究成果部分被《中共云南省委办公厅　云南省人民政府办公厅关于贯彻落实党的十七届三中全会精神　加强

农村基层组织建设的若干意见（试行）》所采用。

课题名称：社会主义新农村建设进程中的云南农村基层党组
织建设研究

课题负责人：庞　勇

所在单位：中共云南省委农村工作领导小组办公室

主要参加人：张　云　陈绍波　何明华　邹远明　严　伟
李云乐

结项时间：2009 年 5 月 1 日

经 济 学

昆明"城中村"居民的生计问题调查与思考

一、课题研究的目的和意义

构建社会主义和谐社会,是推进经济社会发展的重要目标,也是经济社会发展的重要保障。加快推进和谐社会建设,首先要解决好人民群众最关心的就业、社会保障、扶贫、教育、医疗、环保和安全等问题。"城中村"是城市发展到一定阶段的特殊现象,存在的问题也很多,"城中村"居民的生计问题就是诸多难以解决的难题之一。要真正解决好"城中村"问题,应特别关注他们的生存问题,从解决"城中村"居民的生计问题入手。这就需要对"城中村"居民的生计情况作深入的调查和研究,动员和发挥全社会的力量,帮助他们解决所面临的问题,只有解决好他们的生存问题,"城中村"的改造才能顺利进行,对构建和谐社会才具实际意义。

该课题研究的目的在于,在深入调查研究的基础上,充分了解"城中村"居民生活的社会环境、生存条件和所面临的困难等,寻找解决的办法。为进一步缩小城乡差距,构建和谐社会献计献策。

二、研究成果的主要内容、重要观点或对策建议

（一）主要内容

1. 昆明市"城中村"基本情况分析

据昆明市规划局调查，目前，昆明市主城区建成范围内共有"城中村"336 个，居民总人口约为 110 万，其中，常住人口 7.75 万户，约 21.9 万人；非常住人口约 90 万人，为常住人口的 4 倍以上。村庄占地面积约 18 平方公里，建筑面积 3 800 万平方米。按 180 平方公里的城市建成区计算，每平方公里有村庄 1.6 个，占建成区的 16%。"城中村"与"城边村"的比例大约各占 50%，从城市核心区向城市边缘蔓延，并呈现出小而散的状态。分布于昆明市中心地带的"城中村"有 66 个，总人口为 14 200 户，约 34 500 人，总用地面积为 4.25 平方公里，占整个城市二环路内总面积的 9.4%，总建筑面积 600 万平方米，平均容积率 1.43，户均建筑面积 429 平方米（王京阳　2005）。余下的 200 多个"城中村"，均分布在三环路内外。"城中村"的建设基本上是按照农村传统的方式，存在着空间结构不协调、布局混乱、市政设施缺乏、环境质量差、安全隐患多、经济驱动力不足等问题，与现代新昆明建设形成巨大的反差。

2. "城中村"居民的生计来源

支撑"城中村"居民的经济收入的主要产业有：房屋租赁业，城市服务业，劳动密集型的制造业等（周林　2004）。和全国"城中村"一样，昆明市"城中村"居民主要分为两大类。一类是本土昆明市居民（常住居民），无职业、无技术、无投资人员占人口总数的 90% 左右（生计来源主要是房屋出租收入）；另一类是外来的流动人口（外来务工者，生计来源于各项务工

経済学

报酬)。

3."城中村"居民生计问题隐含着危机

(1)"城中村"常住居民生计来源较为单一,经济收入差距大。

一是补偿费用较低问题;二是土地增值收益分配不合理问题;三是居民的就业问题;四是居民欠缺经营管理能力问题;五是出租房闲置问题时有发生;六是物价上涨影响。

(2)外来居民收入偏低,生活水平不高。

一是劳动者技能差,只能从事一些简单劳动,不仅劳动报酬低,而且容易被取代;二是社会待遇不公平;三是就业的不稳定性,生活水平低下。

4."城中村"对城市建设和城市发展的贡献

一是"城中村"以牺牲自己为代价,促进了城市发展和社会的繁荣;二是"城中村"承担了城市廉价租房的功能,接纳了外来贫困人口;三是"城中村"对社会稳定作出了巨大的贡献;四是"城中村"外来人口对城市发展的贡献。

5.昆明市"城中村"存在的问题

一是城乡"二元体制"管理模式问题;二是缺乏城乡统一规划;三是"城中村"公共基础设施配套不足;四是社会治安问题;五是"城中村"居民的社会保障问题。

(二) 主要观点

"城中村"的存在是一个长期的事实,它不会因为非农化、工业化和户籍改革就能解决所有问题,也不会因为住房,街道的改变(外观)而改变或消失的。因此,对"城中村"的改造必须同时兼顾城市社会关系的和谐与空间关系的和谐。

1. 正确对待"城中村"问题

"城中村"的存在,是昆明经济社会发展中不可回避的问题之一，是农村建设与城市化矛盾冲突的具体体现。"城中村"的问题，较集中地反映出失地农民和进城务工农民在非农转移方面等，面临的社会接纳问题，如果处理不好，可能导致城市"城中村"出现"贫民窟"的演变趋势。

2. "城中村"问题的解决，只能依靠加强实践科学发展观来解决

要坚持以人为本，从关心"城中村"居民的生计问题入手，通过参与式途径展开研究，在理解与尊重"城中村"存在事实的基础上，采用化解和控制相结合的方式给予解决。

3. "城中村"选择适合自己生计方式是比较理性的

一是如果没有出租房收入，本地居民的经济来源难以维持长远生计；二是为增加经济收入，改变生产生活状况，农民选择了离乡背井。

4. 应加强对"城中村"居民的能力建设

对"城中村"的改造，首先，应加强对"城中村"居民的培训，从提高整体素质上增加他们融入城市主流社会的能力；其次，要通过加强社会保障来解决"城中村"居民面临的问题，消除其后顾之忧，阻止并化解"城中村"居民向"贫民窟"居民的演化。这要求对"城中村"居民社会保障程度的提高，必须与城市的经济增长幅度同步。

5. 坚持用科学发展观，对待"城中村"问题

用科学发展观，重新认识和对待"城中村"问题，同时，应加强"城中村"政治、民主、法制建设与管理。

（三）对策建议

1. 加强对"城中村"人口的文化素质和劳动技能教育

对"城中村"的改造，首先，应加强对"城中村"居民的文化教育和各种技术培训，从提高整体素质方面增强他们融入城

市主流社会的能力。政府部门和开发商在拆迁补偿时，除了房屋、货币补偿外，还应进行素质建设补偿和教育补偿。

2. 把"城中村"居民统一纳入社会保障范畴

尽快建立健全"城中村"社会保障制度，把"城中村"居民统一纳入社会保障范畴，政府应承担起这个重任，因地制宜、循序渐进，逐步解决他们在城市生存的后顾之忧。

建立健全公平的农民工利益保护机制，依法落实劳动用工制度，规范用工合同，重视农民工的生产安全和职业病防治等，为农民工排忧解难。

3. 将"城中村"纳入城市经济体系

政府应组建专门的经济发展公司，对现有的集体经济进行改制和重组，从以往的家庭作业、分散经营向更高层次经济形式发展。将"城中村"所属企业及土地、房屋等不动产折合成股份，使居民成为集团公司股东。

4. 统一规划、统筹管理

加强政府决策的权威性、有效性，将"城中村"管理纳入城市总体规划范围，坚持科学规划与统筹兼顾相结合原则，立足高起点、高品位，体现整体性、前瞻性、区域性和特色性。同时，应对"城中村"居民的生计问题进行深入细致的调查和研究，充分考虑村民的具体要求、生活出路和经济承受能力。

5. 对现行的城乡管理体制进行改革

对城市扩张建设过程中，"只占地，不管人"的管理体制和"城中村"社区管理体制进行改革，坚持以人为本，维护群众利益，依法合理实施"城中村"改造，充分考虑"城中村"居民的生活、生产、就业等各方面利益。

三、研究成果的创新之处

该课题力求通过探索"城中村"居民的主体经济行为，把握其规律和预期演变趋势，提出解决"城中村"问题的理论设想和实施方案。创新性表现在以下三方面：

（1）运用发展经济学和社会学理论与方法，分析当前"城中村"存在的根本性、突出性问题，作为建议的微观基础；

（2）从理论和实践的整体角度，对"城中村"问题的针对性和实效性进行研究；

（3）按照构建和谐社会的总体要求，用科学发展观，重新认识和对待"城中村"问题，并以此为依据提出解决问题的对策和建议。

课题名称：昆明"城中村"居民的生计问题调查与思考
课题负责人：罗荣淮
所在单位：云南省社科院
主要参加人：罗　海　吕素芬
结项时间：2008 年 7 月 30 日

云南贫困山区农村人力资源开发中
性别平等问题研究

一、研究的目的和意义

　　社会性别平等成为中国发展与建立和谐社会的核心问题,然而广大贫困山区农村妇女人力资源投入仍严重不足,因此更加关注贫困山区农村妇女人力资源投资,真正改善妇女在资源享有和利用、经济机会、权利和政治舆论等方面的不利地位,符合国家"十一五"规划建议中提出的"全面建设小康社会的难点在农村"以及构建和谐社会的目标要求。通过本研究寻求有效干预机制和瞄准机制,提出有针对性的对策建议,对缓解山区贫困、完善政策制度及提高人力资本投资效应均有重要的理论意义和实践价值。

二、研究成果的主要内容、重要观点或
　　对策建议

　　课题使用2006年的云南省民委和云南民族大学"新农村建设研究"项目数据库(村问卷150份、户问卷1 425份,涉及5 822个人)。利用计量经济学方法,从营养与健康、教育、外出就业三个方面分析了中国西部山区贫困地区人力资源开发和人

力资本投资方面的性别差异，经验研究的主要发现包括六个方面：

（1）在云南贫困地区，无论是成人还是孩子，女性的营养状况明显地不如男性；并且这种性别差异在低收入组别尤为突出，且还有拉大的趋势；而与年龄较大的组别相比，年龄较小的组别中，营养的性别差异没有缩小的迹象。

（2）从四周患病就诊的情况来看，控制其他影响因素以后，妇女在就诊可能性与就诊花费上和男性没有显著差异；新农合对于促进农户就诊的效果显著，并且在农户医疗卫生服务利用方面，新农合缩小性别差异的效果显著；这种促进妇女的医疗服务利用作用主要体现在妇女对村级以上医疗机构服务的利用上。

（3）在成人教育方面，主要发现包括：在成人教育不平等方面，女性群体较之男性群体高，并且这种差异主要体现在家庭个体层面，而非群体层面。教育性别差异分解的结果表明，教育性别差异主要可以由组内变化解释，而组间特征解释力较小。教育的性别差异主要存在于小学和初中阶段，但是发达程度不同的地区的差异特征各异：少数民族聚居的贫困地区教育的性别差异尤为突出。在控制了家庭收入差异以后，女性教育不平等程度显著高于男性，这体现出了家庭内部资源分配上的性别歧视。

（4）教育和营养的性别差异具有一种显著不同的特征，教育的性别差异在高龄组别中体现最明显，随着年龄组别的降低，这种差异逐渐缩小，在 20 岁以下的组别中，教育的性别差异几乎消失；而营养的性别差异则没有显示出这种特征，甚至在低龄组别中，营养的性别差异还有扩大的趋势。

（5）对孩子教育的分析发现，控制其他因素以后，女孩的辍学危险性要显著高于男孩。教育质量对于降低孩子的辍学率具有显著的影响；母亲的受教育程度对于减小孩子的辍学风险具有显著影响，而父亲的教育程度对子女辍学的影响则不显著。

（6）在农村青年外出就业的选择过程中，存在一些明显的年龄分层和性别分层的异质性特征。女性更多地还是受到传统婚姻家庭角色定位的影响；婚姻对于女性外出就业具有显著的负面影响，家庭土地面积对女性外出就业的影响也是如此。对于男青年来说，健康状况和长期的营养投资对于外出就业具有显著的正向影响，而这种体质特征对于女性却不明显；社区环境对于女青年外出就业具有非常显著的影响，即女青年外出就业更依赖于本社区既有的外出就业人群比例。

人力资源投资的性别不平等是造成女性长期受到不公平对待的根本原因之一，这种不平等严重影响了国家的发展前景。造成这种不平等的原因既有制度因素又有市场失灵（或者不完善）的因素，这就要求公共部门和私人部门共同采取行动来消除人力资本投资方面的性别差异。

基于本文经验研究的结论，并结合已有研究的成果，我们考虑促进西部山区贫困地区人力资源开发性别平等的政策建议框架包括：

（1）改革制度以确保男女权利和机会的平等。我们的研究和已有研究的结果都发现妇女的收入和财产的增加对于促进女童人力资本投资具有重要意义。因此，权利和机会保障，优先的措施是立法保护妇女的合法权益；首先包括妇女在家庭中的合法权益，妇女的土地权；其次是妇女外出就业的劳动合同保障，降低女性外出就业的成本和其他制度性障碍；再次是设计有利于山区贫困地区妇女获取平等服务的供给模式，包括在基层医疗卫生服务人员中，女性医疗人员的增加可以有效提高妇女对基层卫生服务的利用，从而提高生殖健康水平；最后是在乡村的基础教育中，加大女教师比重，提高教育质量，设立针对女童的生理教育和学校卫生服务项目。为消除营养的不平等，在贫困地区中小学校广泛推广强化营养的健康午餐等措施。

（2）促进经济发展，强化性别平等的激励机制。经济发展和经济增长有利于促进性别平等，但是必须借助于一定的机制才能够更快体现作用。这些机制包括女性劳动生产率和收入的增加，可以促进家庭作出投资于女孩的决策。山区基础设施，包括道路、改水改厕、交通、电力等方面的改善，可以有效减轻妇女的家庭劳动负担，解放妇女的时间和精力。在新农合不断加大投入的同时，有意识地提高妇女就诊的报销比例，避免家庭内部健康资源分配的不公平。在城市社区建立有效的医疗、教育和其他外来就业人群的社会保障制度；在农村社区提供针对留守儿童和老人的服务措施，促进女性劳动力的有效转移。

（3）在支配资源和参政议政方面保障妇女应享有的平等权利：这方面的建议包括在信贷、技术培训和其他的扶贫政策方面融入广泛的性别视角；在诸如公务员招聘和其他人员招聘方面建立性别歧视审查制度等；在各级政府和公共部门中保障妇女参政议政的平等权利。

三、研究成果的学术价值、应用价值及社会影响和效益

本课题采用定性研究和定量研究相结合，以定量研究为主。定性研究方法主要包括焦点组访谈和 PRA 方法，定量研究主要采用计量经济学模型，具体主要通过对西南山区贫困县农户的抽样问卷调查，建立数据库，使用计量模型得出相关的结论。

总的来说，以往的大多数研究往往只关注于人力资本投资性别差异的一个侧面，与此不同，该课题相对全面地分析了西部山区贫困农村地区人力资本投资性别差异的三个方面：营养与健康、教育、外出就业，并且包含了成人和孩子两方面的情况。结果发现：在人力资本投资方面，几乎都存在一定程度的性别差

异，和男性相比，女性的人力资本投资处于不利地位，尤其是在贫困组别中这种差异更加明显。在控制了其他因素的前提下，民族因素对于人力资本投资的性别差异并没有很强的解释力。

在我国，社会性别平等成为发展与建设和谐社会的核心问题之一，然而广大贫困山区农村妇女人力资源投入仍严重不足，因此更加关注贫困山区农村妇女人力资源投资，真正改善妇女在资源享有和利用、经济机会、权利和政治舆论等方面的不利地位，符合国家"十一五"规划建议中提出的"全面建设小康社会的难点在农村"以及构建和谐社会的目标要求。因此，通过本课题研究，寻求有效干预机制和瞄准机制，提出有针对性的对策建议，对缓解山区贫困、完善政策制度及提高人力资本投资效应均有重要的理论意义和实践价值。

课题名称：云南贫困山区农村人力资源开发中性别平等问题
　　　　　研究
课题负责人：高梦滔
所在单位：云南民族大学
主要参加人：何　云　孙海清　黄　梅　张宝东　何　佩
结项时间：2008 年 10 月 18 日

会计信息披露激励性管制研究

一、课题研究的目的和意义

在资本市场上，会计信息不仅存在外部性和搭便车，而且存在道德风险和逆向选择的现象，从而导致了会计信息市场失灵。为了缓解会计信息市场失灵，改善资本市场效率，包括我国政府在内的许多国家纷纷颁布一系列法律、规章和规范性文件，不断强化资本市场会计信息披露管制。

然而，学术界对会计信息披露管制的态度并非完全一致。罗斯·L. 瓦茨和杰罗尔德·L. 齐默尔曼（Ross L. Watts and Jerold L. Zimmerman, 1986）认为早期文献既不能支持完全的管制观点，也不能支持非管制的观点。斯蒂芬·A. 泽弗（Stephen A. Zeff, 1995）认为，美国财务报告管制无论是采用公共部门还是授权民间机构，每一方都会通过意想不到的方式影响着对方。威廉姆·R. 司可脱（William R. Scoott, 2000）认为，1933 年和 1934 年的证券立法是由支持潜在竞争的披露理论向为投资者提供更高质量信息的披露理论的转变，会计信息披露规范并不总是有效的。艾哈迈德·里亚希 - 贝克奥伊（Ahmed Riahi - Belkaoui, 2000）认为在会计准则的建立和执行中，无论是放任自由市场制定准则，还是由民间团体或政府立法机构来制定准则，都有其优点和局限性。中国证券市场的起步和发展相对较晚，国内学者对会计信息披露管制的研究从规范会计研究逐步过渡到实证会计研究，但分析性会计研究尚属空白，而且研究内容很少触及机制设计。

本研究的主要目的是运用分析性会计研究方法，从合约的观点去分析会计信息披露管制，考察会计信息披露在私人合约和公共合约两种形式下的经济学本质，从而为自愿性会计信息披露与强制性会计信息披露在合约意义上的选择提供依据。研究试图构建会计信息披露管制的合约分析框架，初步建立会计信息披露管制的激励性理论基础，进一步拓展会计信息披露管制的研究范围。同时，研究成果可以通过选择激励性工具来贴近资本市场实际，能够改善上市公司会计信息披露监管效率。因此，本课题的研究具有较大的学术价值和较强的应用价值。

二、研究成果的主要内容和重要观点

本课题的研究运用分析性会计研究方法，从合约的观点去分析会计信息披露管制，强调会计信息披露可以通过私人合约和公共合约两种形式来实现，这意味着自愿性会计信息披露与强制性会计信息披露在本质上是特定历史条件下不同合约类型的选择。在分析最优会计信息管制不可能性的基础上，研究了会计信息披露管制效力的可能性边界，要控制会计信息披露管制不足和管制过度，只能在可能性边界之内通过调整管制合约来实现，而改进合约效率则需要选择适当的管制工具为管制参与方提供充分的激励。研究报告主要包括 7 章。

第 1 章　引言。本章阐述了本课题的研究背景、研究内容和研究意义。

第 2 章　会计信息披露的主要观点。本章讨论了基于詹森和麦克林（Jensen & Meckling，1976）的代理成本理论以及斯宾塞

（Spence，1974）的信号传递理论的自愿性会计信息披露观点，以及以小约翰·科菲（John C. Coffee）为典型代表的基于会计信息市场失灵的强制性会计信息披露观点。分析认为，从理论上去严格区分自愿性会计信息披露和强制性会计信息披露是没有必要的。真正需要关注的是两者在经济本质上是否存在差异，包括证券法、会计准则等在内的各种管制工具，其根本效果是改变各种不同会计行为的成本和效益。对会计信息披露制度进行设计时，不仅强制性会计信息披露需要在实施管制所带来的收益和管制成本之间进行权衡，而且自愿性会计信息披露也需要在市场机制难以克服的效率损失与管制成本之间进行权衡。

第3章　会计信息披露的制度变迁。本章以19世纪40年代英国《公司法》的颁布和20世纪30年代美国的《证券法》和《证券交易法》的颁布为分水岭，将会计信息披露划分为自由放任时期、强制性披露确立时期和强制性披露强化时期三个阶段。分析表明，资本市场的变迁在一定程度上体现为会计管制的演进，而这种演进的主线是以不断强化会计信息披露管制为特征的，21世纪初以美国《萨班斯—奥克斯利法案》（Sarbanes—Oxley Act of 2002，SOX）为代表的强化管制的呼声是十分明显的。但是，强化管制并没有消除自愿性会计信息披露，资本市场普遍的会计欺诈也说明了强化管制并不是万能的。

第4章　会计信息披露管制的效力有限性。基于放松管制的基本思想，认为由于管制的基本立场、成本与收益、国别的特殊性等因素，使管制者难以设定最优管制目标；同时，因为存在会计信息的类别结构性、内容指向性和信息扩散性，管制者可能无从判断最优管制数量边界；而且，会计信息决策有用性和签约可靠性有一定的冲突，会计信息披露还存在内生的有限精度和业务滞后性，使管制者难以制定最优管制质量标准。会计信息最优管制的不可能性意味着管制存在有效性边界，作为一种制度安排，过分强调自愿性会计信息披露，或者过分依赖于强制性会计信息披露，资本市场效率是难以改进的；同样，简单地放松会计信息披露管制，或者简单地强化会计信息披露管制，资本市场效率也是难以改善的。对管制不足或者管制过度的控制，应该在有效性边界内通过调整管制合约来实现。

第5章　会计信息披露管制的合约分析。讨论了会计信息披露管制的合约原理，分析了会计管制参与双方不同主导类型下的信息披露合约，认为管制机构与上市公司相比处于主导地位时，会计信息披露水平的改善是由管制机构控制的；管制机构与上市公司相比处于对等地位，双方都可能影响会计信息披露水平的改善。但在两种不同条件下，管制者与被管制者都有动力通过对合约的讨价还价来实现高质量会计信息的披露。由于管制合约设计不仅涵盖了会计信息披露水平的法律界定，而且签约过程中的讨价还价行为对管制多方自动履行合约责任提供了激励基础，同时合约执行中道德风险也可能促进长期合约的更替。本章从会计信息披露立法、会计准则制定和信息管制实施的角度分别考察了管制合约的完备性、法律界定与道德风险。理论与实践度的分析表明，会计信息披露管制可以而且应该具有合约导向。

第6章　会计信息披露管制的激励机制。在简要回顾经济管制领域中激励性管制相关理论的基础上，重点研究了会计信息披露管制激励模型，认为在管制者提供真实披露激励的条件下，经理层和管制者之间存在纳什均衡。该均衡表明，当管制成本低于经理层的违规收益且超过管制总收益时，提供管制激励才是有效的。选择适当的激励工具能够引导经理层对信息欺诈风险与真实披露激励进行权衡，从而抑制经理层信息欺诈的动机。通常意义上的"通过加大'违规查处'力度来减少'信息欺诈'程度"的理念可能会导致管制得不偿失。同时，考虑到不仅选择不同的管制方式会带来不同的管制绩效，而且某种管制方式下特定的激励工具也会影响管制绩效，针对不同激励工具对管制效率改进幅度的差异，对公司股票期权、经理人市场执业许可、经理个人信誉排行等多种激励工具的选择提出了思考。

第7章　结论。对本课题研究的主要观点进行了总结。

三、研究成果的学术价值、应用价值及社会影响

本课题研究成果具有较高的学术价值，因为成果拓展了会计信息披露管制研究的范围，构建了会计信息披露管制的经济学分析框架，探索了会计信息披露激励性管制的理论基础。本课题研究成果从理论向实务转化，只要激励工具的创新贴近中国资本市场的实际，就能够改善上市公司会计监管效率，具有较强的应用价值。本课题的阶段成果《会计信息管制的合约分析》（论文之一，《财经科学》，2006.11）获得云南省第十一次哲学社会科学优秀成果二等奖（见云政办发〔2008〕127号文件），有一定的社会影响。

课题名称：会计信息披露激励性管制研究
课题负责人：彭家生
所在单位：云南财经大学
主要参加人：陈　娟　刘昌胜　赵兴军　徐淑英
结项时间：2008年11月17日

藏彝走廊地区历史上的族际经济
互动发展研究

一、课题研究的目的和意义

"藏彝走廊"是费孝通先生于 20 世纪 80 年代提出的一个重要学术命题，引起了国内学术界的高度关注。其范围大致包括云南、四川、西藏三省区交接的滇西北迪庆藏族自治州、丽江市、怒江傈僳族自治州；川西南的甘孜藏族自治州；西藏自治区东南部的昌都和林芝等地区构成的区域。这个区域与缅甸、印度等东南亚、南亚国家相交界，具有十分重要的地缘政治区位条件。区内主要有藏、纳西、汉、白、彝、傈僳、普米、羌、独龙、怒、回等民族，是中国西南边疆最典型的多民族聚居区之一，同时也是"藏彝走廊"和康巴藏区的核心组成区，一直以来该区域对西南边疆的稳定和发展有着举足轻重的影响。历史上，虽然这个区域的行政区划分属不同，但是由于族源、地缘、多民族互动发展及文化传播交融等原因，使得滇藏川毗邻区成为一个内向联系较为密切、彼此发展关联度较高的西南边疆民族区域。自古以来，藏彝走廊这个多民族交错聚居区内各民族基于自我生存发展的需要，形成了长期持续不绝的族际经济联系。这种经济联系，不仅是促进民族自我发展的重要动力，而且也是构成藏彝走廊地区多民族并存共生格局的重要基础。而这同样也是藏彝走廊民族研究的重要命题和内容。

综合现有的系统专题研究，主要局限于族群边界与认同、区域社会发展史、民族关系与文化交融、民族源流与迁徙、区域资源开发与人地关系演变等方面，对于"藏彝走廊"区域的民族经济特别是民族经济生活领域中的互惠共生研究，则是比较薄弱的，与民族关系、民族文化、民族源流等专题的深入系统研究形成鲜明对比。因此，如何基于藏彝走廊地区发展的整体性和各民族互惠共生等这些新的研究视角中去解读该区域的民族经济互动发展的特殊性，是一个尚待突破的重要选题。

本课题的研究，将增强藏彝走廊研究的深度和厚度，拓展基于多民族互动这个视角对藏彝走廊地区经济发展史进行研究的这个新领域，提升研究内容的整体性和系统性，同时还有助于逐步弥补目前学术界对藏彝走廊地区民族经济发展历史研究的不足，并有助于丰实和拓展藏彝走廊地区研究的内容。我们希望通过对藏彝走廊这个中国西南边疆重要的多民族区域历史上较活跃的族际经济互动的发展研究，重点探索这个多民族地区历史上族际经贸交流的主要发展形式，并在此基础上研究该区域民族经济发展的特殊性，从而为现实发展中的藏彝走廊这个中国西南边疆重要地区的经济开发与少数民族经济之间和谐共享发展的优化路径设计安排提供必要的历史借鉴和发展建议。

二、研究成果的主要内容、重要观点或对策建议

（一）研究成果的主要内容

本课题以突出藏彝走廊地区的区域整体性为基点，在长时段的发展视野中，以重大历史事件和重要历史时段为线索，对于藏彝走廊地区历史上的多民族经济互动发展历程和活动内容及其特

征、发展类型等问题进行较深入的系统研究，并揭示了这个多民族聚居区历史以来的社会经济发展特性及其成长机制。具体而言，课题从藏彝走廊地区的地理边界及其区域特征、族际人口迁移于藏彝走廊地区历史上的族际经济联系、以民族间物物交换与商贸为纽带的族际经济联系、以上毛集镇形成发展的辐射为导引的族际经济联系、藏彝走廊地区族际互动的启示思考等五个方面，分析论证了藏彝走廊区域内各民族基于自我生存发展需要形成的足迹经济联系在民族自我发展与该区域多民族并存共生格局形成的基础性作用。上述系统研究，无论从历史学或是民族学界对于藏彝走廊的研究来看，其研究内容都有较好的创新性和前沿性。

在研究方法上，本课题结合了民族社会学的"族际互动"这个学科视野，创新性提出了"族际经济互动"这个新理念，以此作为破解千百年来藏彝走廊地区互惠共生的实际事项及其特质。族际经济互动这个视角，是本课题研究内容的深度拓展和组织构思的思想基础。族际经济互动这个多学科交叉视野中创新理念的提出和应用，对于深入剖析类似藏彝走廊这样的多民族聚居区共生关系及其演变具有重要的指导意义。

在具体研究上，本课题重点研究了以下主要内容：

1. 族际人口迁移与藏彝走廊地区的族际经济联系

族际人口迁移是族际互动的重要前提和基础。历史上藏彝走廊地区的经济开发也在很大程度上受益于族际人口迁移。在这个部分，我们首先研究了以吐蕃国、南诏国、明代时期的木氏土司等地方政治势力扩张及其大规模移民活动对族际人口迁移的影响。文中我们指出，藏彝走廊地区的民族分布格局的形成演变，既与民族自发的迁徙流动有关，但是更应该看做是唐以后各种地方政治势力相交织、相消长的一种结果。此外，我们还研究了中央政府开边治边等相关举措影响下以汉族人口为主体的族际人口迁移。清中期以后汉民族人口大量进入藏彝走廊地区，经商开矿、开荒种粮、戍守汛塘等活动，对于这个区域多民族并存共生格局的形成、族际互动及其活动质量的提升，都具有重要意义。

2. 族际交换与藏彝走廊地区的族际经济联系

藏彝走廊地区，处于青藏高原东部，前端于长江流域上游，为四川盆地、云贵高原向"世界屋脊"的过渡地区与结合区域，是青藏高原的重要组成部分，是长江上游重要的生态环境敏感地区。这里山高谷深，大小坪坝交错其中，既导致了民族生产文化的多样性，也决定了山区与坝区、牧区与河谷之间的民族之间物资交换与商贸交流活动的密度与深度。任何一个民族的生存发展都离不开与其他民族之间的交换关系，而这种交换关系，因为藏彝走廊地区农牧相交接、山区和坝区相交错这一地域特性而出现诸多类型丰富的族际交换关系。如本课题重点研究的藏族的"乃仓"关系、纳西族的"客巴"关系、彝区的"干亲家"、独龙族的"布嫩牟"等族际交换关系。此外，伴随着商品经济的不断发展，以货殖为目的的族际商贸联系也开始在一些民族之间逐渐开展。如以茶马古道为纽带的藏区与周边民族区域之间的经贸联系等。在这部分的研究中，我们发现族群之间的交换关系，有着固有的文化边界和地理边界，而交换关系的跨族际运动和扩散，离不开族际互动基础上造就的心理认同和社会连带关系。

3. 以商贸集市或集镇为纽带的族际经济联系

明至清中期以来，藏彝走廊地区的商业和商业市场都曾有一个延续性的发展，并相继在一些交通沿线和府城市兴起了一批区域中心集镇。如大理、丽江、鹤庆、阿墩子（今德钦）、巴塘、西昌、康定、昌都、木里，等等。伴随着这些集镇空间结构的形成确立、市场体系的构建、城镇空间的扩展、城镇人口的集聚、城镇服务功能的提升，这些商贸集镇对于周边民族乡村的辐射能力逐渐增强，对于族际之间经济联系与互动发展起到了积极的促进作用。藏彝走廊地区星罗密布的这些中心集镇，伴随着它们商贸物资集聚功能的扩散、集镇服务功能的提升，对于吸纳山区、半山区民族进入商贸领域，拓展与其他民族之间的经济联系与交流，起到了较强的吸附作用。虽然当时集市贸易发展还很平弱，但是仍为区域内各民族群众参与贸迁活动提供了可能。这些散落于各地的交易集镇，犹如跃动于市场荒野中的盏盏明灯，照亮了各地各民族商贸参与者们前进的道路，给他们造就了许多的机会和条件。

(二) 重要观点或对策建议

本课题虽然以历史发展研究为基本内容，但是在撰写过程中特别注重了撷取中央政府边疆开发与少数民族经济互动发展之间的经验和启示。

1. 族际互动关系的成长和强化是边疆开发与边疆安全的重要基础

今天西部地区的发展同样需要重视民族之间民间互动发展机制的构建和培育。在目前的发展条件下，可以考虑将具有相同发展背景和基础的不同民族乡村整合起来，乡村为基本单位、以农户之间结成帮扶互助为内容，来构建新的族际互动发展关系。

2. 多民族共生关系的巩固与强化是藏彝走廊地区民族分布格局形成与稳定维系的保障

各民族之间经济联系密度的增强使得处于藏彝走廊腹心地带的滇藏川毗邻区这个西南地区重要的疆域，其内部的族群联系得以大大增强，而在族群间不断互动发展中成长的多元一体格局逐步确立和巩固，作为维系西南边疆安全的重要屏障这一效能也进一步得到发挥，为中央政府进一步进行边疆建设奠定了基础。

3. 族际人口迁移及其土著化是多民族互动发展关系品质提升的动力

藏彝走廊民族构成的多元化，无疑是藏彝走廊地区保持稳定的重要基础。而族际人口迁移成为民族分布格局构成多元化的重要前提。历代中央及地方政府都十分重视人口迁移及其长期根植其地的利益保障，这也成为迁移人口土著化的驱动力。因此，对于今天藏彝走廊内的多民族人口的流动进入，各级政府须上升到保障边疆持久稳定这个高度来看待族际人口流动及其利益保障问题。

4. 族际经济互动是藏彝走廊内各民族自我发展能力培育及其经济生活质量提升的重要源泉

历史上的藏彝走廊地区族际经济互动之所以能够源远流长发展千百年，一个很重要的原因就在于它能够吸引沿途不同民族社区居民依据自己不同的发展优势，以不同的方式和途径平等参与到民族间的各种商贸交流活动中。各取所需，各显所长，互动参与，是这个区域历史上经济开发与民族发展间互动关系所体现的最大特色。

这些重要观点和建议，对于西南边疆开发与边疆稳定、边疆资源开发与民族经济发展、边疆安全构建与族际互动等现实发展问题，均有一定的应用价值和借鉴意义。

（三）研究的不足与待改进的地方

课题在研究过程中，由于目前藏彝走廊地区族际经济互动发展研究既有研究比较缺乏，研究框架和研究内容基本都要靠课题组自身来设计完成，加之藏彝走廊整体性研究的时间和地域跨度均较大，所以，在课题本身资金支持有限、结题时间较紧的状况下，目前的结题研究在专题研究的饱实度和典型地域的研究深度上，均还有诸多尚待补充完善和提升的空间。如对藏彝走廊内各民族物质资料生产状况的变化缺乏细致的论述和整理，而这恰恰是凸显族际经济互动的必要性及其影响力的基础和前提。另外，藏彝走廊地区族际经济互动与近代西南边疆安全，也是一个比较重要而尚待深入的专题。

总的说来，本课题对于藏彝走廊地区历史上的族际经济互动发展研究，还仅仅是一个艰难的起步和探索，还有更多问题需要关注，更多研究需要深入。

课题名称：藏彝走廊地区历史上的族际经济互动发展研究
所在单位：云南师范大学
课题负责人：周智生
主要参加人：李灿松　吴映梅　魏靖辉　张利泉
结项时间：2008 年 12 月 5 日

取消农业税后云南农村新情况、新问题及对策研究

本课题成果分三大部分构成：第一部分为综合调研报告；第二部分为州市调研报告；第三部分为难点问题研究。

第一部分，综合调研报告（包括：第一、二、三章）：取消农业税为终结的云南农村税费改革情况回顾；第二章：取消农业税后云南农村所面临的新情况和新问题；第三章：取消农业税后云南农村新情况、新问题的解决对策等内容。

第一章：取消农业税为终结的云南农村税费改革情况回顾。课题从 2000 年中共云南省委、云南省人民政府决定稳步实施改革，先进行局部试点至 2006 年，云南省全面取消农业税。对农业税这个延续了两千多年的"皇粮国税"宣告终结的整个历史过程进行了全景式的历史回顾。

成果客观论述了关于取消农业税为终结的云南农村税费改革"减轻、规范、稳定"的阶段性目标和"四取消、两调整、一改革、一建立"的主要内容。热情讴歌了取消农业税为终结的云南农村税费改革的积极成效：一是使云南农民负担明显得到减轻；二是促使农村义务教育、基层组织运转等公共产品供给方式发生变革；三是初步规范了农村分配关系；四是增加农民在村内公共事务中的话语权；五是推动了乡镇机构改革和职能调整；六是着眼于建立农民增收减负的长效机制，积极预防和妥善处置损害农民利益的事件，维护农村社会稳定。

第二章：取消农业税后云南农村面临的新情况、新问题主要是：

（1）乡镇和村级组织财力不足，取消农业税后，乡村组织日常工作正常运转以及兴办公益事业更加困难。尽管一再压缩一般开支，仍很难缓解乡镇财政入不敷出的被动局面；村级经费尽管通过上级转移支付得到一定弥补，但也非常有限。在农村公益事业方面，无力承担农村公路兴修与维护，特别是山区那些以农业为主的乡镇，基本上没有合法性的新的增收进项，难以保证基础设施建设，如教育、修路等就更加困难。

（2）乡村两级债务负担沉重并且难以化解，云南乡村债务负担较为沉重。2005年底，云南省的乡镇债务已经超过100个亿，乡一级有60多个亿，村一级大约是40多个亿。云南乡村债务带来的主要问题：一是严重影响着乡村组织的正常运转；二是严重影响着干群关系和政府形象；三是严重影响着社会主义新农村建设；四是严重影响着基层组织建设；五是严重影响着农村社会的稳定。

（3）筹资筹劳的"一事一议"制度难以推行。在实践中，"一事一议"往往走了样，变了味，不是太讲民主"有事难议"，就是不讲民主"有事不议"。有的农民群众说："一事一议"是"事难议、议难决、决难行"。报批复杂，程序多；而有的村子由于村干部作风不民主，将主观臆断凌驾于民主集中制原则之上，"一事一议"筹资方案未经村民大会或村民代表会议讨论通过，就直接向农民筹资，群众怨声载道。

（4）农村公共产品及公益事业发展资金匮乏，城乡差距大，主要表现在公共产品资源匮乏和农村基础设施建设滞后，如农村义务教育、医疗卫生、计划生育、乡村道路、农田水利、广播电视、乡村电力等。上述支出，过去主要从农业税、各项提留、统筹和摊派来提供，取消农业税也就取消了提留、统筹、屠宰税和集资摊派等各种税费。客观上确实减轻了农民负担，但公共产品和公益事业的供给资金短缺问题凸显。

（5）基层干部及组织职能错位问题突出，过去，乡镇干部70%以上的时间和精力被用来抓征收农业税。取消农业税后，广大基层干部从繁重的"催粮催款"任务中解脱出来，乡村干部一夜之间变成了无权、无钱、无抓手的"三无"干部，对取消农业税后自己该干什么、怎么干，心中无底，茫然无措，思想观念和工作方式还没有随角色的变化转变过来，人浮于事的现象较为突出。

（6）农业税费征收遗留问题亟待研究解决。过去在农业税费征缴过程中缺乏有力手段，收效甚微，迫于"双过半"和"硬结账"的压力，村级组织通过借、垫等办法完成任务。现在取消农业税后，断掉了化解债务的资金来源，一些农民欠缴拒缴农业税费，认为反正中央已宣布取消了农业税，既然取消了，现在也不必交了，最后会"一吹风"了事，致使村级债务难以化解，村级干部陷入两难境地。

（7）种田"零负担"导致农村土地纠纷增多，由于农民种田实现了"零负担"，农村争田要地现象逐渐凸显，外出务工的农民纷纷要求收回原来委托村组转包的土地、摞荒后由村组调整转包的土地、代耕代种的土地，或者对被占用征用的土地要求提高补偿费，由此引发的纠纷、上访事件增多；农村第二轮土地承包的遗留问题日渐显露，一些新生人口、因婚嫁等原因迁入的人员要求得到自己的承包地；人多地少的矛盾日益突出，有的农户将退耕还林的土地复垦或干脆开荒。

（8）上级财政转移支付悬而难以及时到位，国家财政转移支付，是既减轻农民负担，又确保农民负担明显减轻不反弹，实现乡镇机构和村级组织正常运转，农村义务教育经费正常需要的有力保障。但就目前的实际情况看，只确保了农民负担明显减轻不反弹，而却难保乡镇机构和村级组织的正常运转以及农村义务教育经费的正常需要。

第三章：取消农业税后云南农村面临新情况、新问题的解决对策。由于新情况、新问题涉及许多方面，因此，应当采取综合性的措施加以解决：

（1）加大财政转移支付力度，在减负的同时维持农村基层组织正常运行，一是要明确财政转移支付的目标；二是要统一规范财政转移支付的标准；三是要建立财政转移支付评价、监督和考核指标，据此对转移支付资金的使用效益进行评价和考核。

（2）探索建立防债化债的长效机制，积极采取各种措施化解乡村债务，一是要对乡村债务进行清理；二是要通过盘活乡村资产、积极偿还债务；三是有条件的地方可发展集体经济来化解乡村债务；四是对国家干部、企事业单位职工及其家属的欠款，要限期清收；五是建立化解乡村债务目标责任制。

（3）规范完善"一事一议"制度，防止农民负担出现反弹，一是把好议事范围；二是把好议事的程序；三是把好议事的上限；四是做好议事监督；五是规范完善"一事一议"的政策法规。

（4）建立完善农村义务教育和基础设施投入的新机制，建立明确规范的中央和地方农村公共产品投入体制。

（5）加强基层组织建设，提高乡村干部服务"三农"的综合能力，首先，要解决好乡村干部思想认识问题；其次，适当调整农村行政村的规模等。

（6）根据农户不同情况采取不同的处理方式及时清理农业税尾欠和债务，对于应由农户承担的债务，应根据农户不同经济条件采取不同的处理方式。

（7）积极推进乡镇机构改革，巩固取消农业税为终结的农村税费改革成果，通过改革来压缩人员，减轻负担，建立确保农民负担不反弹的长效机制。

（8）进一步规范和完善上级财政转移支付制度，要不断提高财政转移支付的规范化水平，力求使这一制度尽快走向完善。

第二部分，州市调研报告（包括第四、五、六章），内容包括对省内大理州、曲靖市、昆明市、玉溪市、保山市、版纳州、临沧市、德宏州、楚雄州等州市取消农业税后农村面临的新情况、新问题的调研、乡村债务情况调研以及应采取的相应对策报告。（略）

第三部分，难点问题研究（第七章）：（摘要）

第一，关于乡村债务化解难问题的政策建议：一是对乡村债务问题进行全面调查和研究并锁定债务；二是中央政府和省政府应在解决乡村债务问题方面发挥主导作用；三是优先解决乡村政府和组织与农户、个人之间发生的债权债务问题；四是采取财政借款方式兑付部分因借款垫交税费形成的债务。

第二，关于"一事一议"执行难问题的政策建议：一是明确"一事一议"制度应坚持的原则；二是完善"一事一议"议事程序和制度；三是加大政府投入引导。发展农村公益事业，需要充分发挥农民的积极性；四是加强监督管理：①强化预算约束；②严格资金管理程序；③普遍推行村务公开。

本课题属调研性课题，要求客观反映真实情况，并在此基础上提出对策性建议。相信本课题成果能为云南社会主义新农村建设、解决"三农"问题、工业反哺农业、城市带动农村、推进云南城乡统筹发展、彻底改变城乡二元结构、推进云南农村整体性改革等问题的研究提供必要的参考资料和基本数据。

课题名称：取消农业税后云南农村新情况、新问题及对策研究

课题负责人：李晓冰

所在单位：中共云南省委党校

主要参加人：徐理洁　赵晓华　肖　雁　梁　萍

结项时间：2009 年 5 月 4 日

云南新农村建设中的公共产品
有效供给研究

一、课题研究的目的和意义

中共中央在 2005 年《关于制定国民经济和社会发展第十一个五年规划的建议》中强调指出："全面建设小康社会的难点在农村和西部地区，要从社会主义现代化建设全局出发，统筹城乡区域发展，坚持把解决好'三农'问题作为全党工作的重中之重，实行工业反哺农业、城市支持农村，推进社会主义新农村建设，促进城镇化健康发展。"温家宝总理把建设社会主义新农村的目标概括为 20 个字：生产发展、生活宽裕、乡风文明、村容整洁、管理民主，体现了在农村实现物质文明、精神文明、政治文明、生态文明的统一要求，即"要按照生产发展、生活宽裕、乡风文明、村容整洁、管理民主的要求，坚持从各地实际出发，尊重农民意愿，扎实稳步推进新农村建设"。农村公共产品供给状况的改善是化解"三农问题"的关键，新农村建设 20 字目标与农村公共产品供给密切相关。当今农村公共产品的供给缺陷制约了云南新农村建设，因此研究云南农村公共产品的有效供给具有重要的现实意义。

迄今为止的研究表明，创新农村公共产品供给制度已取得了共识。目前有些问题仍需进一步探讨：农村公共产品大多有较强的地方色彩，云南农村老少边穷的特殊因素决定了需要根据云南地区发展的差异选择供给模式。

因此，课题系统全面研究在新农村建设背景下云南省农村公共产品、农业公共产品供给水平，探索有效供给模式，建立相应的对策体系，并提供对云南省经济社会发展有价值的相关研究成果和咨询报告。

二、研究成果的主要内容、重要观点或对策建议

课题研究成果可分为以下五部分。

（1）公共产品理论与中国公共财政的定位。主要包括公共产品的定义、公共产品的有效供给、地方公共产品的供给与财政分权理论、中国财政体制变迁与政府的公共产品供给职能的定位等几部分内容。建立了公共经济学视角下农村公共产品供求的理论框架。对中国公共财政特征进行深刻的提炼，用公共产品有效供给的主线解析中国公共财政制度变迁、财政体制的缺陷与变革思路，明确提出公共财政的变革方向就是公共产品的有效供给。作为中国庞大的公共经济部门重要组成部分的政府有了较明确的定位，明确界定在市场经济体制下政府的经济职能就是向社会公众提供广义公共产品（纯公共产品和准公共产品）。对公共产品理论的研究能为我们完善社会主义市场经济体制，正确定位中国政府职能提供重要的理论支持。

（2）新农村建设目标的提出与农村公共产品的有效供给。研究了社会主义新农村建设目标提出的必要性与可行性，提出，公共产品有效供给是建设社会主义新农村的有力保障，农村公共产品供给不足已成为建设社会主义新农村的严重障碍，农村公共产品供给缺陷是导致农村政策悖论的根本原因。对有关农村建设

运动的借鉴研究发现，新农村建设的紧迫性和必要性愈发强烈；中国总体上已经到了"以工促农、以城带乡"的发展阶段，中国的发展成就为"新农村建设"提供了可能性、可行性。

（3）云南农村公共产品、农业公共产品供给水平，财政支农宏观效应的定量分析。将农村公共产品分为农村基层行政服务、农村基础设施建设、农村文化教育、农村卫生事业发展以及农业科学技术5类，采用定量方法研究了云南省农村公共产品的供给现状，对云南省各州市的供给水平进行评价。从总量和结构方面重点分析了云南省财政对农业公共产品供给力度，以及财政支农资金的使用效率。实证分析结果显示：1978—2005年间，云南省财政支农总量没有成为农民收入增长的关键因素，主要体现在云南省财政支援农业生产在结构上不具有合理性。提出，在新农村建设期间，云南省财政需要适当提高农业科技三项费用的比重，进一步实现传统农业向现代科技农业的转型。

（4）对国内典型地区主要是云南省内农村公共产品供给模式的调研与案例分析。选定国内典型地区，特别是对云南典型地区的深入调研，应用有关的调查方法和案例分析法调研各地农村公共产品供给模式。

（5）云南省新农村建设中农村公共产品供给模式。由于云南省各地区间具有很大的差异，如总体经济水平、产业结构、地理条件、文化背景等，所以云南省农村公共产品供给不可能按照统一的模式进行供给，尤其是在社会主义新农村建设期间，更要根据各地区间的不同情况，施行相配套的农村公共产品供给模式，这样才能发挥当地条件优势，优化农村公共产品的供给。考虑到云南省各地区社会、经济、文化方面的不同情况，以及对新农村建设中农村公共产品供给典型模式的研究，提出，在云南省新农村建设期间农村公共产品供给的典型模式主要有：城乡统筹发展模式、产业带动发展模式、社会事业优先发展模式、市场机制诱导发展模式、劳务输出发展模式、全社会动员协作发展模式。

三、研究成果的学术价值、应用价值及社会影响和效益

建立了公共经济学视角下农村公共产品供求的理论框架。对中国公共财政特征进行深刻的提炼，用公共产品有效供给的主线解析中国公共财政制度变迁、财政体制的缺陷与变革思路，明确提出公共财政的变革方向就是公共产品的有效供给。

系统全面研究在新农村建设背景下，云南省农村公共产品有效供给模式，建立相应的对策体系，提供对云南省经济社会发展有价值的若干研究成果和咨询报告，对云南省乃至西部地区新农村建设的公共产品供给水平提高提供理论支持。提出，在云南省新农村建设期间农村公共产品供给的典型模式主要有：城乡统筹发展模式、产业带动发展模式、社会事业优先发展模式、市场机制诱导发展模式、劳务输出发展模式、全社会动员协作发展模式。

基于中国西部特别是云南省经济社会现实，借鉴西方公共经济学规范与实证研究的新成果，为农村公共产品供给与需求机制构建提供理论支持。选择典型地区展开调查研究，比较各样本地区资源约束条件、现有供给模式形成的原因、体制优势与劣势，提出对云南的借鉴意义。

课题名称：云南新农村建设中的公共产品有效供给研究
课题负责人：姚永秀
所在单位：云南财经大学区域发展研究所
主要参加人：叶文辉　缪小林　孙树恩　楼东伟
结项时间：2009 年 6 月 3 日

民族问题研究

民族地区失地农民问题研究

——以百色水利枢纽工程云南库区失地农民为例

《民族地区失地农民可持续发展研究——以百色水利枢纽工程云南库区失地农民为例》，是由云南民族大学黎贵优同志主持完成的云南省 2006 年哲学社会科学规划基金项目。该课题由黎贵优、马云、胡洁、张姣妹等同志共同完成。

一、课题研究的目的和意义

失地是工业化、城镇化和基础建设的必然产物。但许多专家学者主要分析了城市化或城镇化过程中失地农民的现状、权益保障、补偿机制以及就业出路等方面，并提出相应的对策建议。但在研究过程中还存在：①因城市化或城镇化造成失地的农民问题得到理论界的重视，并取得一定的研究成果；但对因国家基础设施建设造成失地且分散的失地农民研究相对较少。②注意对失地农民造成原因、补偿问题、就业问题等研究，但对失地农民长远发展特别是可持续发展问题却没有得到足够的重视和研究。③目前的研究大都从某一侧面或某一点进行，没有看到把失地农民问题当做一个整体问题来研究。由于原先都居住在边远山区农村，居住分散，况且情形呈现繁杂性和多样性，整体文化素质相对较差，缺乏维权意识，成为社会弱势群体的失地农民，没有引起理论界和各级政府的足够重视。民族地区随着国家西部大开发力度增强，失地农民还会继续产生。为了能使失地农民紧跟现代化建设的步伐，必须加强对民族地区失地农民问题的研究，探索出不同于东部城市化、工业化而造成失地农民的民族地区失地农民的可持续发展道路。

百色水利枢纽工程是国家计委批准的以防洪为主、兼有发电、灌溉、航运以及供水等综合效益的大型水利枢纽工程。该工程淹没区除百色市右江区6个乡镇25个村及阳圩集镇以外，还淹没到云南省富宁县剥隘、者桑和谷拉3个乡镇，造成云南库区失地农民近万人。选点理由是：①云南库区是一个生活着壮族、苗族、瑶族、彝族等多民族聚居区，失地农民是一群世代生活于斯的少数民族群众，解决好他们的生存和发展问题不仅仅是一个经济问题，而且还关系到民族团结和社会稳定；②云南库区农民失地是由于百色水利枢纽工程建设所致，这一工程涉及广西壮族自治区和云南省以及开发业主等各方利益。③百色水利枢纽工程是一项在建工程，便于及时掌握第一手资料，确保真实性。选择云南库区失地农民问题进行分析研究，具有革命老区、多民族性、跨省区协作等特点。经过实地调查分析，探索民族地区水利工程建设过程中失地农民的出路问题，为今后云南乃至西部地区水能资源开发利用提供借鉴。

西部水能资源蕴藏量及技术可开发量分别占全国的82.5%和84%。仅云南省水能资源理论蕴藏量10 364万千瓦，年发电量可达9 078亿度。全省可开发的装机容量达7 116万千瓦，年发电量为3 944亿度，具有巨大的开发潜力和良好前景。本课题以广西百色水利枢纽工程云南库区失地农民问题为个案分析，结合在云南库区建设和开发过程中出现的问题，有针对性地提出对策、措施和建议，为云南省乃至西部水能资源开发而造成失地农民的安置提供可借鉴的决策参考。

二、研究成果的主要内容、重要观点或 对策建议

21 世纪之初，国家实施了西部大开发战略，加大了对西部民族地区基础设施的建设投资。西部民族地区蕴藏着丰富的水能资源，面对石油、煤炭等能源日趋紧张的局势，加大开发和合理利用西部水能资源成为西部大开发的重要内容。随着西部水能资源的开发，随之而来的库区移民问题也现实地摆在西部各级党委和政府的面前，如何解决好西部民族地区的移民问题成为各级政府工作的难点。西部民族地区经济滞后、少数民族移民群众文化素质相对较低、生产技能单一、思想观念保守等因素的影响，并且各族群众大都分散居住在边远山区农村，居住分散，情形呈现繁杂性和多样性，给当地党委和政府解决移民问题增加了许多困难。但随着国家西部大开发力度增强，失地农民还会继续产生。为了能使失地农民紧跟现代化建设的步伐，必须加强对民族地区失地农民问题的研究，探索出不同于东部城市化、工业化而造成失地农民的民族地区失地农民的可持续发展道路。本课题研究的目的和意义，就在于探索西部民族地区水能资源开发过程中失地农民可持续发展的规律，为今后进一步开发西部地区水能资源失地农民安置搬迁等工作提供参考。

该课题最终成果由《民族地区失地农民可持续发展研究——以百色水利枢纽工程云南库区失地农民为例》、《民族地区失地农民补偿机制研究》和《民族地区失地农民社会适应性研究》三个研究报告组成。《民族地区失地农民可持续发展研究——以百色水利枢纽工程云南库区失地农民为例》作为总报告，着重阐述了在西部民族地区进行水能资源开发，必须将西部民族地区各族失地农民纳入工程建设重要内容，力戒出现"重工程、

轻移民"的错误观点和行为，让西部民族地区失地农民能够借助国家西部大开发的大好机遇，逐步走上可持续发展道路。报告认为，在西部大开发的背景下实施水利工程建设项目必须充分兼顾由此而产生的失地农民的生存和发展问题，按照"三个代表"重要思想以及中国共产党的民族理论和政策的要求，在科学发展观的指导下，将失地农民的发展纳入工程建设的重要内容，要使西部民族地区失地农民能够做到可持续发展，必须认真贯彻党的民族理论和政策，切实促进少数民族和民族地区经济社会发展，必须转变政府职能，充分发挥地方人民政府的职能作用，必须将失地农民工作与民族地区各族群众发展相结合，必须加强失地农民人力资源开发，使失地农民尽快适应新的生存环境，必须利用区位优势，恢复古镇风貌，发挥剥隘新镇的城镇辐射功能，促进当地经济的发展，必须培育支柱产业，实现百色水利枢纽云南库区失地农民的可持续发展，必须把失地农民安置与城镇化建设结合起来，推动民族地区城镇化发展，必须按照建设社会主义新农村的要求，推动后靠村寨的建设和发展，从而促进库区失地农民可持续发展。

西部民族地区失地农民也和全国其他地区失地农民一样，失去了土地，也就意味着失去了原有的经济来源和生活保障，随着城镇化的发展，许多失地农民转变了原有的身份，由地地道道的农民变成了城镇居民，面对传统生产生活方式的改变，失地农民怎样才能适应这一新的生存环境，又成为失地农民所面临的又一重大难题。失地农民问题是伴随着工业化、城镇化以及对自然资源开发等社会活动而产生的社会问题，正确把握和处理失地农民的生存和发展问题，促进其可持续发展，不仅有利于项目建设的顺利进行，而且有效地维护社会稳定，促进社会和谐。该课题组成员通过大量的实地访谈，了解和把握失地农民在移民搬迁后所存在的心理承受问题以及近三年来失地农民所持的观望态度等。

经过对问题的分析和把握，从心理学、社会学等角度，探究失地农民从农民到城镇居民的社会适应问题。由此形成了该项课题的第一个子报告即《民族地区失地农民社会适应性研究》。该研究报告着重从民族地区失地农民在社会适应中存在的问题及原因分析、民族地区失地农民社会适应性的对策思考等两大方面进行了分析论证。为了使失地农民能够尽快地适应新生活和环境，必须加强后期扶持力度，缩短适应期，应建立和完善覆盖失地农民的社会保障制度，必须加大对失地农民人才资源开发，必须提高失地农民对市场经济环境的适应能力，必须促进失地农民转变思想观念，克服自卑心理，增强自立自强意识，对失地农民加大教育力度，进行必要的心理调适，使其尽快适应新生活和新环境。

失地农民补偿问题是整个水利枢纽工程建设最棘手的问题，国家经费投入有限，失地农民原有的经济社会基础很差，导致这一矛盾难以得到较好解决。加强对这一问题或矛盾的分析和研究，寻找或探索失地农民补偿的切入点，并提出相应的政策建议。在这一基础上，形成了第二个子报告即《民族地区失地农民补偿机制研究》。该研究报告从百色水利枢纽云南库区失地农民补偿存在问题、原因和对策建议三个部分入手，提出了补偿标准应尽可能反映市场经济的特点，应建立征地补偿听证会制度、合理的利益分享机制、相对独立的监管或监理机构、机会成本核算机制等失地农民保障机制。只有在制度完善、机制健全的前提下，才能保证失地农民得到合理的补偿，促进失地农民的可持续发展。

三、成果的学术价值、应用价值及社会影响和效益

　　该课题研究报告是在进行实地调查和分析的基础上而形成的，较为充分地反映了目前水利工程建设所造成的失地农民的生存和发展遇到的问题，并提出相应的对策建议，针对性较强，对今后水利工程建设项目的实施具有一定的参考价值和借鉴作用。

　　课题名称：民族地区失地农民问题研究——以百色水利枢纽工程云南库区失地农民为例

　　课题负责人：黎贵优

　　所在单位：云南民族大学

　　主要参加人：马　云　张姣妹　胡　洁

　　结项时间：2008 年 5 月 17 日

云南少数民族文化传统中的
和谐文化因素研究

——以哈尼族为例

一、课题研究的目的和意义

文化是一个民族的灵魂,是维系国家统一和民族团结的精神
纽带。和谐文化是和谐社会的基础和动力,没有精神和文化上的
和谐,社会的和谐就没有思想根基。当前,我国的改革发展正进
入关键时期,人们思想活动的独立性、选择性、多变性和差异性
进一步增强,建设和谐文化是一项新的战略任务。建设和谐文
化,拓展文化的包容性,引导人们树立和谐的思想观念和思维方
式,对构建和谐社会具有基础性、先导性的意义。中共中央在
《关于构建社会主义和谐社会若干重大问题的决定》中指出,建
设和谐文化,是构建社会主义和谐社会的重要任务。2006 年,
胡锦涛同志在云南视察工作时强调,树立共同理想、打牢共同思
想基础、弘扬民族精神、开展道德建设,特别是要宣传和树立
"八荣八耻"为主要内容的社会主义荣辱观,促进和谐文化建
设,为构建社会主义和谐社会提供强大的思想道德力量。讲话首
次提出了建设和谐文化的战略思想,深刻阐述了加强和谐文化建
设的重大意义,为和谐社会建设找到了新的突破口,为云南和谐
社会建设指明了方向。胡锦涛同志在党的十七大报告中指出要树

立建设和谐文化，培育文明风尚的目标。在边疆民族地区建设和谐文化，是边疆民族地区构建和谐社会的重要部分，和谐文化的建设能够促进边疆民族地区的发展、民主、文明和富强，对边疆民族地区经济社会的发展具有十分重要的意义。

云南拥有罕见的民族文化多样性优势，云南各民族所固有的文化传统一向得到较好保存，在人类世界的文化环境中占据着文化信息传承多样性中心的地位，各个民族、各种文化在这里长期并存，构成了一处世界上少有的多民族群体、多文化形态共生带，其中"人与自然和谐"达到了古老文明的极致。各族人民在长期的生产生活实践中，形成了自己特有的民族文化和优良的传统美德，在今天仍然有着积极意义和重要价值。在云南的少数民族文化中，有关"和谐"的思想非常丰富，各具特色、丰富多彩的民族文化和民俗风情，民族语言、民间文学、民间美术、民间音乐、民间舞蹈、民间戏曲、民间曲艺、民间杂技、民间手工技艺、生产习俗、消费习俗、人生礼俗、岁时节令、民间信仰、民间知识以及游艺、传统体育与竞技等文化和习俗源于自然，顺乎人性，体现了天人合一、包容万物、兼收并蓄、醇厚中和的"厚德载物"的和谐精神。

哈尼族拥有丰富的、历史悠久的民族文化资源，民族文化艺术和民族风情资源独具特色、丰富多样、异彩纷呈。哈尼族文化具有多样性的优势，在云南少数民族文化中占有重要位置，并具有较为突出的代表性。长期以来，哈尼族的传统文化得到了较好保存，在对自然环境的依赖和利用实践中，积累了朴素的生态维护经验和人与自然和谐相处的智慧。在哈尼族的神话传说、宗教信仰、民族语言、民间文学、民间美术、民间音乐、民间舞蹈、民间手工技艺和风俗习惯等方面，有关"和谐"的思想非常丰富，蕴涵着保护生态环境和追求人与自然和谐相处的意识、知识和理想，成为哈尼族传统文化中的和谐文化因素。这些和谐文化因素源于自然，顺乎人性，体现了人与自然和谐相处的精神，在今天仍然有着积极意义和重要价值，对保护哈尼族地区的自然生态环境，实现人与自然和谐相处，构建和谐社会具有重要的促进作用。

二、研究成果的主要内容和对策建议

哈尼族传统文化中的和谐文化因素是哈尼族与自然实现和谐相处的重要基础和条件。哈尼族在多样化生态环境中所创造的梯田农业和梯田文化，是哈尼族与自然生态系统互动协调、能量转换的结果，是哈尼族与自然和谐相处的突出表现。哈尼族与自然和谐相处，维系着哈尼族地区多样化的自然环境、多样性的物种与和谐的民族文化。哈尼族丰富的民族文化中渗透了许多和谐的文化因素。例如，迁徙史诗《哈尼阿培聪坡坡》，叙述哈尼族发轫、迁徙的漫长历史，哈尼族渊源于古代的羌人族群，哈尼族先民从遥远的北方一个名叫"努玛阿美"的地方，在千百年的历史岁月里，经过漫长的迁徙历程，最后定居于滇南的群山峻岭和红河流域的山间密林之中。在与红河的大山、土地和河流等自然生态环境不断进行亲密接触和物质生产的过程中，采用梯田农耕的方式，与自然生态环境进行了有机地结合和良好地互动，形成了人与自然的和谐发展。哈尼族自称"摩咪然里"，即"天然神之子"。把"天"当做大自然的象征，即认为自己是大自然之子，强调与自然的和谐相处。哈尼族拥有一套系统的生态伦理思想，体现了人与自然和谐发展的理念，在认识天地自然本质、处理天人关系、维系人地良性互动关系、保护大森林的一系列行为规范，具有积极的作用，产生了显著效应，在一定范围内有效地保护了本民族生存区域的原始植被，保证了梯田稻作文明世代相传的生态环境和水源基础。哈尼族在与自然相处的过程中，实现了人文与自然和谐，互敬、互爱、和谐共处，其传统文化中包含着丰富的和谐文化因素，并体现了哈尼族优秀、坚忍不拔的民族精神。哈尼族传统文化在劳动生产、社会生活、居住环境、风俗习惯、宗教信仰、节日礼仪、自然环境等多个方面都体现了人与自然和谐相处的思想观念及和谐的文化因素，哈尼族传统文化中的和谐文化因素对当地的生态环境进行着良好的保护，保护了森林、植被、湖泊、水源、土壤，维护并实现了哈尼族地区良好生态环境的可持续发展。

（一）哈尼族传统文化在与自然生态环境实现良性互动，进行梯田的开垦、耕作和水利灌溉过程中的和谐文化因素

哈尼族地区多为山区，大山多、河流多、森林植被多、动植物种类丰富多样，构成了哈尼族地区生态环境的基本特征。地理地貌、生态环境的客观条件，决定了哈尼族的生计方式和发展状态，生态环境对哈尼族的思想观念、宗教信仰、生产劳动、社会生活、文化风俗、居住格局、饮食服饰、法律规范、社会组织等产生了重要影响。长期以来，哈尼族与生态环境有着紧密的联系，与自然界友好相处，利用和保护生态资源，实现与自然界的协调发展。哈尼族地区多样化的自然环境生态系统为哈尼族民族文化的多样性创造了生存发展空间，而生态系统多样性和民族文化多样性为民族文化中和谐文化因素的产生与发展创造了条件。

1. 梯田的开垦和耕作中的和谐

哈尼族根据自己生活的具体的自然生态环境，在半山区创造了梯田这种极为独特的山区水田农业生态系统，梯田农业系统是与自然生态系统相互吻合，哈尼族根据自然规律，有序利用自然生态所建构的。梯田是哈尼族人民与哀牢山大自然相融，和谐互促、互补的天人合一的人类大创造，是文化与自然巧妙结合的产物。

2. 梯田水利灌溉中的和谐

在梯田耕作上，充分体现了哈尼族传统文化与自然环境形成良好的互动，其和谐文化因素有效地促进和保护了生态环境的发展。哈尼族结合当地实际的地理环境和地貌特征，在梯田的修筑、耕作和水利灌溉过程中，形成了一整套科学合理的方法和制度。

就哈尼族地区的生态环境系统而言，梯田和森林一样是这个系统中不可分割的一个重要部分，梯田的完整和梯田水环境的良好程度，直接关系到森林能不能有充足的水，也关系到当地所处的红河流域水土流失等灾害的防范。有了梯田的存在，不仅给当地人的生计提供了基础资源，同时也有效地保持了红河流域的湿度并有利于对水土流失等自然灾害的防范。而千百年来，哈尼族传统文化中关于开垦梯田、保护梯田、保护森林、热爱水源、与自然和谐相处的优良传统，指导着社会生产，规范着人们的行为，对梯田的保护与发展起至关重要的积极作用。

（二）哈尼族传统文化在社会生活中的居住环境、房屋式样、服装服饰等方面的和谐文化因素

1. 居住环境和房屋式样中的和谐

哈尼族十分注重对居住环境的选择，在村寨的选址和建设过程中，充分体现了哈尼族传统文化中的和谐文化因素。哈尼族在创建村落时，村址的选择必须具备茂密的森林、充足的水源、平缓肥沃的山梁等垦殖梯田不可缺少的条件，他们将居住的村寨建在山区海拔 500 米 ~ 1 600 米的坡梁上，村寨的选址位于半山腰，村子依山而建，街巷忽上忽下，并选择半山腰向阳坡、视野开阔的区域，或依山傍水的地段依山势的走向来盖房。哈尼族的房屋通常是以土木为结构，茅草盖顶的形式为主要的建筑风格，其建筑形式包括茅草房、蘑菇房、封火楼、土掌房、千脚落地的干

栏房。

村寨的上方是海拔较高、气候较为阴冷的高山区域，那里保持着茂密的原始森林。一年四季都会云遮雾罩，降雨充沛；另外从炎热河谷的江河湖泊中蒸发升腾的水蒸气在此化为绵绵雾雨，在林中汇成数不清的水潭和溪流，源源不断地供给半山腰居住的哈尼族人民，这种良好的自然环境条件有利于哈尼族的生存、延续和不断繁衍，展示了人与自然环境的完美和谐，与生态系统的相夕相融。建于中半山的哈尼族村寨是适应梯田农耕生产方式的最佳建筑模式，它集森林—水系—村寨—梯田"四素同构"的特点为一体，形成了一个不同层次平衡分布和统一协调的和谐局面，构建了一个良好的民族文化和生态循环系统。森林—村庄—梯田—水系"四素同构"的生态系统作为一个活的系统，是哈尼人民改造自然，变自然生态为农业生态的独特创造，成为人类活动与自然生态完美结合的范例。

2. 服装服饰中的和谐

在哈尼族传统文化中，服饰文化是最具特色的要素之一。哈尼族的服饰风格古朴、庄重、异彩纷呈、内涵丰富，反映了本民族所处的自然环境、民族历史，农耕活动、图腾崇拜、社会礼俗等。各地的哈尼族服饰各有特色，但总体来说，哈尼族崇尚黑色，黑色是哈尼族服饰的主色调。

哈尼族的服装服饰浓缩了哈尼族的民族迁徙历程，显现了梯田文化特征。到了近代，由于棉纺品、中长纤维织品大量进入哈尼族聚居区，哈尼族穿黑衣青裤、黑裙的习俗逐渐被打破，现在，哈尼族的衣服已是色彩纷呈。目前连衣裙、迷你裙、中山装、西服等新潮服装已为哈尼族青壮年所接受，形成传统服饰与现代服饰相结合的新潮流。

（三）哈尼族传统文化在节日庆典、风俗礼仪、宗教信仰、祭祀活动中的和谐文化因素

1. 节日庆典中的和谐

在长期的生产生活中，哈尼族形成了具有民族特色，内容和形式十分丰富的民俗文化和节日文化。在这些民俗和节日文化中蕴涵了独特而深厚的民族文化资源，其中就包含了不少"人与自然和谐相处"、互敬互爱的优良传统。哈尼族的传统节日一般都结合梯田农耕时令和重要农耕活动，并与民族祭祀活动紧密相连。节日活动的时间大都在农耕节令转换之时，节日具有提示节令和农耕程序的双重功能，哈尼族传统文化中的和谐文化因素得到了充分体现。哈尼族民族节庆中最重要的是"昂玛突"、"苦扎扎"和"十月年"三大节日。这些传统节日，同时也是哈尼族重要的农耕和自然祭祀活动。

2. 婚俗与庆生礼中的和谐

哈尼族的婚俗与庆生礼内容十分丰富。新郎迎亲、新娘哭婚、举行隆重的婚礼仪式都是哈尼族婚俗必不可少的内容。同时，唱婚典歌也是哈尼族婚礼的一项主要内容。一般以男女对唱形式进行，演唱者要为新婚夫妇向生命树乞讨子嗣。生命树生长在哈尼族先祖塔坡的生活地，在那里生命树与天神、烟沙等神共生一地，讨子的对象即是这些天地间万物的神主。哈尼族生育子女后，要为其举行特殊的命名仪式。哈尼族命名形式很多，在命名过程中会与自然界的物象联系起来。

3. 宗教信仰中的和谐

多数地区的哈尼族仍保留着原始自然崇拜的多神信仰，认为世间万物皆有灵。哈尼族文化的产生、形成与发展都与其周围生态环境密切相关，在宗教信仰、文化习俗等方面都有关于敬畏和保护大自然的规范和禁忌。哈尼族非常重视人与自然的和谐相处，自然界为哈尼族生存供给源源不断的物质资料，因而视自然为其生存的源泉和命脉，对自然生态的保护不仅采取了身体力行的方式，而且还以宗教信仰等超自然力量的手段和措施，来规范人们的思想与行为，让全体民众来遵守。

4. 祭祀活动中的和谐

哈尼族对土地、山林、河流等生态环境的保护不仅以固定的梯田稻作和科学的轮息制耕作形式为手段，而且还以习俗和宗教信仰的形式对土地进行管理和保护，每年一度的地神祭祀活动即是一项极具法律效用的保护措施。哈尼族村寨都修有蓄水井，水源来源于村边流淌的常年不断的清泉，他们非常重视对水井、清泉的管护，每年都对水井和清泉进行定期祭祀，以求水神保证来自森林之中的泉水不断，常保洁净和用水不竭，因此，村中男女老幼自觉遵循护水规约，且组织村中妇女对水井和清泉进行管理，一旦有人违规予以经济制裁。哈尼族把自然崇拜、万物有灵的思想和祈求幸福、祭祀天神、祭祀祖先、欢庆丰收、村泰民安、五谷丰登的愿望融入宗教、节日、民俗活动中，一代代虔诚地举行古老的农耕祭礼，在欢度节日的同时，也在提醒哈尼族人民不误农耕工作。这些活动成为哈尼族传统文化的重要组成部分，成为维系哈尼族传统文化与自然界和谐相处的关键因素，对于保护山林、水源、土地和维护村寨安全起到了重要作用。通过一系列的祭祀活动，对大山、森林、江河的一体化管理，充分体现了遵循自然生态系统良性循环的生态观。

（四）哈尼族传统文化在人际关系、族际关系方面的和谐文化因素

1. 人际关系中的和谐

构建哈尼族和谐社会，必须做到人与人关系的和谐，在和谐相处中实现发展。这种和谐不仅是人与人之间的代内和谐，而且是代际和谐。哈尼族社会以村落社区为基础，而村落结构又以宗族血缘为纽带，村落族群的文化传播主要是代内、代与代之间的口传身授。血缘、族缘和地缘三位一体的相互重叠的村落结构，成为哈尼族传统文化的社会基础。普遍的族内认同意识、重家庭和家族和睦，讲长幼辈分，守传统、重感情，习惯于邻里守望互助等民族传统文化的成分，不仅存活于哈尼族成员的观念、情感、习惯和行为中，而且对哈尼族社会的变迁发挥着独特作用。哈尼族和谐的人际关系，在团结全体村寨成员，沟通人与自然、人与人之间的关系等方面，发挥了重要作用。充分体现了哈尼族相亲相爱，团结互助的精神，和谐友好的因素贯穿于哈尼族社会生活的方方面面。

2. 族际关系中的和谐

长期以来，哈尼族居住在中、上半山，与居住在江边河坝的傣族，下半山的彝族，高山的苗族、瑶族，亲善往来、和谐共处、不相统属，大家相互帮助，相互学习，相互融合，相互促进，构成了一幅源远流长、辉煌瑰丽的民族团结、友好、和睦相处的美景。

（五）充分挖掘哈尼族传统文化中的和谐文化因素对建设社会主义和谐文化具有积极的作用

（1）以马克思列宁主义、毛泽东思想、邓小平理论和"三个代表"重要思想为指导，以科学发展观为核心内容，紧密联系云南经济社会的发展现状，紧密结合云南多民族、多宗教的省情和云南当代各民族和谐相处的现实，探索和谐文化建设和发展的规律，继承和发扬包括哈尼族在内的云南少数民族文化中关于"和谐"的优秀文化因素，构建与社会主义市场经济相适应、与社会主义法律规范相协调的和谐文化，进一步增强民族凝聚力，促进民族团结、社会稳定、边疆巩固与和谐发展。

（2）在长期的生产生活实践中云南各少数民族形成了和谐

相处的传统，构建了社会和谐的图景，奠定了建设和谐文化的现实基础，在这当中以哈尼族的例子较为典型。哈尼族孕育的梯田文化被誉为和谐文化的典型，梯田的水稻耕作，在耕作方式和生态环境方面体现了人与自然的和谐，体现了哈尼族坚忍不拔的民族精神。通过对哈尼族和谐文化因素的研究，即对哈尼族相互间互敬、互爱、互助、互信的人际关系，以及与自然环境、生态系统和其他民族和谐共处等进行分析、研究，可以清楚地看到，构建哈尼族和谐文化必须以继承和发扬哈尼族传统文化的优良传统为基础和前提，在深厚的民族文化积淀中深入发掘和谐因素，结合当代各民族和谐相处的现实，加以提升和创新，使之成为构建社会主义和谐文化的重要内容。

（3）随着全球化的发展，结合时代背景和发展趋势，依托传统民族文化丰富的和谐文化因素，不断赋予它们新的内容与形式，是构建民族和谐文化的重要途径。在建设哈尼族和谐文化过程中，充分利用哈尼族传统文化中具有和谐文化因素的宝贵资源，如传统的艺术、习俗、信仰、歌舞、医药、特技和饮食等，经过发掘、整理、保护和开发，将产生新的民族文化功能，形成具有特色和优势的民族文化产业，将促进哈尼族地区生态环境保护的不断加强，推动哈尼族地区经济、社会、文化和自然环境的和谐发展，实现哈尼族民族文化和生态环境的可持续发展。

三、研究成果的学术价值、应用价值及社会效益

课题研究在学术方面和应用方面都具有积极意义，其价值在于以选择哈尼族（村寨、家庭和个体）作为研究对象，深层次地挖掘哈尼族文化传统中的和谐文化因素及其核心内容，进一步探讨在全面建设小康社会的时代背景下，哈尼族文化中的和谐文

化因素在内涵和外延方面的动态发展趋势，对其中的积极因素加以继承和发扬，使之成为构建云南和谐文化的重要内容。通过大力弘扬民族精神和各民族的优秀文化传统，加强社会主义思想道德建设，结合我省省情，对云南少数民族文化中的和谐文化因素进行挖掘和研究是建设我省和谐文化的重要途径。紧密结合云南多民族、多宗教的省情和云南当代各民族和谐相处的现实，探寻新时期云南各民族和谐文化发展的新途径和新方法，增强民族凝聚力，促进民族团结、社会稳定、边疆巩固与和谐发展。

课题名称：云南少数民族文化传统中的和谐文化因素研究
　　　　　——以哈尼族为例

课题负责人：常　飞

所在单位：云南省社科院

主要参加人：何可人

结项时间：2008 年 9 月 16 日

大理洱源西山白族"采百花"风俗研究

一、课题研究的目的和意义

作为与婚姻制度共同存在的"采百花"习俗，不仅本身具有丰富的内涵，而且形成了当地人都能接受的行为方式和规则，以制度化的方式运行着，成为婚姻制度之外的补充。

课题在对云南大理洱源西山白族"采百花"风俗进行深入调查和分析的基础上，对当代社会中已经消失的传统"采百花"风俗及其运行机制和社会规范进行复原性研究，为探求白族乃至人类婚姻发展及其形态，明确婚姻形态与个体生理、心理需求、家庭稳定、社会组织结构、社会生活的协调运行提供了不可多得的研究素材。同时，课题还对形成"采百花"行为的文化背景及其文化塑造过程进行了阐述，挖掘与当地白族社会发展相依相存的"采百花"风俗，并运用当代人类学理论方法对其进行系统研究，这将有助于促进对以少数民族非物质文化遗产——"采百花"为载体的"西山调"的保护。

二、研究成果的主要内容

（一）"采百花"风俗存在的自然生态环境及社会文化背景

历史上的西山，山高林密，野兽出没，村落分散，生活环境极为艰苦。同时，西山又是大理州及洱源县历史上开发最晚的角落，前有黑惠江阻隔、后有西罗坪山屏障，形成了前有水断，后有山隔极为封闭的区位条件。

关于大理白族民间的婚姻习俗，最早记录可见唐代樊绰在《蛮书》蛮夷风俗第八条中的记载："俗法处子孀妇出入不禁。少年子弟暮夜游行闾巷，吹葫芦笙，或吹树叶。声韵中，皆寄情言，用相呼召。嫁娶之日，私夫悉一相送。"元·李京《云南志略·诸夷风俗·白人条》也记录了今大理一带白族风俗说："处子孀妇出入不禁。少年子弟号曰妙子，暮夜游行，或吹芦笙，或作歌曲，声韵之中，皆寄情意，情通私耦，然后成婚。"自唐朝以后，大理地区和中原汉文化的交流日趋频繁和紧密，明代以后，儒家伦理教育逐渐在大理坝区占据了重要地位。但由于白族是一个兼容并蓄的民族，在接受封建三从四德的伦理规范的同时，也保留了绕三灵、石宝山歌会、茈碧湖歌会等形式多样的民间盛会和"采百花"的习俗。采百花风俗反映了白族先民在迁移以后，汉文化对其控制的削弱，原有文化也因此而得到了创造性的保留。

（二）"采百花"风俗的存在及其运行机制

大理洱源西山白族原配偶夫妻组成的家庭，只是一种劳动和日常生活当中男女配合和联系的纽带，两人毫无夫妻感情，婚姻仅仅是流于形式。待夫妻双方长大成人后，为了寻找幸福，就各自另寻情人"采百花"，找到称心如意的人结为情侣。男女情侣互不称夫妻，彼此之间称呼"活思包"（意即花柳郎），"活思姚"（意即花柳妹）。两人一旦结合，情侣双方虽然没有正式组成家庭，但心意结合感情相通，在生产劳动中相互帮助，经济物资相互支援，常来常往，共同承担起双方家庭义务。

男性在选择情人时，注重对方的生产、生活能力，喜欢心灵手巧，处事得体的女子，同时，还考虑对方的性格特征是否温顺、平和。女性在选择情人时，则注重对方的才学与劳动能力。在西山白族社会中，唱白族调是学识的象征，擅长唱白族调的男性最能得到女性的青睐。因此，在"采百花"中，白族同胞创造了一套完整的优美语言"西山调"来谈情，运用比喻和象征的手法，表达双方心里的情意。情人有帮助对方从事生产劳动的责任，除了自己家的活计外，农忙季节男性需要到结成了长期情侣关系的女方家帮忙，走访相应较为频繁。这一关系得到双方家庭的允许，父母视其为儿女，子女视其为舅婶，社会公认为夫妻，男女得到出入家庭的自由。

（三）"采百花"风俗与婚姻制度并存

从社会角度而言，社会伦理规范不排斥"采百花"行为，西山白族一夫一妻婚姻制度与"采百花"风俗并存，得到了社会的认可。平时，男女双方分别在自己的婚内家庭中进行生产劳动，但互相之间有相互帮助的责任和义务。如对方家中农忙时，要帮助做农家活；如对方家中有比较重要的事务，要共同商议解决方法。

而婚姻的功能主要体现在三个方面：第一，夫妻共同从事生产劳动，结成稳定的经济共同体，发展家庭经济，保障生活来源；第二，夫妻共同抚育孩子，照顾老人；第三，加强姻亲间的相互往来，促进经济合作——"亲上加亲"。

（四）"采百花"的功能

作为对婚姻形式的有效补充，20 世纪 50 年代以前的"采百花"具有多方面的功能。首先，它能满足人们对"爱"的需求。通过白族传统对歌方式自由恋爱结成的"采百花"情侣，多能白头偕老；第二，它承当了繁衍人口的功能。由于原配夫妻多不同室而居，所以"采百花"情侣的孩子也就是家庭的合法继承人；第三，它调整了家庭关系，稳定了家庭发展；第四，它加强了人际交往；第五，它为发展家庭经济增添了活力；第六，它促进了家庭之间的合作关系；第七，以此为载体的"西山调"等艺术形式得到了发展。

三、研究成果的学术价值

据考证，洱源西山只是到了大约 500 年前才有人居住。从当地的自然生态条件和社会、文化历史背景、社会结构、生产生活方式入手进行分析，可以了解到"采百花"习俗产生的具体原因。同时，透过"采百花"风俗可对心理学、社会制度学等领域进行拓展研究。

课题名称：大理洱源西山白族"采百花"风俗研究

课题负责人：吴 瑛

所在单位：昆明学院

主要参加人：那 于 潘莉娟 陈 俊

结项时间：2008 年 11 月 20 日

政 治 学

新中国民族政策与民族关系的
互动研究

一、课题研究的目的和意义

中国是一个统一的多民族国家，自古便形成以汉民族为主体、几十种少数民族共同繁衍生息的历史形态，从中国古代文明的创制到中国近代历史的书写，直至中国革命的完成和新中国的缔造，都是各民族相辅相成而共同完成的过程。无论从中华文明的积淀还是从新中国成立的历程来看，长期存在并有一定的复杂性的民族关系对多民族国家稳定和发展具有根本性的影响。

从新中国的民族关系来看，在中国960万平方千米的国土面积之上，生活着56个民族，其中汉族人口占绝大多数，因而构成我国的主体民族，其他55个民族统称为少数民族。从民族的构成和分布特点来看，主要有以下一些复杂的突出的特征：第一，中国各民族人口数量很不平衡，不仅汉族和其他少数民族悬殊，各少数民族之间也大相径庭。第二，中国各民族的分布情况较为复杂。少数民族的人口在全国所占比例虽小，但是分布的地区却甚为广大，以不到全国总人口的10%占据约全国总面积的50%~60%，从全国各省市的具体情况来看，汉族主要分布在内地各省市，而少数民族主要居住在边疆各省区。然而，各民族的分布地区和分布状况并不是很齐整的，其界限是很模糊的，是一个以汉族为主体的各民族杂居或者交错聚居的错综复杂的局面。第三，中国各民族的社会发展很不平衡，有些民族甚至在民族内部就呈现出极大参差不齐。各民族的政治、经济、文化的发展态势、发展程度和发展特点各具特色，相去甚远。第四，各少数民族的民族特性不尽相同，由历史和民族特点所决定的民族宗法制定、民族宗教和民族特性十分凸显，形成在统一民族国家之下的少数民族特点。

正是由于中国民族关系的复杂特点，党和政府必须根据民族关系的特点和变化制定相应的民族政策，妥善处理各种民族问题，对民族关系进行有效的引导和调节。新中国成立以来，由于民族关系和民族政策突出的重要性，党和政府部门以及学术界对其所作的研究都相当多，形成了大量的研究成果，这些成果反过来又对民族关系本身和民族政策的制定产生了一定的影响。这些研究的涉及面十分广泛，但可以从总体上将其概括为以下几个方面：一是新中国成立以来党和国家的民族政策与马克思列宁主义解决国内民族问题的理论的关系；二是新中国成立以来的中国民族政策的内容和结构；三是在新的民族政策影响下，我国逐步建立了平等、团结、互助的新型民族关系；四是实行党和国家的民族政策以来所取得的伟大成就；五是新中国成立以来的新型民族关系的内容和特点；六是如何根据形势的发展制定新的民族政策来保护少数民族的利益和促进少数民族地区的发展。然而，这些研究涉及面虽然很广泛，但基本倾向都是对现有的民族政策进行诠释、论证和颂扬，缺乏对我国民族政策和理论的必要反思，更没有关于如何调整我国的民族政策方面的研究。在研究充斥着颂扬之风而缺乏自我批判的情况下，整个研究往往陷于片面，难以走向深入。

然而，自20世纪90年代以来，我国的民族关系已经面临着新的环境并因此而发生了新的变化，民族政策也面临着新的条件。首先，苏联解体和东欧剧变的事实表明，社会主义国家处理国内民族关系的某些理论和传统方式在适应国内民族关系发展方面是存在问题的；其次，在全球化进程加快的情况下，我国的民族关系已成为西方国家实现其分化我国图谋的焦点领域；再次，中国共产党已经实现了由革命党向执政党转变的重大政治现实，要求对革命党阶段形成的民族理论和制定的民族政策进行必要的反思和调整。与此同时，我国的民族关系在改革开放不断深入和国内外形势的影响下已经发生了深刻的变化，出现了许多新的现象和新的问题，民族政策调整的对象已经发生了一定程度的改变。

在这样的情况下，对我国的民族政策及其与民族关系的互动的状况进行深入的研究，把握我国民族关系中出现的新情况和新问题，对其进行有解释力的说明，并根据形势的变化提出对我国的民族理论和民族政策进行调整的思路，是十分必要的。本课题研究的意义和价值体现在两个方面：一是理论研究方面，通过构建新的研究范式，提出新的观点，对我国的民族理论和民族政治学的研究必将起到积极的促进作用；二是实际方面，通过提出解决我国民族问题的新思路，促进我国民族政策的调整和完善，对民族工作的发展起积极的推动作用。

二、研究成果的主要内容、重要观点或对策建议

1. 研究的主要内容

回顾我国的民族国家的构建历程和民族政策的发展历程，新中国成立以来的民族理论和民族政策及其实施，解决了我国历史上遗留下来的民族问题，对我国的民族关系进行了重大调整。然而，这样的民族理论和民族政策基本上是按革命党的思维、逻辑

和价值观来制定的，是针对少数民族和少数民族发展程度低的条件下的民族问题而设计的。但目前的现实是，中国共产党已经实现了由革命党向执政党的转变，少数民族和少数民族地区在国家的全面扶持下得到了迅速的发展，并逐步形成了与以往有很大区别的利益要求，而且我国在逐步融入全球化进程中的同时日益受到国际环境的影响。在这样的情况下，一系列新的问题逐步凸显出来：在新的形势下，我国已经实行了50多年的民族理论和民族政策对民族关系的适应程度是怎样的？我国的民族政策是否有需要调整的地方？在新的形势下如何构建一个更具适应性的民族政策体系？要回答这些问题并在国家政策的层面上作出准确的判断和正确的选择，就有必要对我国的民族政策与民族关系的互动状况进行全面反思。

课题将以民族政策与民族关系的互动为切入点，全面考察新中国成立以来民族理论和民族政策以及民族关系的发展演变过程，并根据形势的新变化，提出民族政策调整的思路。整个研究将涉及三大方面的主要内容：

第一，对中国的民族政策的构建和发展过程的回顾与反思。这方面的研究将涉及以下内容：（1）对民族政策的理论基础和现实依据的反思；（2）新中国成立以来民族政策的基本取向和基本结构分析；（3）新中国成立以来民族政策的实施和民族工作的回顾与反思；（4）对现行民族政策发展趋势的展望。

第二，对新中国成立以来民族关系发展演变过程的全面考察。这方面的研究将涉及以下内容：（1）对新中国成立初期的民族关系的考察；（2）新中国成立以来的民族政策对民族关系的调整和影响；（3）新中国成立以来民族关系的演变；（4）当前民族关系的新变化和新特点。

第三，对我国民族政策调整的必要性、可能性和基本逻辑的分析。这方面的研究将涉及以下内容：（1）现行民族政策与民族关系互动的特点；（2）现行民族政策在与民族关系互动中进行调适的必要性和可能性；（3）民族政策调整和重构的基本逻辑。

为了对新中国成立以来民族政策与民族关系各自的特点和互动状况进行客观和系统的研究，课题的基本思路是，在前期文献研究的基础上，通过选取一部分典型的少数民族地区开展深入的调查研究，掌握一定数量的个案，并对其进行具体分析；以个案研究为基础，对新中国成立以来民族政策和民族关系的演变进行全面的考察；在以上两者的基础上对新中国成立以来民族政策与民族关系的状况进行综合分析；并在前述研究的基础上，提出我国民族政策调整的基本思路。

2. 课题的重要观点

课题关注的重要观点主要涉及以下几个部分：第一，现行民族政策在调整民族关系方面的功能和走向，这需要首先对新中国民族政策的历史特点进行文献研究，在此基础上结合现实情况运用功能分析法进行客观分析；第二，现行民族政策与民族关系互动的国际比较，这将涉及比较政治学等学科的综合知识；第三，我国现行民族政策与民族关系互动同国家发展的关系，这是民族政治学领域的重要问题；第四，我国民族利益要求的新特点和族际关系发展的新问题和新现象；第五，我国民族政策调整的必要性和可能性。上述难点和重点问题，涉及多个学科背景，具有很高的研究要求，是整个课题的核心和关键。

3. 对策建议

（1）对民族政策价值取向的再思考。

民族政策的价值取向，是民族政策的核心和精神领袖，失去了价值取向的导引，民族政策就变成一盘散沙，没有任何凝聚性和方向性，很可能呈现出政策功能模糊、政策目标不明、政策效果无从谈起的后果，进而带来民族政策的无所适从。任何一个多民族国家都有自己的基本价值取向，指导着整个国家体系的构建、社会制度的制定、政府发展的方向甚至是普通公民的基本文化取向等。作为国家政策大系统中的重要组成部分，对于民族政策而言，价值取向是一个十分重要的甚至是根本性的问题。在研究社会问题时，美国著名社会学家塔尔科特·帕森斯是把价值取向系统"作为分析社会系统本身的结构与过程的主要参照基点"来看待的，并将其"看作是现代社会学理论的主要原则"。① 民族政策的价值取向，是民族政策本身所体现出来的一定价值偏好，或者说，价值取向构成了民族政策的价值底蕴。民族政策的价值取向，具有以下一些主要特征：一是稳定性和延续性。民族政策的价值取向的形成，是一个长期的过程，具有长期以来塑造和形成的特点，而当一定取向的价值观念沉淀、积累并逐渐形成体系之时，政策的价值取向就基本形成了，尽管会发生微调，但是从总体上讲价值取向一旦形成，就具有高度的稳定性，因此，在短时期之内要对多民族政策价值取向进行改变，其难度很大；二是单一性和决定性。政策的价值取向是蕴涵在政策体系中的抽象的特质，以庞大的政策体系为载体，以民族政策为例，尽管民族政策的体系庞大、内容复杂，但是都蕴涵着一定的价值取向，并且揭开这些民族政策的错综复杂外衣，作为其内核的价值取向是相对单一的，因此，对于一个多民族国家而言，民族政策的价值取向，是其根本性质所在，决定着民族政策的基本内容、组成部分和精神实质，在现实的社会生活中，民族政策的价值取向不同，决定着各个国家民族志政策的内容、体系甚至于实施手段都大相径庭。从这个意义上讲，民族政策的根本区别就是民族政策

---

① ［美］塔尔科特·帕森斯：《现代社会的结构与过程》，光明日报出版社 1988 年版，第 140～141 页，转引自周平《民族政治学》（第二版），第 88 页。

的价值取向的不同所致。

在中国民族政策体系中，也蕴涵着单一化、决定性的价值取向，这一价值取向往往被掩盖在民族政策庞大的体系之下，没有引起重视。尽管如此，新中国民族政策的价值取向却一直客观地导引着民族政策的走向。新中国的民族政策价值取向是一种同情、帮助和扶持少数民族的"民族主义"价值取向，在60年的发展历程中逐渐积淀、稳定下来，然而目前却呈现出较大的滞后性。对于这样的价值取向，从目前的民族政策体系调整和力度来看，显然还没有较大地触及这个以"民族主义"为取向的价值体系。因此，在新中国民族政策深入发展的今天，对于民族政策的调整，不仅仅是对一项项具体政策的微调，而是必须要触及民族政策价值取向的根本性问题，如果还是没有提升民族政策价值取向的重要地位，尚未认识到民族政策从根本上就存在问题的话，民族政策只会陷入一个每隔几年甚至几个月就需要进行微调的恶性循环之中。

民族政策价值取向的长期形成性和稳定性，决定了要在短期之内对其进行改变是不可能实现的，因此，可以预见，随着价值取向的滞后，民族政策体系中不适应民族关系发展的更多层面的问题就会越来越多，甚至于在积累到一定程度时发生本质变化，对民族政策体系带来致命性的影响——2008年下半年爆发经济危机，至今还处于全球经济衰退氛围之中的经济体制，就是因为制度的矛盾积累到不可容忍的时候发生巨大影响力的先例。从21世纪，关注和研究中国民族政策的学者来看，有较少的几位对民族政策的价值取向问题提出了自己的观点，具有代表性的是云南大学的周平和中国社科院的王建娥、陈建樾等学者，但是在国家政策层面上还鲜见对民族政策价值取向的调整。怎样从制度层面上对价值取向进行调整甚至重塑，尽管本课题提出了一些比较宏观的对策，但是，民族政策价值取向的调整或者重塑，本身是一个庞大的系统工程，目前尚未有比较确定的合理有效的微观路径，正如价值形成的过程需要长期的时间积淀一样，对于这个问题的研究也不可能一蹴而就，故而，这个问题将成为民族关系和民族政策互动与调适研究的一个核心性问题，在今后的研究中仍将具有很大的价值。

（2）对民族政策调适方式的再思考。

民族政策的调适手段，与民族政策的价值取向相反，如果说价值取向是核心的、宏观的和内在的精神底蕴的话，那么，调适手段是民族政策具体的、微观的、外在的表现形式，民族政策怎样才能达到卓有成效的实施目的，与民族政策的调适手段密不可分。从现代多民族国家民族政策调适手段的基本类型来看，主要有行政手段——凭借自上而下的行政机关系统，以行政命令、政策执行的基本途径来实施民族政策；经济手段——以国家基本经济形态为实施前提，或按照宏观调控的手段、或按照市场调节的手段实施民族政策；民主手段——依靠社会中存在的多种形态的非政府组织和群众性自治组织、民间利益集团等来完成民族政策的制定、实施过程、例如民族自治。调适手段有一个由少到多、由浅入深、由政府到社会的发展过程。通常情况下，国家的经济发展程度越高，民主建设越深入，民族的基本素质越高，则民族政策实施的手段就越多，方式越灵活，适应性越强，而政策效果往往也会越好。

新中国成立以来，民族政策实施历经了近 60 年，已经形成了以行政手段为主、经济手段为辅，而民主手段正在发展的调适方式，从目前整个民族政策实施的有效性来看，毋庸置疑，行政性的实施手段是最为有效的，但是负面问题也比较多，例如前面谈到的强制性行政手段对少数民族的权益带来侵害，引起官民矛盾等；经济手段中其实仍然以政府作为主体，市场对利益和资源的调节和配置作用需要进一步发挥；而民主的手段处于萌芽生长期。这种民族政策实施手段和调适方式的格局表现出了很明显的滞后性,尤其是在现代民主社会中,新媒体的开发运用,使得少数民族对于国家政治制度和社会管理制度有了更加深入的认知,因此会进入一种游离在遵守制度和利用制度滞后性所带来的真空地带进行维权时期,也就是说,目前中国民族政策中有一部分已经处于无法正常发挥效用的境地中。

这种情况随着社会的转型和少数民族的民族意识的逐渐兴起会逐渐棘手,目前发生在一些少数民族地区的群体性事件初露端倪,也从一个侧面暗示了民族政策实施手段的失效,这对于我国目前的民族政策实施手段格局是一个严峻的挑战。然而,在目前关于民族政策实施手段和调适方式的系统研究却寥寥无几,笔者也是在对民族关系和民族政策互动的研究中逐渐发现这一被忽视的问题。也许在当前的研究中不乏对政府职能转变和行政执行方式的科学化和民主化的研究,但是这些研究太过于宽泛,对深受民族文化浸染的少数民族地区的关系调适而言,不具有很强的适应性,甚至会"水土不服"。事实上,对于民族政策的调适手段,笔者有一个隐隐的感受就是必须要"入乡随俗",在对云南省部分少数民族地区进行调研的过程中,许多在中央政府层面政策初衷很好的民族政策到了少数民族地区以后,在实践和执行的过程中,由于不适应当地的民族关系特点而出现被搁置、被变通,甚至被废止的情况屡屡发生,许多很好的民族政策名存实亡,这是令人痛心疾首的事件。因此,对民族政策执行的适应性、灵活性又不失原则性的手段研究应当提上日程。

事实上,新中国成立初期的以开展民族工作为主要的调适手段,在一段时期之内收到了很好的政策效果,可以说是具有高度适应性和灵活性的调适方式。如今时过境迁,当年的调适手段已经不能解决当前的问题,但是历史的成功经验告诉我们,除去行政手段、经济手段和民主手段等现代多民族国家中比较通用的民族政策实施手段以外，必然会有其他更加能够发挥政策效用的调适手段为中国民族政策所用，这个问题也将是在本课题后续研究中会重点讨论的问题。

三、研究成果的学术价值、应用价值及社会影响和效益

经过研究，课题的主要观点着重表现在以下几个方面：第一，马克思主义的民族政策理论符合新中国民族关系的特点，但是又需要结合中国民族关系的发展和走向；第二，民族政策的制定和实施与民族关系存在密切的互动和调适关系，依据现实民族关系、符合客观情况的民族政策促进民族关系的和谐发展，反之，脱离实际，不与时俱进的民族政策必然损害少数民族利益却无法发挥政策良性功能；第三，我国的民族关系存在双重发展的问题：一方面受民族政策的推动和设定而发展，另一方面受少数民族自身的发展规律限制和决定而发展，在这双重的发展路径中，存在着良性互动关系；第四，随着我国民主政治的发展和民族关系的发展，民族政策具有向着促进民族关系良性发展方向调整的可能性和必要性。

基于课题的主要观点，课题的创新点在于，从目前的研究现状来看，致力于研究我国民族关系史的著作和文章屡见不鲜，因为在民族学的视阈之下，这样的研究属于基础性研究，在我国的民族学著作中，这一领域的研究可以说已经日趋成熟；同样地，学者们从政策学和民族政策理论的角度对新中国民族政策的研究也比比皆是，这一方面的研究也达到了趋于成熟的阶段。然而，从民族政治学这样一个全新的领域来分析民族关系对民族政策的影响，同时又关注民族政策在民族关系发生变迁时如何对民族关系进行行之有效的调适，这无论在民族学科还是传统政治学科领

域都较为鲜见。因此,本课题最大的创新点就是在于从民族政治学的分析视角来解读新中国成立以来民族关系如何决定民族政策、民族政策如何在民族关系发生自身或者外力的影响而产生变迁的情况下,有效而及时地进行调整,从而起到督导民族关系的发展,牵引民族关系的方向,调适民族关系的良性发展等问题,找到两者之间的互动关系,进而推动民族政治学的发展、搭建民族学与政策学的研究桥梁,实现对民族关系与民族政策研究的创新。

因此,课题虽然主要归属民族问题研究的领域,但是涉及民族学、政治学、民族政治学、比较政治学等多个学科领域,同时将采用规范性研究和实证分析的多种研究方法,关注从新中国成立至今的民族政策和民族关系,并通过力图找到两者之间的互动关系,在现实民族关系调整的视阈之下,探寻一条适合中国民族关系发展的民族政策制定之路,促进族际政治整合,推动民族关系良性发展,保证中国这样一个多民族国家的长治久安。从这个意义上讲,本课题的研究一方面具有对民族政治学理论研究的创新性特点,课题的完成,必将把民族政策与民族关系的理论研究向前推进一大步;同时,本课题也是对新中国民族政策与民族关系的一种实证分析,课题涉及的个案研究将获取许多宝贵的一手资料,这在民族政策与民族关系的互动与调适研究的领域是具有重要的创新性和现实性的。

课题名称:新中国民族政策与民族关系的互动研究

课题负责人:贺琳凯

所在单位:云南大学

主要参加人:刘　强　王传发　夏维勇

结项时间:2009 年 4 月 22 日

社 会 学

云南省新型农村社会养老保险
制度模式研究

一、课题研究的目的和意义

运用马克思主义历史唯物主义和辩证唯物主义的研究方法，在进行文献综述的基础上，运用网络资料进行分省区比较、参加学术会议、进行座谈调研等方法进行比较研究。课题从云南省总体经济发展水平、现实农村生产力发展水平和农村非农业化程度的实际出发，提出充分发挥政府在建立新制度中的作用，通过缴费机制的改革创新，构建梯度缴费和非缴费结合的新型农村社会养老保险制度模式，提出了分三类进行缴费的建议，对什么是新型农村社会养老保险制度以及新在什么地方都作出了详细的阐述，针对构建新型农村社会养老保险制度体制机制的主要障碍进行分析研究，提出改革现行体制、创新机制的建议和设想，针对目前农村存在不同群体的实际，提出建立符合农村不同群体需求的保险模式，以期望通过这些研究来构建新型农村养老保险模式，逐步破解城乡分割的二元结构模式。云南是一个集边疆、民族、贫困为一体的省份，乡村人口占总人口的80%，其中贫困人口还有700多万人，"三农"问题突出。农村、农民的稳定和发展关系着边疆、民族的稳定，农村社会养老保险制度的建立和完善是农村和农民稳定和发展的重要保障。从云南省的省情出发，在全面、深入、系统研究的基础上，创新农村社会养老保险制度和模式，构建云南省新型农村养老保险制度模式具有十分重要的理论意义和现实意义。

二、研究成果的主要内容和对策建议

本课题研究紧紧抓住当前社会主义新农村建设的历史契机，通过6项相关专题和1项综合报告的系统研究，站在国际视野和全国各地改革试验经验的高度，立足省情，因地制宜，提出逐步建立分类的、多层次的新型农村社会养老保险制度，提出建立"农民个人缴费 + 各级政府财政补贴"的新型农村社会养老保险模式。回答了云南省要选择什么样的新模式，以及回答如何扩大覆盖面、如何进行缴费等现实问题。主要观点：一是站在构建社会主义和谐社会的战略高度，以科学发展观为指导，全面反思现行云南农村社会养老保险制度，从统筹城乡经济社会发展的角度出发，深入分析农村社会养老保险制度存在的体制机制障碍。二是界定了新型农村社会养老保险制度的内涵，提出实行个人账户和政府补贴相结合的制度模式，概括起来，这个新型制度有"三新"：新在政府投入；新在符合农村文化和传统；新在农民的养老保险要以个人账户为主。三是构建进城务工农民（包括乡镇企业职工）、被征地农民和务农农民三类农村群体多层次的、梯度缴费的新型农村社会养老保险制度。四是探讨新型农村社会养老保险制度模式的可持续发展机制，特别是研究政府作用与新型模式建设互动问题，明确提出加大政府财政投入，改变过去试点模式"保富不保穷"的保险机制。五是按照统筹城乡社会保障制度的要求，提出在农村先行建立起相对独立的新型农村养老保险制度，为下一步实现城乡统筹的社会养老保险制度的衔接机制做好准备工作。

本课题研究提出了七条主要对策建议：（1）出台省级指导意见。加大政府对建立新型农村社会养老保险制度的推进力度，尽快制定出台云南省新型农村社会养老保险指导意见或实施办法，切实解决好我们有1个国家级试点县、有16个省级试点县，却没有新的《试点指导意见》的局面，进一步明确发展改革方向，促进社会保险立法，从法律上保障农村养老保险的制度化、长期化。（2）纳入经济社会发展规划。将新型农村社会养老保险制度建设列入各级政府经济社会发展规划，特别是列入"十二五"规划，并纳入政府目标责任制考核范围。可以在规划中明确任务，也可以细化指标，如设立社会保障覆盖率指标等作为考核依据，从而全面推进农村养老保险制度。（3）建立大部门管理体制。适应2008年我国新一轮政府机构大部制改革的需要，超前实施养老、救济、扶贫等综合一体化考虑大部门改革设计，建立范围广、口径宽的农村养老和社会保险体系，提高农村养老保险基金的管理层次。在云南，课题组建议，结合"1+16"个县的试点工作，改由县级统筹为试点地区综合统筹。（4）加大政府财政投入。按照公共财政的要求，调整财政支出结构，逐步加大政府财力支持，壮大农村社会养老保险的资金支撑基础。充分利用现有的政策和资金，通过政策微调，实现了对农村社会养老保险制度建设的资金支持，特别是贫困地区更应该通过多种方式筹集养老保险资金。（5）创新保障模式。探索建立多种形式的养老保险模式，如可以实施食物换保障、土地换保障、劳动换保障和住房换保障等。（6）加强能力建设。建议在改革试点中，加强现有劳动保障部门的农村养老保险工作处（室），扩大编制、充实人员、提高素质、整合资源，力求在改革试点、方案实施以及制度模式上有所创新；建议由省劳动厅牵头成立云南省农村养老保障改革研究所（中心），同时发挥云南大学、云南财经大学、云南民族大学等云南省高等院校保险学本科、硕士研究生专业在理论创新和人才培养的优势，坚持教学和实践相结合、科研和改革试点相结合，积极推动云南农村社会养老保险的改革创新。(7) 发展现代农业。坚持科学发展观，加快调整农业产业结构，推进农业现代化进程，制定促进农民增产增收的有效措施，有针对性地加快调整农村经济结构，以市场为导向、以科技为支撑、精心选择主导产业，大力发展农业和农村经济，努力推进农业现代化进程和社会主义新农村建设的实施，把农村发展和城市发展统一起来，发挥城市的辐射作用，带动农村二、三产业发展，以此促进农业经济的腾飞和新农村目标的实现，千方百计提高农民收入。

三、研究成果的学术价值、应用价值及社会影响和效益

　　总体上讲，该研究成果具有一定的学术价值和应用价值。一方面，在理论上，分析研究了国内外文献、国内和云南省试点模式，深入研究了云南农村社会养老保险制度建设主要存在的六个突出问题，并明确指出其中最大问题是现行制度设计存在先天缺陷，体制设计不完善。反思了以往采取的"个人缴纳为主、集体补助为辅、国家予以政策扶持"的筹资原则已经不适应云南实际。由于农村经济体制变革，云南 70% 的集体经济处于"空壳"状态，集体补助难以落实，致使云南农村社会养老保险基本处于停滞状态。进而提出，新型农村社会养老保险制度应当与云南省经济社会发展水平相适应，建议按照不同经济发展水平进行梯度缴费模式，即新型农村养老保险模式：农民个人缴费 + 各级政府财政补贴。其中：农民个人缴费全部记入个人账户，属于农民私人所有；各级政府补贴资金，一部分进入农民个人账户，一部分列作统筹基金。建议结合"1 + 16"个县的试点，进

一步扩大试点工作，改由县级统筹为试点，地区综合统筹。另一方面，在实践上，提出了针对云南农村经济发展的差异性，分三类进行梯度缴费。如果我们用 T 表示总的养老金月缴额度，G 表示政府补贴部分，P 表示个人缴纳的部分。从实际情况出发，总体上可以分为以下三类，且不管在哪一类下总的缴费额度均不变。第一类为云南农村特困家庭，则采取 P＝0，T＝G 的模式进行，也即全部由政府给补贴的方式；第二类为云南农村相对贫困地区的家庭，可以采取 P＝20％T、G＝80％T，T＝P＋G 的方式进行；第三类对于相对富裕、富裕家庭采取 P＝60％T、G＝40％T，T＝P＋G 的方式进行。

总之，此项研究中的部分研究成果已经应用到中日农村养老合作研究项目和云南省的改革实践。我们预计，它对于进一步推动云南省新型农村社会养老保险制度改革工作具有较大的影响和借鉴价值，特别是云南省作为全国 8 个试点省份之一的新型农村养老保险试点单位，在此项研究提出方案和咨询意见的指导下，进一步完善缴费机制和养老账户体系，进一步扩大改革试点，推动改革不断深入。

课题名称：云南省新型农村社会养老保险制度模式研究
课题负责人：杨复兴
所在单位：云南省发改委
主要参加人：胡庆彬　王秀娟　余文静　宋　媛　李亚洁
　　　　　　杨立生　马　瑞　方河松　聂　华　苏　沛
结项时间：2008 年 7 月 31 日

艾滋病预防与教育模式研究

课题对艾滋病预防与教育目标人群进行了科学细分，对确定的七类目标人群开展艾滋病预防与教育的重要性和现状进行了研究，并由此分析了其中所存在问题的深层次原因，提出了相应的对策与思考。

一、开展艾滋病预防与教育是防治艾滋病
最有效的方法

自 1981 年美国首次报道艾滋病病例以来，艾滋病迅速蔓延，由艾滋病所引起的一系列后果及危害给全人类的卫生健康、经济发展和社会稳定等带来了重大影响。目前以健康教育及一系列的艾滋病综合预防知识的宣传教育创造形成一个良好健康的生活行为氛围无疑是艾滋病预防的唯一有效武器。如何开展艾滋病的预防教育，本文从七类人群进行界定细分，并提出一些相应的预防与教育模式以供参考。

二、普通人群的艾滋病预防与教育不容忽视

我国对艾滋病的防治研究一直以来都以高危人群为主，但目前高危人群与普通人群的界限已经开始模糊，普通人群中也存在具有高危行为的人员，因此需要全民进行艾滋病预防与教育。

普通人群艾滋病预防教育主要体现在如下方面：一是转变观念，强化普通人群在艾滋病预防与教育中的重要性，淡化高危人群的概念，强化高危行为的预防。二是细化目标人群分类，创新预防与教育方式。针对不同目标人群多方位开展预防与教育活动。在制订整个计划时引入统计分类技术，可以人口学变量（如来源、性别、学历）、社会经济变量（如收入、职业）或行为变量（如信息接受方式——网络、纸质材料、电视）进行科学分类。分类后选择与之相适应的场所进行集中宣传教育，同时也可以针对细分后的人群特征采取不同方式的宣传教育。三是进一步营造良好的艾滋病预防与教育外部环境，提高基层领导对普通人群艾滋病预防与教育重要性的认识，不断加强对艾滋病普通人群特别是农村人口艾滋病预防与教育资金保障、教育评估机制等方面的政策研究，最终打造一个全面参与，共同重视的艾滋病预防与教育环境。四是整合资源，建立艾滋病预防与教育机构间的沟通机制。建议借鉴国外行政主体的做法，建立专门沟通行政机构，以协调职能为主，管理职能为辅，围绕艾滋病预防与教育工作建构组织机构，并主要以契约的方式协调各相关部门、团体、组织、个人进行合作，最终合理配置资源，减少不必要的浪费。五是建设稳定、专业的基层防治艾滋病队伍。以当地群众骨干为师资资源，在当地培养稳定的师资队伍应该作为艾滋病预防与教育队伍建设的重要思路。六是采取阶段式教育，逐步深化艾滋病预防与教育内容，由浅到深、循环加深，这样才能达到艾滋病预防与教育的真正效果。七是建立合理、有效的艾滋病预防与教育评价体系。

三、青少年正面临艾滋病的严重威胁

青少年涉世不深，缺乏社会经验，精力充沛，好奇心强，富于冒险精神但不考虑后果，易冲动并发生高危行为，正面临艾滋病的严重威胁。联合国艾滋病规划署发布的《2008 全球艾滋病流行报告》公布的数据显示：全球 45% 的新增艾滋病病毒感染者是 15～24 岁的青少年。由于青少年的好奇心强，性意识逐步成熟，易形成歪曲的友谊感，加之部分地区青少年人口流动大、贫困比例高、教育管理缺失等外部原因使青少年成为艾滋病病毒的易感人群之一。

增加抵御能力是青少年艾滋病预防的根本性措施。培养青少年遵守法律、法规及社会公共道德规范的意识，树立正确的世界观、人生观以及自尊、自律、自强的意识，增强辨别是非和自我保护的能力，自觉抵制毒品、过早性行为等各种不良行为及违法犯罪行为的引诱和侵害。具体在预防与教育的研究中，一是细分青少年目标人群，针对不同人群特点制订相应的预防与教育计划，做到有的放矢。首先分为校内青少年和校外青少年；其次将校内青少年分为初中、高中与大学三类，校外青少年则分为城市社区校外青少年、农村驻地校外青少年、驻外流动青少年。二是明确目标主体，完善主体能力建设，建构一种多层次、多渠道、多形式、全方位的足以覆盖全体城乡青少年预防教育体系。三是合理规划预防与教育内容，建立起以艾滋病基本知识教育、性健康教育、毒品预防教育与生活技能教育为基础的综合防治教育内容体系。四是加强同伴教育及参与式互动教学培训方法，充分发挥影视、书报、刊物、互联网及其他大众媒体的教育宣传作用。五是建立具体可行的、完善的教育评估机制。六是充分重视校外青少年艾滋病预防与教育，加大资源的投入。

四、吸毒人员是艾滋病高危人群中
感染病毒风险最大的人群

吸毒与艾滋病问题是一对孪生兄妹。吸毒人员绝大多数对艾滋病病毒感染传播途径缺乏正确认识，对感染艾滋病的相关知识和预防技能以及政府制定的综合干预措施知晓率较低，而感染率却非常高。吸毒人员常常通过共用针具的静脉注射吸毒而感染艾滋病，然后又通过性行为将艾滋病病毒传染给其配偶、性伴侣及其他更多的人。对于吸毒人员来说，宣传教育与预防干预是预防艾滋病的有效"疫苗"。因此，加强对吸毒人员的健康教育和行为干预工作是当前吸毒人员艾滋病防治的重要举措。在健康教育和行为干预工作中需要注意以下几方面：一是明确工作的目标人群；二是以需求评估为工作开展的基础；三是工作方式需要做预试验，从而了解相关人员的接受度，并根据结果进行内容、方式完善；四是工作开展要有足够的强度；五是工作开展要有足够的覆盖面；六是工作开展要有评估；七是针对吸毒人群艾滋病预防与教育的关怀和消除歧视策略。

五、卖淫嫖娼活动日益演变为严重的社会问题

卖淫活动已逐渐发展成为一种"地下性服务产业"，这种现象在我国各省市都是无法回避的客观事实。性服务人员的范围较大，很难区分彼此，一旦失控即向普通人群蔓延，艾滋病的传播将不堪设想，其造成的最大恶果是导致艾滋病病毒由高危人群向普通人群快速扩散。因此必须采取有力措施：一是建立健全艾滋病防治相关法律法规。用法律来控制性途径的传播，用法律来规范对艾滋病的干预。二是正确对待安全套的推广使用。三是加强

公安机关与司法、卫生、社会团体等机构的多部门合作，逐步将单纯打击卖淫嫖娼行为转向由多部门合作实行社会公共管理。四是建立行为干预工作机制，加强对性工作者的宣传教育和性病、艾滋病的检测、防治工作。

六、男男性接触是导致艾滋病的高危行为

由于艾滋病在全球的蔓延，同性恋问题引起了人们的普遍关注。男性同性恋人群感染艾滋病病毒的危险正在进一步扩大，一方面男同性恋的性接触方式是艾滋病感染的高危行为，另一方面活动隐秘性，多性伴也是男男同性恋者的高危感染因素。这一因素常致使周围人群处于无保护状态，易把艾滋病病毒传播给普通人群。特别应提到的是，某些同性恋活动场所，在艾滋病病毒的传播中具有"放大机"和"加速器"的作用。卫生部于2006年11月22日通报了我国艾滋病流行现状：我国艾滋病疫情进一步蔓延的危险仍然严重，其中男性同性恋人群艾滋病病毒感染率在1%～4%。

对于男同性恋者高危传播行为的预防与教育机制应注意以下方面：一是加强艾滋病防治知识宣传教育，减轻社会歧视和同性恋者心理压力。二是以多种形式进一步发挥卫生部门职能作用，加大行为干预工作力度。三是积极开展"同伴教育"，发动同性恋者的自我教育。

七、流动人口已成为艾滋病扩散的重要媒介

就相对固定的人口而言，流动人口是一个特殊群体。流动人口的数量及流动性都比较大，其人员结构也比较复杂，且较为分散，涉及的行业和部门较多，难以管理，存在的问题较为突出，

尤其是在其迁移过程中，不仅成为艾滋病的易感人群，也成为艾滋病扩散的重要媒介。因此，对流动人口开展艾滋病预防与教育应从以下几方面入手：一是完善艾滋病防治相关法律法规，特别应加强对流动人口管理和服务的法规政策的统一性和可行性研究，建立健全社会保障制度，从教育、就医、就业、最低生活保障等福利待遇方面改善流动人口的弱势、边缘生活状态，有效减少流动人口对于艾滋病等传染病的脆弱性。二是完善和规范公安管理工作，摸清流动人口的数量，加强对流动人口的治安，居住证、出租房、出入境等管理，明确公安机关对感染了艾滋病病毒的流动人口管理权限。三是建立健全监测、防治机构。对他们进行健康教育与健康咨询、定点医疗服务以及监测。四是加强多部门合作，进一步整合防艾资源。五是进一步加强防艾宣传教育力度。六是扩大对流动人口高危人群如静脉吸毒者、卖淫嫖娼者等的干预范围。七是重视并加强对流动人口的艾滋病教育培训工作，明确城乡各级政府共同的责任和义务，建立相应的协调机制，赋予这一组织应有的政治地位和社会作用，共同研究和处理相关问题。建议以社区力量为主，公安配合，组织各种宣传活动，在流动人口中推行同伴教育模式，重视对流动人口或其子女入学集中的学校开展广泛、深入、持久的健康教育，等等。

八、高度重视公安民警 HIV 职业暴露与防护工作

由于工作性质的特殊性，公安民警接触艾滋病病毒感染者和患者以及被含有艾滋病病毒的血液或体液污染了的物质的机会高于其他行业和人群，面临着较大的风险，而且随着感染人数的不断上升，其发生 HIV 职业暴露的风险也正在加大。截至目前，我国也出现了很多职业暴露的事例，并有增多趋势，特别是云南省 2008 年的发生数是以往三年的总和。针对公安民警日益增加

的职业暴露风险，应该构建公安民警 HIV 职业暴露的防范机制，具体如下：一是对公安民警开展全员预防艾滋病综合教育。包括艾滋病基本知识、防治艾滋病法律与公共政策、对艾滋病高危人群的管理、HIV 职业防护技能、防治艾滋病多部门合作、公安民警权益保护及关爱、公共卫生突发事件处理机制等。二是建立健全民警职业防护制度和职业暴露预警机制。对公安民警预防职业暴露的原则、防护措施、职业暴露级别等作明确的规定，并且建立 HIV 职业性暴露应急系统，覆盖各省市的各级应急系统，使基层单位和特定监管场所能在最短的时间内得到应急处理。三是配备相应的药品和合格防护物品，如各种类型的手套、眼镜、口罩等并建立抗艾滋病病毒的药品储备库。四是把预防 HIV 职业暴露事件纳入制度化轨道。五是建立公安民警专项预防和治疗基金、建立公安民警艾滋病病毒感染的社会保障体系。包括公安民警 HIV 职业暴露后的医疗保险机制、心理辅导机制和政府保障机制。

九、结　语

预防艾滋病、控制艾滋病的传播是整个社会更加紧迫的任务。在科学技术发展尚不能帮助人类彻底战胜这一病魔的今天，信任、理解和关爱是艾滋病最有效的防控手段。在全社会范围创造一种非医学的环境和氛围，大力营造"消除歧视，关爱生命"的社会氛围，使每一位艾滋病病毒感染者和艾滋病患者都能得到社会的宽容、基本保障和医疗救助，由单一的资金援助向多元的精神援助、心灵援助和情感援助，帮助他们摆脱沮丧、绝望和报复心理，阻断艾滋病继续传播，使艾滋病在传播的速度上得到有效的控制，这是一项需要政府牵头、多部门合作、全社会参与的复杂的社会系统工程，必须有政府的高度重视和大力支持，否则很难取得成效。只有全社会参与，防略与治略并重，艾滋病的流行才能得到有效控制。

课题名称：艾滋病预防与教育模式研究

课题负责人：李云昭

所在单位：云南警官学院

主要参加人：张 蓓 王 清 邓临新 刘 凌 万志红

　　　　　徐 南 金 莲 李 阳

结项时间：2009 年 4 月 5 日

法　学

国际非政府组织在云南的运作模式及
政府管理方式研究

一、课题研究的目的和意义

理论界与实际部门针对国际非政府组织的管理作了许多研究，并涌现出许多有价值的成果，但西部地区尤其是云南，对国际非政府组织的运作模式和管理方式研究还较为薄弱。因此该课题在借鉴国内外运作模式和管理方式的基础上，对国际非政府组织在云南的运作模式及政府管理方式研究，具有以下实践意义：一是有利于促进国际政治、经济和文化交流；二是有利于促进地方公民社会的进步与发展，构建社会主义和谐社会；三是有利于监督党政行为，促进地方政府民主化和科学化；四是有利于促进地方治理的制度改革与创新；五是有利于引进国外资金、技术和人才，推动地方经济发展。研究表明，该课题主要针对目前国内对国际非政府组织在云南省的运作模式及管理方式的研究空白（研究不充分）这一急需解决的现实问题，立足于国际非政府组织本身的特点，力争消除政策理论研究和政策实施中的隔阂，提高政策研究的科学性和可操作性发挥了重要作用。因此，该课题从理论层面、从多个角度作了分析探讨，充分论证了国际非政府组织管理方式转变的历史必要性和紧迫性。通过实际调查研究，在借鉴国内外成功管理经验基础上，提出云南国际非政府组织管理方式转变的思路，这在理论和实践方面都具有十分重要的研究意义。

二、研究成果的主要内容和对策建议

（一）主要内容

1. 国际非政府组织及其发展的一般理论

研究国际非政府组织的存在与发展的一般理论，包括问题的提出、非政府组织的含义、基本特征和基本分类等问题的研究。该课题中采用国际比较和国内比较方法，并根据云南实际，对在滇国际非政府组织（NGO）作出具体分类。

2. 云南省发展国际非政府组织的客观必然性

该课题指出，云南省发展国际非政府组织的客观必然性在于，国际非政府组织弥补了各级政府公共服务的较多空白，为实现社会公平与公正作出了一定贡献；国际非政府组织直接接触并了解民众诉求和发现社会问题，帮助解决社会问题，有针对性地推动政策、法规的制定或修正。在与国际非政府组织合作中，有利于促进云南的扶贫攻坚，促进政府转变职能和解决部分就业问题；有利于国内非政府组织在与国际非政府组织合作中，学习他们的先进理念和项目管理经验，可以最大限度地获得项目资金和技术援助。

3. 国际非政府组织在云南运作模式及政府管理方式的现状、问题及成因

一是对国际非政府组织在云南的运作模式及政府现行管理方式的基本现状，重点对现行政府管理方式在管理体制、制度创新框架下的现状作出研究；二是研究了存在的问题，运用实际数据、理论描述等作对比分析；三是对存在问题的形成原因作出分析评价。

4. 国外政府对国际非政府组织管理方式的经验与借鉴问题

这部分内容主要研究了国际非政府组织在各国的运行模式及理论研究前沿，国内外政府对非政府组织的管理实践方式，从当前国内外理论界及政府部门针对国际非政府组织业已采取的管理方式，对文献资料进行综述和分析评价（列举国外具体做法及经验），借鉴成功经验。为云南各级政府调整针对国际非政府组织的管理方式与办法以及制度创新提供理论依据。

5. 云南国际非政府组织管理方式转变的思路研究

这部分内容首先提出了云南发展国际非政府组织的基本指导思想；其次提出政府管理方式转变的思路。包括为云南国际非政府组织的发展创造良好空间；健全法律规章，优化发展环境；深化行政管理体制改革，为国际非政府组织的发展提供有力的支持；发挥市场导向作用，引导国际非政府组织有序发展；协助国际非政府组织加强自身建设，提升自律能力；培养国际非政府组织发展的良好社会环境；用财政税收杠杆引导国际非政府组织的业务活动；完善"双重管理"模式，加强监管，建立科学合理的管理体制；定期举办学术研讨会，交流经验，披露发展中的问题，为政府管理或自律管理献计献策等。

6. 国际非政府组织实施政府管理方式转变的战略选择及政策体系设计

一是国际非政府组织实施政府管理方式转变的战略选择，其研究内容包括政府职能转变、积极培育和发展国际 NGO 组织问题、完善 NGO 的法人治理机制问题、提高 NGO 在解决社会问题和满足社会需求的能力、建立第三方的监督与评估机制问题。二是政策体系设计。包括法律体系的完善、管理制度体系的完善、政府管理方式转变、政府管理方式创新和规范国际非政府组织自律机制建设等。

（二）对策建议

针对当前云南国际非政府组织管理中存在的问题：如法律法规建设滞后，使得多数国际非政府组织没有完成登记管理；存在信息不对称，造成对国际非政府组织的管理缺位；来滇国际非政府组织的社会监督体系不健全；在滇国际非政府组织业务较单一、交叉和项目分布不合理等问题。该课题提出了以下对策措施予以完善。

1. 构建国际非政府组织管理制度体系

（1）改进国际非政府组织的管理体制。应该对现行做法进行改革，只在一个相关管理机构，比如民政部门，进行注册即可成立非营利组织。应向中央政府建议尽快出台规范国际非政府组织进入中国的相关法律和政策，以鼓励各种国际组织的援助，提高其开展活动的信心。对国际非政府组织管理中，应当根据我国特有的文化和国情，采取审慎的态度，对国际非政府组织的管理，既要与其合作促进中国社会的改革和发展，也要警惕国际非政府组织对中国在政治、意识形态上造成不利的影响。

从提高管理效率来看，该课题建议取消由"两个行政法规、两个行政性规章和一个特别法"来对涉及国际 NGO 的事务进行多头管理的局面，改而实行"属人原则"，把对国际 NGO 组织在华活动的监督管理责任明确分解到各系统，明确各主管部门对各自领域的业务比较熟悉，可以更客观地评价国际 NGO 组织活动对本部门工作的影响。取消对国际非政府组织双重管理体制后，如图 A 所示实施登记和备案管理。

（2）建立业务主管与民政部门相协调配合的监管制度。一是自愿寻找业务主管部门或已经有业务主管部门的国际非政府组织（依法完成了在民政部门注册登记程序），由主管部门实施日常监管，以报表资料、项目审批、项目实施检查等方式进行。二是不设主管部门，但依法完成了在民政部门注册登记程序的国际非政府组织，民政部门对其资金来源、项目实施结果、年度业务开展情况进行年检。

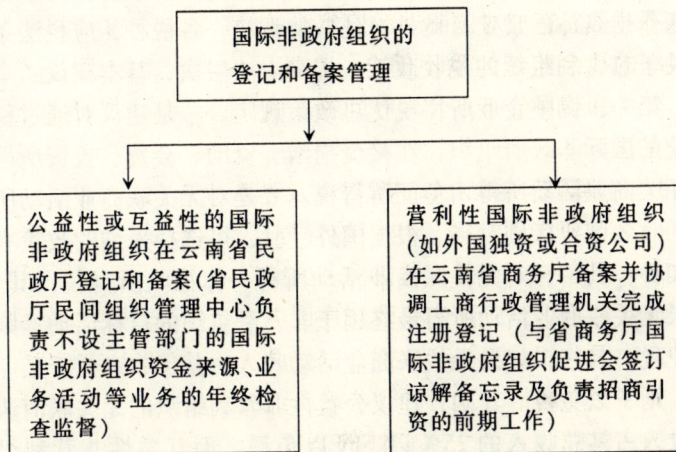

国际非政府组织的
登记和备案管理

公益性或互益性的国际非政府组织在云南省民政厅登记和备案(省民政厅民间组织管理中心负责不设主管部门的国际非政府组织资金来源、业务活动等业务的年终检查监督)

营利性国际非政府组织(如外国独资或合资公司)在云南省商务厅备案并协调工商行政管理机关完成注册登记(与省商务厅国际非政府组织促进会签订谅解备忘录及负责招商引资的前期工作)

图 A　国际非政府组织管理与监管框架

（3）完善其他社会监管制度。完善其他社会监管制度，就是通过完善监管制度而发挥作用的监管。包括新闻舆论监督、社会民众监督等。总之，在促进国际非政府组织内部监督的基础上，推动非政府组织的外部监督，引入第三方监督机制，从而降低政府监管成本，提高非政府组织监管的效能。

（4）细化国际非政府组织登记管理和项目分配制度。在非政府组织管理体制完善的国家，并非单纯依靠一部法律或原则性规定来进行管理，从不同角度对非政府组织进行管理所形成的法律、制度共同构成完整的非政府组织管理体制。

2. 完善国际非政府组织的税收政策体系

为促进云南国际非政府组织的发展，应具备完善的适用税法体系。因此，在《税收基本法》的研究与制定中，应增加关于（国际）非营利组织的税法条款，对其资格确认标准和基本税收待遇作出具体的规定。此外，还应协调统一各税种相应税法条文中关于非营利组织的税收政策，提高立法层次，基本建议：

第一，调整企业所得税优惠政策规定。一是建议对通过税务登记的国际非政府组织，在接受捐赠、资助、会费、投资所得及其相关商业活动所得均免征所得税。二是对无关联商业活动所取得的收入则要区别对待。根据国外经验，可选择采纳的政策有以下四种：其一，对无关联商业活动所得一律征收所得税；其二，如果无关联商业活动所得最终用于非营利组织的目标活动，则予以免税；其三，如果无关联商业活动收入占其年收入低于某一比例，则予以免税。其四，建议公益性非营利组织的无关联商业活动收入占其总收入的25%以下予以免税，而互益性非营利组织的无关商业活动收入则一律征税。

第二，流转税类的优惠政策。对公益性非营利组织销售商品、提供劳务征收的增值税和营业税均实行零税率，对互益性非营利组织的相关收入征税。

第三，其他税种的优惠政策。对现有税种的相关优惠政策进行梳理，在综合考虑非营利组织税收负担和税务机关征管成本的前提下，按各税种自身的特点分别制定减免税的优惠政策。

第四，捐赠的税收优惠政策规定。一是建立直接捐赠抵扣制度。建议将现有的"特许捐赠抵扣制"改变为向拥有免税资格认定的公益性非营利组织捐赠准予税前扣除，而向互益性组织捐赠则不允许扣除。二是调整提高捐赠扣除比例。规范、统一现有抵扣标准，如统一公益性捐赠税前扣除标准，在正在拟定的《企业所得税法》实施条例中将企业的现有四档抵扣率进行统一；提高公益性捐赠的扣除标准，建议将个人现有的30%的扣除限额提高划定为50%。三是允许实物捐赠抵扣。允许纳税人向非营利组织提供的实物捐赠在税前抵扣，但其所捐赠的实物价值应按照市场公允价值或税务机关认定的价值进行确认。四是允许捐赠递延抵扣，允许纳税人将当年超过所得税抵扣限额部分的公益性捐赠递延至下一纳税年度（也可适当延长期限）进行抵扣。五是允许向境外非营利组织的捐赠在税前抵扣。

第五，完善非营利组织税收征管制度。建议修订《税收征管法》及其《实施细则》，补充对非营利组织（含国际非政府组织）的征管办法，建立普遍税务登记和免税申请制度。

第六，建立统一专用的票证管理体系。非营利组织税收征管难度较大的一个十分重要的因素就是票证不统一，形成财政收据、自制收据、税务发票混用。如果在非营利组织税收征管中，也建立起非营利组织的专用票证体系和专用票证制度，肯定可以改善对非营利组织的税收管理。

3. 建立云南省各级政府与国际非政府组织的关系制度

为避免政府同国际非政府组织之间的矛盾和冲突，需要建立相应的制度。一是建立"制度化合作关系制度"。政府相关部门与国际非政府组织之间应建立较为稳定的制度化的合作关系。二是建立相互"对话渠道和沟通机制"。在决策过程中听取他们的意见和看法。在以往由政府管理的一些社会发展领域里，政府可以主动提出与国际非政府组织合作共同从事一些社会发展项目，还可以将一些大的社会服务、发展项目和工程分解开来交给国际非政府组织去做。

4. 建立人力资源的培养与输送政策，为国际非政府组织发展提供人才保障

建议云南省内有条件的高等院校，开设适应国际非政府组织需要的专业或课程，增加专业人员培养，提高专业人员素质的培

训，为国际非政府组织培养储备高级专门人才；国际非政府组织
也应该通过培训、激励提高从业人员素质，社会的可持续发展要
求非政府组织的工作人员具有较高的专业素质。政府有关部门应
当为加强非政府组织人员培训创造条件，并鼓励非政府组织自身
从事培训活动，以尽快提高从业人员素质，从根本上推进非政府
组织发展，提高他们参与可持续发展工作的质量。为保证非政府
组织的健康发展和正常活动，应依据法律、法规对非政府组织进
行绩效评估，评估结果用于检验法律、法规的适用性与规范性，
检验政府的作为或不作为问题。

三、研究成果的创新之处、应用价值和
社会影响

该课题创新之处主要包括：一是研究方法的创新，该课题采
用问卷调查、重点项目研究、理论与实证相结合研究的方法开展
分析研究。二是该课题根据云南省实际，对在滇国际非政府组织
进行具体详细分类。三是该课题借鉴国外政府管理国际非政府组
织的经验、原则、方法，并结合中国实际作了制度分析，提出自
己的主张。如西方发达国家已经进入利用国际非政府组织促进本
国各种社会事业发展阶段，中国可借鉴发达国家较成功经验，采
取有选择、有重点地放宽国际非政府组织制度进入的办法，促进
国内各种社会事业发展等。四是该课题提出了云南应建立完备的
国际非政府组织法律体系（如吸引制度、登记制度、监管制度、
项目管理制度、经费来源制度、税收管理制度、从业人员管理制
度等）；完善监管制度和管理模式（如完善政府监管、行业自律
和社会监督及其各自职责划分）；提出按云南国际非政府组织的
类型，实行分类管理，同时完善法人制度的主张。

该课题具有较广泛的应用价值和社会影响。第一，为理论部

门进一步分析研究云南国际非政府组织的发展或实施有效管理，提供了极具参考价值的研究报告。第二，为政府管理国际非政府组织提供了第一手管理数据资料。该课题调查的数据及其分析结果，具有一定的基础性和客观性，可以作为调整对国际非政府组织管理的重要依据。第三，该课题所提出的建立业务主管（如省商务厅所属系统）与民政部门相协调配合的监管制度，协调处理好工商管理部门、税务部门、社会中介机构等部门管理国际非政府组织的关系搭配，调整上述部门间的职能划分，分清管理职责，明确责任，可以作为今后政府职能转变或监管国际非政府组织工作的实证参考。第四，该课题将提供作为云南省民政部门等专职部门管理国内外非政府组织的重要咨询报告资料。

课题名称：国际非政府组织在云南的运作模式及政府管理方
     式研究

课题负责人：杨树琪

所在单位：云南财经大学

主要参加人：张丽华 靳建新 孙 辉 徐静冉 王鸿飞
     王丽莉 张 熔 李雪英

结项时间：2009 年 5 月 5 日

云南省毒品犯罪问题新动向研究

一、课题研究的目的和意义

　　毒品问题所包含的内容很多，从禁毒工作的角度来看，毒品问题主要包括吸毒问题、种植毒品原植物的问题、生产制造毒品的问题、走私运输贩卖毒品的问题等四个方面。毒品犯罪问题是整个毒品问题的一个重要组成内容，对毒品犯罪问题的研究，历来是世界各国禁毒执法部门和理论研究部门都非常重视的一个重要课题。云南省从20世纪80年代出现毒品问题以来，一直是全国禁毒工作的前沿，打击毒品犯罪活动历来是云南省禁毒工作的重要任务。二十多年来云南省的毒品犯罪活动随着社会的发展变化在不断地发生变化。云南省毒品犯罪活动的变化发展直接影响到全国的毒品犯罪形势，公安部禁毒局一名资深禁毒警官曾经说过：云南省的毒品犯罪形势是全国毒品犯罪的一个晴雨表。云南省的毒品犯罪活动，受政治、经济、文化、法律等各种因素的影响，一直在不断地变化发展。目前，云南省毒品犯罪活动出现了很多新的动向，缉毒工作面临新的挑战，如何把握毒品犯罪活动的新动向，分析其形成的原因，制定禁毒工作的应对措施对当今的禁毒工作有着重大的现实意义。本课题就是基于这一出发点展开研究的。

　　与毒品犯罪的斗争具有长期性的特点，对毒品犯罪活动的发展变化规律，需要不断的认识。目前，云南的毒品犯罪活动呈现出的突出特点是什么，在这些特点中哪些是新出现的，有什么显著特征。本课题对这一系列问题的研究，基本的做法是从公安禁毒执法部门入手，通过深入走访、向基层禁毒警察和各层次的指挥人员发放问卷、开展小型座谈会等方式，搜集大量第一手的数据材料，了解广大禁毒实战一线警察对此问题的认识和看法。目前，云南省毒品犯罪活动所表现出的各种新动向，是什么因素影响的结果；毒品犯罪活动发生变化，必然是受到各种因素影响的结果，什么样的因素导致了什么样的变化，在各种因素中哪些是主要因素发挥了主要作用，哪些是次要因素发挥了次要作用，这是本课题研究的一个重要内容。在归纳总结云南省目前毒品犯罪活动出现的新动向，分析这些新变化形成的各种原因之后，针对缉毒工作中存在的突出问题和所面临的各种挑战，提出改进侦查工作的对策和建议，希望能对缉毒工作有一些帮助。这就是本课题研究的目的和意义所在。

二、研究成果的主要内容和对策建议

本课题的最后研究成果为《云南省毒品犯罪问题新动向研究报告》和相关内容的论文汇编。《云南省毒品犯罪问题新动向研究报告》的内容分为三个部分：

第一部分为云南省毒品犯罪活动的现状、特点及成因。分析了云南省毒品犯罪活动的现状、特点以及形成的主要原因。这一部分的研究主要强调了系统性和全面性，力求对云南省整个毒品犯罪问题的现状有一个客观全面的评估，分析了云南省毒品犯罪问题与其他地方毒品犯罪问题的不同之处，归纳总结了云南省毒品犯罪活动的突出特点，从多个方面认真分析了这些突出特点形成的原因。

第二部分为毒品犯罪活动的新变化对目前侦查工作的冲击，分析研究了目前毒品犯罪案件侦查工作的基本模式，云南省毒品犯罪案件侦查工作的基本状况，目前毒品犯罪案件侦查工作中存在的问题，毒品犯罪案件侦查工作所面临的新挑战。这一部分内容主要研究云南省缉毒侦查工作中存在的各种问题，归纳总结了各地存在的突出问题，并分析了问题形成的原因，在总结缉毒工作取得巨大成就的同时，认真研究了目前缉毒工作中存在的各种突出的问题以及问题的严重性，力求从多个角度，深层次分析问题形成的原因，避免肤浅地分析问题，对整个缉毒工作中存在的一些突出问题进行深入的剖析，希望能帮助禁毒工作的决策者、禁毒侦查工作各级侦查指挥员、所有缉毒侦查人员充分认识到问题的严重性，正确判断毒品犯罪的形势，全面系统地认识问题形成的各种因素。

第三部分是面对新时期毒品犯罪活动的侦查对策，该部分从六个方面提出了解决问题的措施和对策。针对目前缉毒工作中存在的突出问题提出了解决问题的对策和建议，这些对策和建议力求能为缉毒实战工作解决一些实际的问题，并力求对禁毒工作的决策人员、基层侦查指挥员和侦查人员在改变观念、拓展视野、更新工作方法上能够有一些触动和帮助，结合中国特别是云南省的实际情况，借鉴国外发达国家在缉毒工作中的成功做法和经验，提出一些对策和建议，其中突出强调了情报引导侦查的观念，变革现行缉毒工作机制等问题，对缉毒工作中怎样实现情报引导侦查的工作模式，以及怎样变革现行缉毒侦查工作机制等提出了一些具体的建议。新时期毒品犯罪活动的侦查对策和建议主要包含以下六个方面的内容：

（1）变革缉毒情报工作。提出树立科学的缉毒情报观，具体说就是树立"情报导侦"的基本观念；建议对缉毒情报工作机制进行变革和完善，包括健全完善情报信息收集机制，全方位、多渠道地获取情报信息；健全完善情报信息报送机制，实行分级报送、归口管理；健全完善情报信息分析研判机制，把握规律特点、发现苗头动向；健全完善情报信息预警通报机制，实现充分共享、促进良性互动；健全完善情报信息应用机制，增强主动性、提高针对性；健全完善情报信息奖惩机制，切实做到赏罚分明、问责有人。制订"情报导侦"的组织实施方案。

（2）改善缉毒工作的措施和手段。包括完善公开查缉措施；改善侦查措施和手段，提高专案侦查水平；加强金融调查，把金融调查作为缉毒侦查的一项重要的侦查措施来运用。

（3）更新侦查观念和意识。侦查指挥员必须要树立、强化、更新以下几个方面的侦查观念和意识：在新形势下，不断开辟情报渠道的意识；毒品犯罪案件侦查要强化精心组织意识；不断深入经营的意识，侦查毒品犯罪案件时，不片面追求破案数量和破案速度，不为破案而破案，要深挖上线，查清下线，长线经营，树立"放长线钓大鱼"的思想；强化适时破案意识；破案时"人毒并获"的意识；协同作战的意识。

（4）变革侦查协作机制。建议建立和完善侦查协作机制，要求缉毒侦查员树立正确的协作观念；案件侦查协作制度的基本内容必须规范化；进一步明确规定各种侦查协作的条件；制定侦查协作中产生争议的解决途径和方法程序。

（5）缉毒侦查工作的专业化建设。包括加强缉毒体制专业化建设，加强缉毒队伍专业化建设，加强缉毒侦查专业手段建设。

（6）完善缉毒工作保障机制。缉毒工作的保障主要包括经费保障、警力保障、装备保障三个方面的内容。强调公安经费保障机制的建立和完善是缉毒工作保障机制完善的前提，缉毒专业队伍的警力保障是开展缉毒工作的第一要素，物质保障是缉毒工作的基础。

三、研究成果的学术价值、应用价值及社会影响和效益

对毒品犯罪活动的新动向进行研究，这已经不是什么新课题。在现实工作中，对某一时期、某一地区、某种犯罪活动的发展趋势或呈现出的新特点进行归纳总结和分析研究的做法已经很多。本课题的研究在原有的各种研究的基础上，从比较系统全面的角度，对云南省毒品犯罪活动的历史过程、现状、未来的发展趋势及其原因，进行全面、细致、深入的剖析，而不是局限于某一个时期、某一个地区毒品犯罪活动特点的、一般性的归纳总结。本课题的研究价值主要体现在，对毒品犯罪活动的发展变化进行的是规律性的系统研究，目的是为整个禁毒工作提供宏观决策的科学理论依据。尝试对整个毒品犯罪活动的发展变化规律进行分析研究，希望通过本课题的研究，使人们对毒品犯罪活动的发展变化，有一个更深入、细致的了解和认识。

毒品问题是一个影响全人类的共同问题，毒品犯罪在未来很长的一段时期将会长期存在，与毒品犯罪的斗争具有长期性的特点，对毒品犯罪活动的发展变化规律，需要不断的认识。

本课题从云南省毒品犯罪活动的新动向入手，对毒品犯罪活动进行全面系统的分析研究（研究对象仅限于毒品犯罪活动，不包括吸毒、非法种植等违法问题），希望能够揭示毒品犯罪活动的一些内在的、规律性的东西，帮助人们对毒品犯罪活动形成比较科学、全面的正确认识，让禁毒工作者，特别是禁毒工作的决策者，在今后打击毒品犯罪活动的各项工作少犯错误。回顾二十多年的禁毒历史，在同毒品犯罪作斗争的过程中，有成功的经验，也有失败的教训，总结经验和教训就会发现，在出现失误，特别是在有关立法等宏观重大决策出现失误时，常常是因为对毒

品犯罪活动的认识出现了错误，认识上的错误导致决策上的失误，这样的教训已经很多。

现实中普遍存在着这样一种现象：侦查工作往往滞后于犯罪活动，理论研究工作又往往滞后于侦查工作，而且在缉毒工作中这种滞后的差距在不断的增大，怎样缩小这种差距，真正体现出理论研究为实战服务，已成为禁毒理论研究工作的一个重要课题，本课题的研究就希望在这方面作出一些贡献，课题研究的价值也就体现在这个方面。

课题名称：云南省毒品犯罪新动向研究
课题负责人：昂　钰
所在单位：云南警官学院
主要参加人：刘建强　王建伟　王海郡　戴富强　张　斌
　　　　　　阮惠风　李云鹏　张　洁
结项时间：2008 年 12 月 15 日

构建和谐医患关系的法律问题研究

一、课题研究的目的和意义

当前，医疗领域进行着一场巨大的变革，承受着体制转换所带来的种种无序与失衡。其主要表现之一就是医患关系日益紧张。在医疗事故争议激增的背景下，医患纠纷诉诸法院的事件不断增加，如何妥善地处理医患关系成为人们关注的焦点，同时也是以追求诚信友爱、充满活力、安定有序为目标的和谐社会所不容回避的重要社会问题。

实践表明，"医闹"、"报复医生和社会"等非正常手段并不能解决医患纠纷，相反的，这些行为对社会主义和谐社会的建立产生恶劣的负面影响，同时也突出地暴露了政府在提供医疗卫生服务和医患矛盾解决机制方面的缺位或滞后，使得民间的"私力救济"畸形兴盛，成为和谐社会中的不和谐隐患。构建和谐医患关系是一项复杂的、长期的、立体化、多层次的系统工程，仅仅从伦理道德上作要求，难免有理想主义的色彩。面对医学中层出不穷的新问题，法学作为一门解决社会问题的实践性科学有责任通过权利义务的合理配置来促进医学发展。希望通过对医事法律制度的健全与完善的研究能够探求构建和谐医患关系的意义和途径，为医疗卫生立法机关和医院、医疗卫生行政主管部门、医疗纠纷处理机关等实务部门提供有价值的参考，同时也为医事法学研究和专业人才培养进行开拓性的工作和奠定良好的基石。

二、研究成果的主要内容、重要观点或 对策建议

1. 医患法律关系的性质

医患关系的属性是建立和谐医患关系的重要基础。课题组从伦理学意义和法律意义的不同角度对医患关系进行了分析，提出两者的融合才是完整的医患关系的理论；医患关系的调整目的在于规范医疗市场，促进医学发展，维护医疗机构的秩序，构建和谐的医患关系。

2. 云南省医疗纠纷案件的基本现状

课题组根据调研情况为云南省医疗纠纷解决查找问题，得出云南省目前的医疗纠纷案件的基本态势是：医疗纠纷案件数量增长较快；纠纷类型涉及医疗行为的各个环节，具有多面性；医疗纠纷事实认定方面的疑难复杂、存在的问题较多。目前医疗法制建设滞后于医疗实践，纠纷解决的有效法律制度供给明显不足；就现有可适用的依据而言，医疗纠纷处理适用法律不统一的现象较为突出；另外，医疗事故赔偿解决方式的低效性和不公平性突出；在医疗纠纷案件的司法裁判方面存在着案件审理周期长，医疗举证责任倒置的规定不尽合理，双方当事人矛盾尖锐、化解矛盾难度较大等问题。由于纠纷解决机制的分割条块化，医疗事故责任竞合时，刑事侦查、行政干预和民事纠纷解决之间衔接不够合理，从而造成医疗纠纷处理低效且不协调。最后，现行体制下医疗机构责任加大，防御性医疗增加，公共卫生资源不能惠及广大民众。

3. 和谐医患关系的法律制度构想

该部分是本课题最大的创新点，课题组在阶段性研究成果的基础上，系统地提出了构建和谐医患关系的法律制度框架。具体

内容包括：

（1）正确认识"医"和"法"的关系。一方面，法律要调整和规范医疗活动，另一方面要充分考虑医学的高技术性和高风险性，认识医学的不确定性，考虑患者的个体差异，在设计具体法律制度上要给予医务人员法律责任合理的豁免。

（2）知情同意权在医疗风险管理中的定位和适用。知情同意权是患者承担正常医疗风险的合法性理论基础，为医患双方医疗风险的合理分担和有效防范医疗风险提供法理依据。

（3）正确认识医疗纠纷民事责任的构成要件。法律调整和评价医疗活动的底线是只能要求行医者在医疗过程中尽责，而不能要求其医疗结果正确。基于此，既要对行医者课以高度的注意义务，确立医疗机构的过错推定责任，也要明确相应的免责事由，要界定医疗过错和医疗容许的危险性之间的区别。

（4）针对在调查中发现的法院在审理医疗意外导致的人身损害赔偿案件，通常适用民法中的"公平责任"分担损害的做法，课题组提出了医疗意外责任从"公平责任"原则分担是具有一定局限性的，让医院承担医疗意外的赔偿或补偿责任，忽略了医患双方风险分担的功能。例如，在解决诸如无过错输血等医疗意外时，医患双方的医疗风险应当通过医疗意外保险制度得以合理分担。

（5）构建医疗纠纷诉讼外解决机制。鼓励、引导医疗纠纷双方当事人的"协商"，建立中立的医疗纠纷专业调解组织，发挥人民调解的作用，政府司法部门应承担相应的管理和财政支持的职能，并结合医疗责任保险强制推行。

（6）改革医疗损害赔偿制度，统一《医疗事故处理条例》和《民法通则》对人身损害的赔偿标准，确立合理的医疗损害赔偿标准。充分考虑医患双方的合法权益，合理定位医疗行为，建立兼顾医疗损害赔偿双方的利益和医疗特点的定期赔偿金和限制间接来源规则。

三、研究成果的学术价值、应用价值

首先，课题组的调查报告为正确认识云南省医患关系的现状提供了实证数据和结论支持，课题组成员主要以医院、卫生局等为调查点，以患者、医务工作人员、履行公共卫生管理职责的行政官员等为调查对象，采用调查问卷、实地访谈、小型座谈会等调研形式，记录并作出分析，得出结论。

其次，课题组研究了医患关系微观领域的六个核心问题并提出了制度构想：一是医患关系的法律性质与伦理性质的结合；二是医患关系作为特殊的民事关系，司法在介入医疗纠纷中应当充分尊重医疗活动的特殊性；三是知情同意权适用的范围和除外情形；四是医疗纠纷解决机制的多元化以及政府在引导实现多元化过程中的义务；五是医疗意外和医疗损害赔偿标准是引发医疗纠纷争议的常见事项，解决医疗意外最有效的途径是建立医疗意外责任保险；六是解决医疗损害赔偿标准"双轨制"的办法是国家在立法层面上统一《医疗事故处理条例》和《民法通则》对人身损害的赔偿标准，确立统一的合理的医疗损害赔偿标准。

课题组力求通过以上医疗纠纷微观领域存在问题的查找，提请政府及卫生主管部门在政策制定中给予关注，推动相应制度的试行和建立。同时在医学院校围绕这些问题，开展课程教学和讨论，推动进一步的理论研究，为临床医学专业的法律教育和医事法学专门人才的培养奠定理论研究基础。

课题名称：构建和谐医患关系的法律问题研究
课题负责人：邓　虹
所在单位：昆明医学院
主要参加人：陈　颖　李晓堰　高丽萍　把志刚　黄建强
结项时间：2009 年 5 月 31 日

中国文学

艺术叙事学研究

一、课题研究的目的和意义

叙事学作为对叙事作品进行研究的一种新的理论和方法，自
20 世纪 60 年代以来首先在法国兴起，随后迅速超越法国，在欧
美以及其他国家，包括 20 世纪 80 年代以后的中国得以大力扩
展，并在理论领域中显现出独有的活力。

叙事学的发展从一开始就打上了结构主义的烙印。其中一个
重要表现就是将研究的中心放在叙述文本的范围以内。一方面，
关注被叙述故事的逻辑、句法、结构，也就是广义上的叙述语法
问题，试图要在任何具有叙述性的叙事作品中，探寻它们所具有
的共同特征，共同的叙述结构。另一方面，则探讨叙述文本中的
话语表现模式以及故事与叙述话语之间的关系等。无论关注的是
其中哪个方面，都在研究中将与文本密切相关的外部要素排除在
外。这是 20 世纪 90 年代以前的叙事学研究，即经典叙事学研究
的基本取向。

在叙事学理论与实践发展的过程中，人们逐渐意识到它所具
有的某些理论导向，尤其是将研究人为地限定在文本之内的做
法，已经成为它继续发展的桎梏。这样，叙事学研究出现了范式
上的转变，从强调对作品内在的文本研究转变为不仅仅关注对文
本内在的研究，同时也关注对文本与其外在关联的研究。这就是

发生在 20 世纪 90 年代以来的后经典叙事学研究中的转变。在这种新的理论范式中，叙事学在延续自身的理论特征和特有的理论模式与资源的同时，与诸多外在要素相关联，并与已经存在的大量其他的研究方法相沟通，从而形成叙事理论研究融会贯通、向纵深发展的局面，与此相应的出现了叙事学研究中的各种变形。美国叙事学家戴卫·赫尔曼在 1999 年出版了《叙事学：叙事分析的新视野》一书，书名中的"叙事学"一词使用了复数就是对这种局面的最好反映。在赫尔曼看来，叙事理论所经历的不是它的终结而是持续的、有时令人吃惊的变形。在互相渗透的年代里，单一的叙事学（narratology）实际上已经分枝为多种叙事学（narratologies）；结构主义关于故事的理论构建发展成为叙事分析中的多重模式。

"艺术叙事学研究"这一课题，正是与后经典叙事学的研究与发展相适应的。这一研究并不是要撇开叙事学的基本理论原则，创立与经典叙事学完全不相干的一门新的叙事学理论，而是通过这一研究课题，努力克服传统叙事学的某些不足，拓宽研究的范围，在理论与实践上实现其创新，并且也希望在深入研究的基础上所形成的理论原则与方法，能够对文学艺术叙事作品的研究提供一些有益的参照，从而为丰富和发展新时代的文学艺术作出自己的一点贡献。

二、研究成果的主要内容和重要观点

"艺术叙事学研究"这一课题涉及叙事学理论的一些最基本的概念，如叙事、叙述者、叙述声音、隐含作者、叙述的可靠与不可靠性、作者、虚构、形式、文本等。但是，它是在一个既与经典叙事学相关联，同时又进行新的开拓的基础上进行研究的，也就是说，它是在后经典叙事学的语境基础上进行研究的。因而，这一研究在关照传统的经典叙事学的同时，重点放在关注文本与语境之间的关系，在这一基础上，研究文学叙事与艺术叙事之间的关系以及艺术叙事的方式，希望较为准确地把握文学与艺术叙事的基本原则。结合文学叙事与艺术叙事，在理论与文学艺术作品实践分析相结合的基础上，探讨涉及文学艺术叙事的一些重要问题，诸如文本与作者、叙述者与意识形态、叙述聚焦与思想功能、作者及其自我虚构、电影叙事等，并试图给予科学的回答。尽管所涉及的这些问题并未涵盖文学与艺术叙事的所有重要理论问题，但无疑是叙事学在不断扩大自己的范围、深化自己的研究中所涉及的一系列不可少的重要问题。

在文学艺术的叙事研究中，这一研究在注重文本与语境相结合的基础上，试图在理论与实践上给予必要的论述与说明。语境至少可以包括两大类，即叙事语境与社会历史语境。经典叙事学所关注的主要是叙事语境，而对社会历史语境，则采取一种视而不见的态度。只有将文本与语境、包括叙事语境与社会历史语境结合起来，才可能作出更为合理的研究。无论是在文学作品，还是艺术作品，以及更为广泛的讲述故事的"文化产品"的研究中，上述情况都不例外。这种结合可以在多种层面上进行，它是在叙事学已有的发展基础上，作一种适应性的变化，即开始叙事学的某种新的"变形"。

经典叙事学所关注的叙事语境，本质上更多涉及的是其形式层面。就形式层面来说，它依然是后经典叙事学一个不可或缺的重要研究内容。但是，这种研究不应该被视为研究的目的与终点，在对文艺叙事作品进行研究时，不必像经典叙事学那样，回避对叙述文本的审美价值判断，而应该有意探索叙述文本中所存在的审美价值意义，以及透过形式意义之外的诸如心理的、意识的、思想的、社会的意义，也就是广义上的文化意义。这样一来，就可以在坚持叙事学研究视野的基础下，使这种研究变得更为深入、透彻。在进行这样的研究时，理论的视阈会更为开阔，它可以与其他的理论视角，不论是传统的社会历史批评，还是诸如现象学，阐释学，接受理论，精神分析，女性主义批评等结合起来。当然，在后经典叙事学的研究与作品分析中，不是要解构叙事学，相反，有必要重申叙事学理论与方法的有效性。这样的研究可以在叙事学的构架下，从相互关联的不同层面去对对象加以把握，同时，将这些相互关联的层面视为一个有机的整体。这样一来，也就可以从多方面去对文学艺术作品进行具有价值意义的分析和探讨。

比如，任何文学艺术的叙述文本，都不可避免地存活在人类所生活的时间与空间中，它既是由人所创作也是为了人而创作、为了人而存在的，而人是历史地存在的。因而，成功的艺术作品不仅具有永恒的审美艺术价值，也是与特定的社会历史不可分离的，是一定的社会历史文化氛围下的产物。人们不能隔断它与社会历史关系等的关联；对于文学艺术作品，人们更无须人为地割断叙述文本与产生它的社会历史关系、与历史的人之间的关联，而可以将对叙述文本内在的形式审美进一步加以扩展。这样的研究往往可以产生富于意义的结果。这样的研究可以从诸如精神心理的层面上来进行，在这一层面上至少可以从两个方面来进行探讨。一方面关系到作者创作的精神心理因素，它主要与审美体验相关联；另一方面则涉及读者对文艺叙事作品接受的精神心理因素。读者的阅读过程是一个能动的过程，阅读或鉴赏不是一个简单的直线运动，不是一个纯粹的积累问题。读者在阅读或欣赏叙述文本时所经历的能动过程与审美体验，涉及读者的精神心理层面，它同样受制于文艺叙事作品的特定形式与内容。正是在这样的意义上，这一研究十分关注为经典叙事学所排除的作者、意识形态、读者的接受等问题，探讨了诸如叙述声音与作者、作者的自我虚构、"视点"的思想功能以及叙述者可靠与不可靠性的可逆性等。

在理论上进行阐释的同时，这一研究注意通过对具体的文学艺术叙事作品的分析，将所提出的理论原则贯穿到对叙事作品的分析与研究中，以期通过对作品的论述与分析更好地将理论与实践融会起来。比如，通过探讨"文本与作者"的关系，将文本与作者及作者的精神心理层面关联起来。在诸如电影、绘画这类艺术叙事作品中，各种不同的叙事要素是如何发生作用的，也作了认真的分析与探讨。此外，如文艺叙事作品中的叙述者、叙述者干预以及"视点"等问题，都是叙事学研究中所涉及的重要的形式问题。研究从这些形式层面入手，作更深一层的分析与探讨，着重分析它们所显现出来的思想功能以及它们与意识形态层面的关联，从纯粹的形式层面进入到社会历史层面，并探讨了二者之间不可分割的联系。诸如此类的研究都力图从理论上展开与深入，并对一些涉及叙事学的重要理论问题作学术上的研究与探讨，提出自己的一些看法，以使叙事学理论更为完善与科学，更具学术价值。同时，通过对叙事作品的新的分析，力图使理论与文本更为密切地结合起来，希望能举一反三，能够在叙事理论的分析与应用上起到应有的作用。

三、研究成果的学术价值、应用价值及社会影响和效益

该研究具有相当的学术价值与应用价值。到现在为止，该研究项目已经在学术刊物上公开发表了 13 篇学术论文，其中有 7 篇发表在 CSSCI 来源刊物上，另有 1 篇论文即将发表；在全国叙事学研讨会上，作为主题发言，项目组成员宣读了该研究项目的 1 篇论文。这些发表和宣读的论文得到了学术界的较好反响。在学术会议上宣读的论文收入了出版的会议论文集，发表的论文有

3 篇为人大复印资料中心的《文艺理论》全文转载，分别为《叙事作品中的叙述者干预与意识形态》、《"视点"与思想：可靠的叙述者与不可靠叙述者》、《发展与共存：经典叙事学与后经典叙事学》。在已经发表的论文中，被其他论文引用达 12 次。

课题名称：艺术叙事学研究
课题负责人：谭君强
所在单位：云南大学
主要参加人：曹静漪　王　浩
结项时间：2008 年 6 月 25 日

图书在版编目（CIP）数据

云南社科成果集萃：云南省哲学社会科学"十五"、
"十一五"规划课题选介．第4辑/云南省哲学社会科学
规划办公室编．—昆明：云南大学出版社，2009
ISBN 978 - 7 - 81112 - 920 - 5

Ⅰ．云…　Ⅱ．云…　Ⅲ．哲学社会科学—科技成果—简介—
云南省—2001～2010　Ⅳ. C127. 4

中国版本图书馆 CIP 数据核字（2009）第 159894 号

云南社科成果集萃（第四辑）

——云南省哲学社会科学"十五"、"十一五"规划课题选介

云南省哲学社会科学规划办公室　编

责任编辑：纳文汇　蒋丽杰
封面设计：刘　雨
出版发行：云南大学出版社
印　　装：云南国浩印刷有限公司
开　　本：850mm×1168mm　1/32
印　　张：12. 75
字　　数：331 千
版　　次：2009 年 9 月第 1 版
印　　次：2009 年 9 月第 1 次印刷
书　　号：ISBN 978 - 7 - 81112 - 920 - 5
定　　价：30. 00 元

地　　址：昆明市翠湖北路 2 号云南大学英华园内（邮编：650091）
发行电话：0871 - 5033244　5031071
网　　址：www. ynup. com
E - mail：market@ ynup. com